水泥厂夜景　张鹏程 | 摄

热烈庆祝SOKOTO项目点火成功　　龚清晨｜摄

我喜欢学习汉语！ 闫玉娟 | 摄

尼日利亚舞者　中　国｜摄

一样的童真　李红贺｜摄

拾·忆　赵博文 | 摄

过个中国节　牛书才 | 摄

2020年春节《我和我的祖国》大合唱　张继民 | 摄

加油！加油！　　汪 程 | 摄

“一带一路”合规经营
系列丛书

工程建设企业境外合规经营指南

尼日利亚

中国施工企业管理协会
中材建设有限公司 | 编著

中国市场出版社
China Market Press
·北京·

图书在版编目（CIP）数据

工程建设企业境外合规经营指南．尼日利亚／中国施工企业管理协会，中材建设有限公司编著．—北京：中国市场出版社有限公司，2021.5（2023.7 重印）

（“一带一路”合规经营系列丛书）

ISBN 978－7－5092－2040－5

Ⅰ．①工… Ⅱ．①中… ②中… Ⅲ．①建筑企业-对外投资-工业企业管理-中国-指南 Ⅳ．①F426.9-62

中国版本图书馆 CIP 数据核字（2021）第 012883 号

工程建设企业境外合规经营指南：尼日利亚

GONGCHENG JIANSHE QIYE JINGWAI HEGUI JINGYING ZHINAN：NIRILIYA

编　　著：中国施工企业管理协会 中材建设有限公司
责任编辑：宋　涛

出版发行：中国市场出版社
社　　址：北京市西城区月坛北小街 2 号院 3 号楼（100837）
电　　话：（010）68034118/68021338
网　　址：http：//www.scpress.cn

印　　刷：河北鑫兆源印刷有限公司
规　　格：145mm×210mm　32 开本
印　　张：11　**字　　数**：290 千字
版　　次：2021 年 5 月第 1 版　**印　　次**：2023 年 7 月第 2 次印刷
书　　号：ISBN 978－7－5092－2040－5
定　　价：68.00 元

《工程建设企业境外合规经营指南：尼日利亚》

编 委 会

何　胜　对外经贸大学教授

王　琳　山东电力工程咨询院有限公司发电事业部总经理

张　红　中国石油工程建设有限公司北京分公司总工程师

张拉柱　中国施工企业管理协会法律顾问

PREFACE
序言

“一带一路”倡议是顺应全球治理体系变革，彰显同舟共济、命运与共意识的国际公共产品。作为完善全球治理体系、推动构建人类命运共同体的中国方案，共建“一带一路”已经成为171个国家和国际组织开展国际合作的新模式，正在向高质量共建的阶段迈进。

近八年的时间里，共建“一带一路”在完成总体布局的基础上，又聚焦重点、深耕细作，扎实推进项目实施，累计开展了2000多个项目，可圈可点的成果、实实在在的好处让“一带一路”朋友圈不多扩大。中国企业参与“一带一路”建设的程度也越来越深入，面临的市场环境越来越复杂，合规经营在企业可持续发展中也显得越来越重要。

为更好地帮助企业提高合规经营管理水平，有效防范及化解经营风险，早在2017年5月，习近平总书记就中国企业合规经营问题，在中央全面深化改革领导小组会议上，明确指出加强企业海外经营行为合规制度建设的必要性。2018年7月1日，国家标准《合规管理体系指南》（GB/T 35770—2017）正式实施；2018年11月2日，国务院国资委《中央企业合规管理指引（试行）》发布实施；2018年12月26日，国家发展改革委正式发布《企业境外经营合规管理指引》，为中国企业更好地开展境外经营业务、建立合规管理体系和制度，提供了官方的指导意见。

中国施工企业管理协会基于工程建设行业的实践经验和研究成果，联合12家会员单位，在国家发展改革委区域开放司的指导下，出版《工程建设企业境外合规经营指南》（以下简称《指南》），结合企业自身情况，以丰富翔实的案例，系统地从市场环境、通用规则、国别规则、示范项目等角度展示了中国企业在境外稳扎稳打、开拓进取的合规发展历程，具有针对性、实务性和系统性的特点，是一套指导性非常强的工具书。

《指南》的出版有利于帮助广大施工企业适应国际工程承包自由化、便利化的市场环境，引导企业实现行业高质量发展的目标，期望通过树立境外合规经营优秀典型，分享境外合规运营经验，帮助企业完善合规运营体系，形成合规文化，提升企业在国际市场中的竞争力。同时，在更广泛的范围内倡议共建“一带一路”的企业，增强机遇意识和风险意识，夯实基础，固牢底线，趋利避害，在发展中不断前进，在合作中茁壮成长。

曹玉书

2021年5月

PREFACE 前言

自 2013 年 9 月 10 日习近平主席提出“一带一路”倡议已有近八年时间。“一带一路”已延伸至非洲全境，中国正助力尼日利亚大发展。

尼日利亚地处西非东南部，南濒大西洋几内亚湾，地理位置优越。尼日利亚自然资源丰富，土地肥沃，人口众多，市场潜力巨大，是一块充满商机的热土。从投资合作环境看，该国市场有以下特点：

一是市场规模大。尼日利亚是非洲第一人口大国，总人口 2.05 亿，占非洲总人口的 18%，也是非洲第一大经济体。2019 年，尼日利亚国内生产总值为 144.12 万亿奈拉（以年末官方汇率 307∶1 换算，约为 4694.54 亿美元），比上年增长 2.27%。2020 年由于全球新冠肺炎疫情影响，实际增长率为−1.92%。

二是自然资源丰富。尼日利亚是非洲第一大石油生产和出口大国。已探明石油储量居非洲第二、世界第十一；已探明天然气储量居非洲第一、世界第十；已探明 76 种矿产中有 44 种具备商业开采价值。

三是政局基本保持稳定。2019 年 2 月，尼日利亚举行大选，现任总统布哈里获得连任，选后形势总体稳定。但近年来，尼日利亚国内种族和宗教冲突日益激烈，恐怖活动愈加频繁，北部伊斯兰宗教极端主义组织“博科圣地”多次制造恐怖爆炸事件，南部产油区反政府武装也不时制造恐怖威胁，中部农牧民冲突日益加剧，尼日利亚安全风险不断升高。2015 年新政府上台后，加大反恐力度，取得一定成效，“博科圣地”遭受重创，活动范围不断缩小。

四是法律制度较为健全。尼日利亚现行宪法是以 1979 年宪法为基础修订而成，其主要内容包括：尼日利亚是不可分割的主权国家，实行联邦制；实行三权分立的政治体制，总统为最高行政长官，领导内阁；国民议会分参、众两院，是国家最高立法机构；最高法院为最高司法机构；总统、国民议会均直接选举产生，总统任期四年，连任不得超过两届。值得注意的是，尼日利亚商业和政策法规环境具有两面性。一方面，尼日利亚市场对外开放程度相对较高，准入门槛较低，政策较为宽松；能源资源丰富，经济持续增长，市场潜力巨大。另一方面，尼日利亚市场发育程度较低，基础设施落后，政策连续性差，随意性大，办事效率低，政府监管和执行能力弱。2015 年政权更迭后，政府打击腐败、走私力度加大，经济政策进入调整期。尤其是 2015 年出台了一系列外汇管制措施，以美元结算的进口成本大幅提高，外资企业难以通过官方渠道购汇，只能从平行市场兑换美元，生产成本大幅提高。且尼日利亚经济过度依赖石油出口，2020 年 3 月初因 OPEC 未达成减产协议导致国际原油价格暴跌为尼日利亚经济发展蒙上了一层阴影。

中尼两国自 1971 年 2 月正式建立外交关系以来，双边关系长期友好，高访频繁，经贸合作不断取得新的进展。近年来，随着中尼两国友好关系的不断巩固，双边经贸合作取得丰硕成果，贸易规模迅速扩大，工程承包跨越式发展，中国对尼日利亚投资大幅增加。尼日利亚是中国在非洲的第一大出口市场、第二大贸易伙伴、第一大承包工程市场和主要投资目的地。2016年4月11—15日，尼日利亚总统布哈里访华，是中非合作论坛约翰内斯堡峰会召开以来首位访华的非洲总统。2018年9月总统布哈里赴中国参加中非合作论坛北京峰会，与中国政府签署《“一带一路”合作谅解备忘录》。2019年9月习近平主席特别代表、中共中央政治局委员、中央外事工作委员会办公室主任杨洁篪访尼并会见尼日利亚总统布哈里。2021年1月5日，国务委员兼外长王毅访尼并在阿布贾会见了尼日利亚外长奥尼亚马和尼日利亚总统布哈里。王毅说，2021年是中尼建交50周年，双方应当传承并弘扬中尼友好传统，开启两国合作更加辉煌的下一个50年。这次访问达成七点重要共识：我们将继续加强抗疫合作，坚定相互支持，直至彻底战胜疫情；我们将建立由两国外长牵头的政府间委员会，统筹推进两国各领域互利合作；我们将推动中国构建新发展格局和尼日利亚新国家发展计划更紧密结合，深化双方共建“一带一路”的合作；我们将大力推进重点项目建设，助力尼日利亚加快工业化进程，提升自主发展能力；我们将不断拓展合作空间，打造数字经济、绿色经济新亮点，实现多元化发展；我们将深入开展军事安全合作，提高尼日利亚维护国家安全能力；我们将密切国际地区事务协调，践行多边主义理念，维护发展中国家共同利益。

目前，在尼日利亚开展业务的中资企业涉及领域主要包括：工程承包、石油开采、自贸区经营、水电站开发、建材生产、农业、通信、纺织、食品、车辆组装等。中企投资的奥贡、莱基自贸区正蓬勃发展，莱基深水港2023年将投入运营，中企正助力尼日利亚打造完备的公路、铁路、航空网络。阿布贾外环公路、凯菲公路、拉各斯城铁、阿布贾城铁、拉伊铁路、阿卡铁路、卡卡铁路，以及拉各斯航站楼、阿布贾航站楼、哈科特航站楼、卡诺航站楼扩建等重大工程相继建成投入使用。宗格鲁水电站也将蓄水发电，提升尼日利亚电力供应。中企建设的日产65万桶的世界上最大单列炼油厂——丹格特炼油厂也将投入生产，将极大满足尼日利亚人民对燃料的需求。洛科贾至卡诺天然气输送管网建成将极大改善尼日利亚北部的工业发展格局。自2008年以来，中企为尼日利亚的水泥工业发展作出卓越贡献，新建16条水泥生产线，结束了尼日利亚水泥进口的历史并逐渐向周边国家出口。随着“走出去”的走深走实，越来越多的中资企业来到尼日利亚投资，让中国制造和智慧建造在尼日利亚落地生根，加快了尼日利亚的工业化进程。在凯比和卡诺打造的农业示范项目，不但为尼日利亚提供优良的种子，更是为未来尼日利亚结束大米进口播撒希望。希望中资企业和个人在尼日利亚当地开展工作时，充分考虑可能面临的困难和当地市场的复杂性，加强调研，渐进实施，不可盲目冒进，而当合规经营。新到的中资企业应先到中国驻尼日利亚大使馆经商处备案，有条件的企业也可视情况加入尼日利亚中国总商会。

在中国驻尼日利亚大使馆的保驾护航下，在中尼两国人民的共同努力下，相信中尼两国人民及工商界必定能增进了解、加强合作，为两国的友谊和发展作出积极贡献。

CONTENTS
目录

Chapter 1

第一章

境外工程建设合规管理的重要性

“合规”一词源于英文 compliance，是指企业行为符合法律法规及其内部规章制度和商业道德的要求。企业合规管理本质上是对企业内部的自我管理提出要求，不仅要求其合法合规，还要求其要遵守企业自己制定的规章和社会承认的商业道德。近年来，随着中国“走出去”战略、“一带一路”倡议的推动，越来越多的企业走出国门，开始广泛参与跨国经营，而与此同时，越来越多的中国企业遭受海外合规处罚，引发了国内企业对于合规问题的关注和思考。

一、“合规”的起源

（一）企业合规思想的起源

合规思想最早可追溯到成立于1906年的美国食品和药物管理局（FDA）。该局当时对食品和药物安全的监管促使部分企业开始将合规视为企业运营的一部分。20世纪50年代，因为第二次世界大战后国际新秩序的形成，作为老牌工业强国的英国，其国土面积狭小，劳动力人口不足，为发展外向型经济和对外殖民统治，需要对外扩张本土企业。当时，对外投资先行的是金融企业，尽管当时的英国法律以及各个行业的法规规章相对比较完善，但对外投资要做到“入乡随俗”，英国本土的法规、企业规章和文化理念等已不适应投资所在国。在此背景之下，从国家、行业和人员三个层面考虑，英国率先推出了compliance（合规）。

（二）企业合规体系的诞生

20世纪60年代，美国电气设备行业的众多龙头企业及其高管遭遇串通抬价、瓜分市场等反垄断指控。仅1961年，就有29家公司和45名个人接受反垄断罚款。美国开始反垄断大潮，政府在该领域重拳出击，合规管理随着美国防止违反《反托拉斯法》（反垄断）的政策实施进程而得到了普及，在当时促使很多企业开始建立反垄断合规体系。

（三）企业专项合规体系的建设

20世纪70年代，美国出现了系列财务丑闻，爆发了水门事件。当时对水门事件的调查结果显示，1972年总统选举过程中，大量企业进行了非法政治捐献，企业界贿赂、回扣成风。证券交易委员会对水门事件的进一步调查还发现了跨国企业为获取交易机会，使用公司资金贿赂外国政府官员的证据。为此，证券交易委员会在 1977 年颁布了《反海外腐败法》，要求上市公司在贿赂、回扣、记账和其他方面执行更为正式的合规政策，尤其在财务记录和资产分配方面。《反海外腐败法》在合规的世界发展史上具有标志性意义，一方面是因为该法在反腐败领域具有广泛的域外管辖效力，至今仍然是悬在各跨国企业头上的“达摩克里斯之剑”；另一方面是因为该法要求企业对资金往来进行准确的会计记录，从而直接介入了企业财务内控体系的建设。

20 世纪 80 年代是美国各领域合规问题多发的时代，这也反过来推动了企业在问题领域的专项合规体系建设。1986 年，美国发布了《环境审计政策声明》，将企业环保作为合规工作要点，鼓励公司对设备使用是否符合环保要求进行系统、定期和客观的检查，以确保公司合规体系的有效性，发现潜在的环保违规问题。这一年，美国军火企业联合起草了《国防工业的商业伦理与企业活动精神》，将自觉履行合规管理制度作为企业自律的要求。1988 年，美国又通过《内幕交易与证券欺诈取缔法》，进一步防止证券内幕交易。这一系列专项法案的制定，推动了企业在问题领域专项合规体系的建设。

二、合规体系的成型与完善

（一）企业合规体系的成型

20 世纪 90 年代以前的合规多集中在某些具体领域，从 90 年代开始，企业全面合规体系建设逐渐成型。标志性的事件是 1991 年美国量刑委员会发布的《针对机构实体联邦量刑指南》。

1991 年，美国制定了《针对机构实体联邦量刑指南》（以下简称《量刑指南》)，主张将机构实体是否具备完善的合规体系作为减轻刑事责任的重要考量。《量刑指南》规定了衡量机构实体合规体系是否完善的七项标准，具体包括：

（1）建立合理的标准和程序，以预防和发现犯罪行为。

（2）机构实体领导层必须了解合规体系的内容和运行，合理监督合规体系的执行和有效性。机构实体管理层必须保证自身具备有效的合规体系。高级管理人员个人则应当对合规体系整体负责。机构实体中的个人应当承担合规体系的日常运作责任，定期向包括领导层在内的上级汇报合规体系的有效性。为完成上述职责，必须为个人配备足够的资源、适当的权限和向包括领导层在内的上级汇报的直接渠道。

（3）机构实体应尽力将任何有违法行为或者违反合规体系要求行为的个人排除出组织的实权岗位。

（4）根据受众的岗位和职责，通过培训项目和信息传播定期务实地向公司领导层、管理层、经理层、普通员工乃至代理人宣传合规体系标准、程序和其他各个方面。

（5）机构实体应当采取合理行动实现以下目标：1）确保机构实体的合规体系得到遵守，包括监督和审计以发现犯罪行为；2）定期评估合规体系有效性；3）建立并公开匿名或保密举报系统，以保证员工或者代理人可以就犯罪行为进行举报或者寻求指导时没有后顾之忧。

（6）激励合规行为，惩罚参与犯罪行为或者未采取合理措施避免、发现犯罪行为，以在整个机构实体范围内持续推广和执行合规体系。

（7）一旦发现犯罪行为，机构实体必须采取合理措施加以应对，并防止将来类似犯罪的发生，包括对机构实体的合规体系进行必要调整。

《量刑指南》的出台标志着现代合规理念与合规标准的成型，在美国乃至世界现代合规发展史上具有里程碑式的意义。企业按照《量刑指南》的合规标准审查现有合规体系，而此前尚未建立全面合规体系的企业则开始按照《量刑指南》的要求建立合规体系。

1992 年，关于通过控制危险废物跨越国境的转移和处置来防止危险废物对环境和人体健康造成危害的全球性国际公约《巴塞尔公约》开始生效，目前已经有 187 个国家签署。

1995 年，联合国首次提出“全球契约”的构想，号召企业以承诺遵守国际行为准则的方式，使经济活动兼顾社会公益，承担相关社会责任。2004 年，全球契约扩充形成人权、劳工标准、环境、反贪污四个方面的十项基本原则。

1997 年，经济合作与发展组织（OECD）成员国达成《OECD 反对国际商业活动中向海外政府官员行贿行为公约》。

（二）企业合规体系的规范

21 世纪最初的 5 年是违规丑闻频发的黑暗时期，同时也是合规发展的黄金时期。

2001—2002 年，安然有限公司和世界通信公司等企业发生财务造假丑闻，暴露出美国上市公司治理和财务审计方面存在的严重问题。为加强公司监管、重振投资者信心，美国国会于 2002 年通过《萨班斯-奥克斯利法案》，对美国上市公司财务监管中存在的问题进行了针对性规定。

作为美国国内法的《萨班斯-奥克斯利法案》适用于所有在美国上市和准备赴美上市的公司，包括外国公司，如中国的新浪、搜狐等，因而对世界范围内的企业经营和合规管理产生了深远影响。

2004 年，巴塞尔银行监管委员会颁布《巴塞尔协议》，鼓励银行不仅要识别当前的风险，而且要识别将来的风险，并且改进现有的风险管理体系来管理这些风险。2005 年，巴塞尔银行监管委员会又发布了《合规与银行内部合规部门》高级文件。

这一时期对合规发展产生重要影响的，还包括 2004 年修订后的《针对机构实体联邦量刑指南》。修订后的《量刑指南》在原先七项标准的基础上，为评估合规体系的有效性规定了更为细致和严格的要求，包括但不限于：培养诚信合规的组织文化；强调管理层对合规体系的监督；加强员工合规培训和宣介；建立内外部风险评估机制等。

（三）企业合规体系的发展和完善

肇端于 2007 年的次贷危机席卷全美，导致贝尔斯登公司和雷曼兄弟公司两家投行破产，并引发美国自大萧条时代以来最严重的失业和股灾。为避免经济危机进一步加剧，美国政府出资超过 7000 亿美元购买华尔街不良资产，救助房地产、汽车和银行等行业，但也导致民众财富缩水。为遏制金融违规、挽回公众信任，美国国会于 2010 年通过了《多德-弗兰克华尔街改革和消费者保护法案》（以下简称《多德-弗兰克法案》）。

该法案的规则覆盖了几乎整个金融业和国民经济，包括但不限于：商业贷款、消费贷款、金融衍生品、证券公司、对冲基金、投资银行、检举人，旨在改善金融行业责任制和透明度，避免再次发生经济危机，是美国金融业自大萧条以来最为深远的一次改革。

《多德-弗兰克法案》第 922 款规定，如果执法回收金额超过 100 万美元，那么美国证券交易委员会必须向提供证券违规举报原始信息的举报人发放 10%～30% 的奖励金。法案中此类鼓励举报的规定，促使企业进一步加强合规体系建设。

反腐败合规在这一阶段再次成为热点。以美国对德国西门子公司的反腐败执法案为代表，美国司法部和证券交易委员会在这一时期对大量跨国公司进行了反腐败调查和执法。受《反海外腐败法》巨额罚款的警示（西门子被罚约16亿美元）和会计条款的要求，众多企业不断加强自身的反腐败合规体系建设。

2010年，《量刑指南》再次修订，此次修订强调了合规官的独立性，对企业合规体系建设产生了不小的影响。

2010年，OECD颁布《内控、道德与合规最佳行为指南》，要求企业制定明确的政策来禁止海外贿赂，制定针对所有员工的合规执行体系、相关交流和培训机制、完善的举报制度等。

2014年，国际标准化组织（ISO）发布实施了《合规管理体系指南》（ISO 19600），将合规管理分为建立和改进两部分，包括确定合规范围、建立合规方针、评估合规风险、制定应对计划、实施和控制、评估和报告、持续改进等阶段，为所有规模和类型的企业建立有效的合规管理体系提出了指导性建议。

2014年，亚太经合组织（APEC）通过了《北京反腐败宣言》《亚太经合组织预防贿赂和反贿赂法律执行准则》《亚太经合组织有效和自愿的公司合规项目基本要素》。

2016年，ISO组织颁布了《反贿赂管理体系——要求和使用指南》（ISO 37001：2016），对于企业运营中可能存在的不正当的利益往来行为，阐述了预防、发现和应对措施。

2019年，《量刑指南》更新版明确提出了12项评估合规体系有效性的指标，并在《商业组织联邦起诉原则》中明确提出了三个评价标准：合规体系是否设计良好？是否有效实施？是否实际发挥作用？

到目前为止，经营合规的概念已经深入商业领域的各个方面，各个国际组织都为构建全世界范围内公平、公正的合法合规经营环境不断地努力着。而反过来对企业而言，经营风险不可能完全杜绝，却可以利用已尽合规义务的规则来保护自身，并且利用合规管理规则来加强企业建设。可以说，合规潮流不可逆，主动拥抱使用才是正确的做法。

点评：

从合规的起源到完善成型这近一个世纪以来的发展历程中，我们可以看到企业的合规从最初经济法的各领域，如反垄断法、证券和金融监管以及跨国商业行为，到现在已经扩展到经济和社会规制的各个领域。它从不同的企业和部门兴起，从最开始的分流和不同目标，在20世纪90年代，最终汇总成干流，初步形成相对完整的体系，而目前已经成为各国家、地区乃至全球商业组织和法律部门的共享制度。每一次合规的演变都是各个历史大事件的迭代结果，各个国家和组织都努力地从失败事件中总结经验，以完善并形成达成共识的合规规范。

站在企业的立场上，合规更多和“风险管理”“内控体系”联系在一起（后文将阐述这三者的关系）。对于风险事件而言，每一个风险事件有危又有机，危与机是共存的孪生兄弟。每一次事件，不只是事故，同时也是改进的契机，是推动前进的最深刻动力。因此，每个企业经营者都应充分意识到以下几点：

1. 合规要求不是对企业的约束，它最终的目标是引导全球商业环境朝健康有序、公平公正的方向发展。

2. 只有融入全球商业规则中，成为其中的合格一分子，才能接入全球的供应链环境，获取更多的业务机会，也同时能规避更多的风险。可以说，企业成为“合规组织”是参与全球竞争的最基本条件。

3. 注重企业发展过程中或者同行业中的每一次大事件，这是完善企业运行机制、规避运营风险的最好时机。

“走出去”与“全球性协作”是不可逆转的趋势，因时势而勃发的中国合规管理成为我国各个企业在国际化进程中的实践热点。但是源于美国并扩展到世界范围内的这一制度，在国内推行的时候的确有许多值得检讨的地方。中国式的公司治理、法治水平和大陆法系的制度局限性，限制了合规的作用发挥。然而，相对于开拓者，我们是幸运的，是站在前人的肩膀上去处理合规问题。这正是我们向前迈进的最准确方向。

三、合规管理的基本概念

顾名思义，合规管理是指为了合乎规范而进行的管理。合规是指企业及其员工的经营管理行为符合有关法律法规、国际条约、监管规定、行业准则、商业惯例、道德规范和企业依法制定的章程及规章制度等要求。企业通过制定合规政策，按照内部规范的要求统一制定并持续修改合规规范，监督内部规范的执行，以增强内部合规控制；对违规行为进行持续识别、监测、预警、防范、控制、化解合规风险的一整套管理活动和机制。

合规管理包括组织内部的自我审查和来自外部组织的监管，其主要内容包括（但不限于）：合规管理制度建设、合规文化建设、合规信息系统建设、合规咨询、合规培训、合规审核、合规审计、合规检查、合规考核、合规评价、合规报告、法律法规追踪、投诉举报处理、监管配合和合规问责等。

四、合规管理的意义

（一）中国当前合规管理的现状

合规管理理念和实践于20世纪70年代末由“三资”企业引入中国。就合规监管而言，我国也经历了由金融机构逐步向其他行业扩散的过程，目前政府对于企业合规管理体系的建设十分重视，要求各行业都应加强企业合规管理，完善企业合规建设。如：

2006年10月，中国银监会颁布了《商业银行合规风险管理指引》，为商业银行合规风险的管理提出了指引。

2016年4月，国务院国资委印发了《关于在部分中央企业开展合规管理体系建设试点工作的通知》。通知指出，企业合规管理在中国移动、中国石油、东方电气集团、招商局集团、中国中铁等五家中央企业开始试点。

然而，和跨国企业相比，中国企业在合规问题的处理上非常落后，很多中小企业乃至部分大企业甚至不知道合规管理的概念，而相对重视合规管理的企业，如华为、中兴和中国铁建等，其合规管理体系的构建也还处于起步阶段。同时，我国对企业经营合规方面的相关法律法规也并不十分健全。

2008年以来，随着中国企业大规模“走出去”，更是大量出现了因对遵守国际上通行规则与非通行规则的认识不足或者理解不到位而不合规的商业行为，导致企业受到经营所在地政府或者国际组织的制裁，这不仅给企业造成经济与声誉损失，还给中国企业国际形象带来负面影响。

近年来，随着“一带一路”倡议的推进，更多的中国企业离开熟悉的国内市场环境，参与到全球市场竞争当中，而全球反腐力度及合规经营的要求不断加强，这使中国企业面临的境外经营合规风险越来越大。

2004 年至 2019 年 6 月，世界银行就制裁了 52 家中国企业（一家企业内直接或间接控制的多家企业被制裁，计算为一家企业）。另外，世行还对 8 名个人进行制裁。这其中有 18 家企业和 4 名个人因受到国际开发银行制裁再被世行实施交叉制裁。被世行制裁的中国企业中，如果对一家企业内直接或间接控制的企业进行独立统计，被制裁的中国企业已有 900 家之多。

2019 年 5 月 14 日，世行公布了对总部位于上海的思源电气股份有限公司做出除名的制裁决定。思源电气被制裁后不到一个月时间，世行在 2019 年 6 月 5 日又公布了对中国铁建股份有限公司及其所有附属公司、中铁二十三局集团有限公司、中国铁建国际有限公司及 730 家控股子公司做出除名的制裁决定。一家企业内受到制裁的附属公司数量之多，让人非常震惊。这打破了世行在 2013 年对加拿大兰万灵公司及其 133 家子公司制裁的纪录。

不只是来自世行的处罚，年产值上千亿元的通信行业骨干企业中兴通讯，被美国政府处罚 14.9 亿美元的同时，被列入美国禁售制裁名单，几乎濒临倒闭。同样是中国通信行业领头羊的华为也一直受到美国相关监管机构的调查，这为“走出去”的中国企业在合规管理方面敲响了警钟。

（二）国家对企业境外经营合规管理的重视

国家对企业境外经营合规管理越来越重视，近年来陆续出台了规范企业境外经营行为、提升企业合规管理水平的方针政策，详见表 1-1。

表 1–1　中国政府近年来发布的合规要求

时间	机　构	事　　项
2010 年 8 月	商务部、外交部、国家发展改革委、公安部、国务院国资委、安全监管总局、全国工商联	·印发《境外中资企业机构和人员安全管理规定》 进一步加强新形势下境外中资企业机构和人员安全保护工作，保障“走出去”战略的顺利实施。
2011 年 7 月	国务院国资委	·发布《中央企业境外国有资产监督管理暂行办法》 目的是规范境外企业经营行为，维护境外国有资产权益，防止国有资产流失。
2013 年 2 月	商务部、环境保护部	·《对外投资合作环境保护指南》 引导企业积极履行环境保护社会责任，推动对外投资合作可持续发展。
2013 年 3 月	商务部	·《规范对外投资合作领域竞争行为的规定》 促进对外投资合作业务健康和可持续发展，规范企业海外经营行为，鼓励和保护公平竞争，杜绝不正当竞争行为，提升对外投资合作企业管理水平和竞争能力。
2014 年 1 月	商务部、财政部	·审议通过《对外劳务合作风险处置备用金管理办法（试行）》 目的是规范对外劳务合作企业的经营行为，保障外派劳务人员合法权益。
2014 年 8 月	商务部	·审议通过《境外投资管理办法》 促进和规范境外投资，提高境外投资便利化水平。

续 表

时间	机　构	事　　项
2017 年 5 月	中央全面深化改革领导小组	·审议通过《关于规范企业海外经营行为的若干意见》 提出要“加强企业海外经营行为合规制度建设”。
2017 年 12 月	国家发展改革委、商务部、人民银行、外交部、全国工商联	·发布《民营企业境外投资经营行为规范》 从完善经营管理体系、依法合规诚信经营、切实履行社会责任、注重资源环境保护和加强境外风险防控等五方面对民营企业境外投资经营活动进行引导和规范。
2017 年 12 月	国家发展改革委	·发布《企业境外投资管理办法》 加强境外投资宏观指导，优化境外投资综合服务，完善境外投资全程监管，促进境外投资持续健康发展。
2017 年 12 月	国家质量监督检验检疫总局、国家标准化管理委员会	·颁布 ISO 19600《合规管理体系指南》（GB/T 35770—2017/ISO 19600：2014） 为企业全面系统地建设合规管理体系提供了具体指南。
2018 年 11 月	国务院国资委	·印发关于《中央企业合规管理指引（试行）》的通知 对中央企业的合规管理体系建设提出了要求和建议。
2018 年 12 月	国家发展改革委等 7 部委	·联合发布实施了《企业境外经营管理指引》 对于推动企业持续提升合规管理水平提供更加具体的行动指引。

近些年来，中国政府也更加积极地参与全球反腐败与合规管理的国际合作。2014 年亚太经合组织（APEC）北京会议通过了《北京反腐败宣言》(以下简称宣言)，中国是《宣言》的发起者和参与者。此外，中国还参与发起并通过了《亚太经合组织预防贿赂和反贿赂法律执行准则》《亚太经合组织有效和自愿的公司合规项目基本要素》等重要文件。同时，中国也积极加入世界级别的各类公约，如《联合国反腐败公约》《国际商务交易中打击勒索和贿赂行为准则》等。作为成员国的中国企业，必然要顺应全球合规治理加强的大趋势，履行公约所规定的义务，积极预防和应对商业贿赂，树立和维护国家形象。

（三）中国企业境外经营合规管理的重要意义

合规管理是企业稳健经营运行的内在要求，也是防范违规风险的基本前提，是每一个企业都必须重视且进行管理的一部分，也是保障自身利益的有力武器。

合规化管理是规范员工行为的有效手段，通过建构科学的企业合规文化以及合规体系，有利于让员工养成合规化的习惯，避免违规风险。同时在制度层面向广大员工普及合规管理的相关条例，有利于让员工自觉自律地避免违规化操作。

合规管理可以防止决策失误，领导者的权限较大，再小的决策错误都有可能引发公司的多米诺骨牌效应，合规化管理通过约束高层领导人员的相关行为能够最大限度地减少决策失误带来的经营风险。

对于境外经营的中国企业来说，合规管理还有着更多更高层次的意义。

1. 树立和维护国家形象的需要

跨国企业虽然具有国际性，并且遵循基本的商业逻辑行事，但在以国家为主体的当代世界中，让人产生的第一印象还是其国家形象。如果中国企业在“走出去”的时候能够塑造一个遵规、亲和、友善、负责的形象，就会减少许多冲突和困境。因此，建立合规体系并使其有效运行，是使企业所有商业活动始终保持合法合规的基本保障，是中国企业在境外经营时，树立和维护国家整体形象、促进企业国际声誉的最基本条件。

2. **文化融入的需要**

在国际市场上，我国企业在工程建设领域技术方面的差距并不大，但在管理和文化层面还有很大差距。因此，建设与国际经营接轨的先进企业文化，转变思想观念、改变思维方式，成为我们参与国际竞争的关键因素。

在合规经营、反对腐败成为主流价值观的大背景下，我们首先要创新的就是合规文化。要把文化理念转变为行为，需要通过建立系统的制度，将合规要求融入具体的工作流程及岗位中，持之以恒地严格执行。将表面的合规管理逐渐变成习惯，形成一种严谨的行为方式。通过合规制度的建立与执行以及合规文化的培育，将管理文化由任意型、粗放型向信誉型、集约型转变。

中国文化比较强调变通、灵活，有时候这是优点，有时候就容易出问题。企业要想真正融入国际大家庭、实现做强做优，就必须对自己的行为方式和道德文化进行认真反思和总结，学会遵守国际游戏规则，才有可能自立于世界大企业之林。

3. **市场竞争的需要**

随着不断的发展壮大，一部分中国企业已处于发展变革的重要阶段。在这个阶段中，一是面临更多、更复杂的合规风险，二是在合规要求更严格的环境下参与市场竞争是未来的发展趋势，这就决定我们只有走合规经营之路，才能防范合规风险，才能在世界范围内和发达国家跨国公司竞争。而合规经营反过来又能提升企业的信誉，从而增强国际竞争能力。通过行为的合规进一步保障执行结果正确，这也是提升企业经营质量的必选之路。

4. 防范政治风险的需要

在和平时期，国家之间的竞争主要体现在经济领域的竞争，而经济领域的竞争则突出表现在大企业之间的竞争。

在世界格局中占主导地位的美国和西方国家，用冷战思维遏制中国的崛起。在国际市场上，作为后起之秀的中国企业，一举一动都备受关注，一旦出现失误就会被无限放大，削弱我们的市场竞争力，遏制我们的发展壮大。

西方国家冷战思维的特点之一就是寻找中国企业与西方企业的差异，并在中国企业的软肋上大做文章，突出中国企业的弊端，从“软实力”上削弱我们的竞争力，破坏我们的国际形象，从而阻挠我们走向国际市场。

因此，中国企业在境外经营中做好合规管理，对于应对西方国家的“经济冷战”也有积极意义。

（四）工程建设企业境外经营合规管理的重要性

在“走出去”的中国企业中，80% 属于工程建设企业。而这些“走出去”的企业有的因合规导致的问题，已经造成了巨大的经济和声誉损失。如，因合规问题被世界银行制裁的中国企业的行业统计分布来看，99% 以上的企业是从事基础设施建设、工程建设类。如果这些企业因不合规被世行除名制裁，不仅不能承接世行及其他多边开发银行资助的项目，还可能引起他国政府、当地企业及金融机构的关注，或设置不利的合作条件。这不仅会影响我国企业进一步参与相关国家和地区的项目与商业合作机会，还会影响我国“一带一路”倡议的顺利推进，甚至影响国家推动企业“走出去”服务对外开放的大局，必须引起相关企业的高度重视。

因此，工程建设企业建立健全合规管理体系和制度，对于提升“走出去”企业整体合规管理水平至关重要。企业应充分重视合规问题，建立起工程建设企业境外经营合规管理的行业标准、体系指南。

五、合规管理与风险管理和企业内部控制的关系

（一）三者的含义

1. 合规管理

合规管理的定义如前文所述。

2. 内部控制

内部控制是指企业和各个组织在经济活动中建立的一种相互制约的业务组织形式和职责分工制度。为了实现企业经营目标，保障资产的安全、完整，保证会计信息资料的准确可靠，确保企业经营方针的贯彻执行和经营活动的经济性、效率性、效果性而在企业内部采取的自我调整、约束、规划、评价和控制的一系列方法、程序与措施的总称。

1980 年后，美国 COSO 委员会（全美反舞弊性财务报告委员会发起组织）将“内部控制”定义为“一个组织设计并实施的一个程序，以便为达到该组织的经营目标提供合理保障”。

在 COSO 委员会制定的内部控制框架中，把内部控制活动分成五大组成部分，即：控制环境、风险评估、控制活动、信息与交流和监

督评审。

2002 年，美国成立的上市公司会计监管委员会（PCAOB）明确采用了 COSO 内控框架作为内控评价的标准体系。许多国家和地区的资本市场也采用了 COSO 内控框架，有些国家和地区在参照该框架的基础上建立了自己的内控体系。

我国在 2005 年先后出台了《上交所上市公司内部控制指引》和《深交所上市公司内部控制指引》两个文件。上述两个文件参照了美国 SOX 法案的要求，在理论体系上和 COSO 内控框架一脉相承。

3. **风险管理**

风险管理是指通过对风险的识别、评估，选择最有效的应对方式，在事前主动地、有目的地、有计划地处理风险，以最小成本争取获得最大安全保证的管理方法。

企业风险管理理论发展大致分为三个阶段。

第一阶段：以“安全和保险”为特征的风险管理。100 多年前，航运企业风险管理的主要措施就是通过保险把风险转移给保险公司。

第二阶段：以“内部控制和控制纯粹风险”为特征的风险管理。随着工业革命的发展，公司对业务管理和流程方面的内部控制提出了要求。美国 1977 年的《反国外贿赂法》要求公司管理层加强内部会计控制；1992 年的《COSO 内部控制综合框架》提出以财务管理为主线的内部控制系统。

第三阶段：以“风险管理战略与企业总体发展战略紧密结合”为特征的全面风险管理。风险管理实践表明，仅靠内部控制难以实现企业的最终目标。为此，COSO 于 2004 年 9 月出台了《COSO 企业全面风险管理整合框架》（ERM），提出了由三个维度构成的风险管理整合框架。

国务院国资委于 2006 年发布《中央企业全面风险管理指引》，标志着我国中央企业建立全面风险管理体系工作的启动。

（二）三者的侧重点

合规管理是内部控制的一个重要方面，也是风险管理的一个关键环节。内控制度的完善离不开合规化的管理及操作。这三者各有侧重点，详见表 1–2。

表 1–2 合规管理、内部控制与风险管理的侧重点

合规管理	内部控制	风险管理
1. 反商业贿赂、反欺诈、反舞弊； 2. 反垄断、反不正当竞争、反洗钱； 3. 贸易管制、海关估值、转移定价； 4. 数据安全、信息保护、隐私保护； 5. 高管刑事责任； 6. 税务合规； 7. 安全健康环保； 8. 知识产权保护	1. 组织架构的设计与运行； 2. 发展战略的制定与实施； 3. 人力资源的引进与开发、使用与退出； 4. 安全生产、产品质量、环境保护与资源节约、促进就业与员工权益保护； 5. 企业文化的建设与评估； 6. 资金活动：筹资、投资和资金营运； 7. 采购业务：购买、付款； 8. 资产管理：存货、固定资产、无形资产； 9. 销售业务：销售、收款； 10. 研究与开发：立项与研究、开发与保护； 11. 工程项目：立项、招标、造价、工程建设、工程验收； 12. 担保业务：调查评估与审批、执行与监控； 13. 业务外包：承包方选择、外包实施； 14. 财务报告：编制、对外提供、分析利用； 15. 全面预算：编制、执行、考核； 16. 合同管理：合同订立、履行； 17. 内部信息传递：内部报告的形成、内部报告的使用； 18. 信息系统：开发、运行与维护	1. 战略风险； 2. 财务风险； 3. 市场风险； 4. 运营风险； 5. 法律风险； 6. 环境风险； 7. 政策风险； 8. 技术风险

合规管理的核心，是“不合规，企业及相关利益主体将遭遇声誉损害、高额赔偿，乃至刑事处罚”。将企业和个人行为纳入合规管理体系中，保障主体不因不合规而遭受以上损失，这是合规管理的驱动力，也是合规管理的内在核心。至于合规可创造价值，完善的合规体系可成为减轻责任的抗辩理由，则是锦上添花的事。

内部控制的核心，是“通过内部控制五要素，对管理层及员工的行为进行约束，以尽可能实现企业的运营有效、报告可靠、合规这三大目标”。内部控制是帮助企业实现业绩和盈利目标，同时又保证企业出具的财务报告可靠和企业行为符合法律法规。

风险管理的核心，是“以可接受的成本保护和创造价值”。可接受的成本是指企业对风险的偏好程度，保护价值是指企业进行风险管理的基本目的，创造价值是指企业运用风险带来的机会，它是企业进行风险管理的高级目的。随着社会波动性、复杂性和模糊性日益增加，以及利益相关者的参与度越来越高，企业更加需要完善的风险管理机制来应对。将风险管理贯穿于整个企业会产生许多好处，包括增加新的机遇、识别和管理企业的风险、增加竞争优势、减少负面损失、降低绩效偏离度、改善资源部署、提升企业韧性等。近年来，基于风险导向的管理理念逐渐兴起，企业管理中常见的公司治理、企业文化、战略管理、绩效管理、危机管理等都可以用风险管理框架来更好地标准化、科学化。

（三）三者的关系

合规管理、内部控制、风险管理都是企业治理与管理必不可少的一部分。在经济与社会不确定性不断增加的情形下，以及处于政策作为经济与社会治理的重要手段不断加强的时代中，在历经一些惨痛教训之后，三者都越发显得重要。

与战略管理、营销管理、人力资源管理等职能与职责相比，合规管理、内部控制与风险管理在企业中偏向于基本保障、风险预防。如果将企业比喻为一艘向前行使的车辆，那么合规管理、内部控制与风险管理应该类似于刹车、前后护栏、ABS 等组合在一起的功能。

合规管理、内部控制、风险管理侧重的视角不同。合规管理强调对规则（法律、规章制度、商业伦理、当地宗教和文化）的遵守；内部控制强调对行为（企业各层级、业务各环节）的限制；风险管理强调对未来不确定性事件的控制。

合规是内部控制要达到的目标之一，而内部控制则被涵盖在企业风险管理之内，是风险管理的一个基础和组成部分。因此，从三者的内涵来看，合规管理小于内部控制，内部控制小于风险管理。但从价值上来看，三者目前并不是可以相互取代的。

Chapter 2 第二章

尼日利亚概况

一、地理位置和人口分布

(一) 地理位置

尼日利亚（全称“尼日利亚联邦共和国”），位于北纬 6.27 度，东经 3.24 度，处于西非尼日尔河中、下游。尼日利亚由尼日尔河得名。东与喀麦隆相连，东北与乍得为邻，南濒几内亚湾，西与贝宁接壤，北与尼日尔交界。国土面积 92.38 万平方千米，海岸线长 800 千米。平原河谷、丘陵盆地和高原洼地等地貌兼而有之，地形复杂多样，地势北高南低。尼日利亚首都阿布贾，属东 1 时区，比北京时间晚 7 小时。无夏令时。

(二) 人口分布

尼日利亚为非洲第一人口大国，全国人口总量约为 2.01 亿（中国外交部 2020 年 5 月数据），主要分布在南部雨林区和北部草原区，尤其是南部沿海地带和三角洲地区的面积占国土的 20%，却聚居着全国近一半的人口。中部地区人口相对稀少。人口分布比较集中的城市为拉各斯、卡诺、伊巴丹和首都阿布贾等。

当地华人约 7 万人，主要集中在拉各斯、卡诺、阿布贾等城市，主要从事承包工程、贸易、投资等商务活动。

二、自然环境和自然资源

(一) 自然环境

1. 气候条件

尼日利亚属热带草原气候——高温多雨。全年分旱季和雨季，旱季是11月至次年4月。尼日利亚年均气温为26℃～27℃，沿海地区年平均气温为32.2℃，最低气温为21.1℃；北部最高可达40.6℃，最低12.8℃。

尼日利亚湿度因地理位置和季节不同而不同。相对湿度从沿海向内陆逐步降低，南部地区相对湿度约80%，最北部则不足50%。旱季温度较高湿度最低。

2. **地形地貌**

尼日利亚全国地形复杂多样，地势北高南低。沿海为宽约80千米的带状平原；南部低山丘陵，大部地区海拔200～500米；中部为尼日尔-贝努埃河谷地；北部豪萨兰高地超过全国面积面积1/4，平均海拔900米；东部边境为山地，西北和东北分别为索科托盆地和乍得湖湖西盆地。

3. **水系分布**

尼日利亚河流众多，尼日尔河及其支流贝努埃河为主要河流，尼日尔河在境内长1400千米。

（二）自然资源

尼日利亚是非洲第一大产油国、世界第十大石油生产国及第七大原油出口国，已探明的石油储量约371亿桶，居非洲第二位、世界第十一位，以目前产量计算，可继续开采50年。已探明天然气储量达5.3万亿立方米，居非洲第一位、世界第十位，天然气已开发量仅占总储量的12%，以目前产量计算，可继续开采上百年。已探明高品位铁矿石储量约30亿吨，天然沥青储量840亿吨，优质煤矿预测储量11.34亿吨，是西非唯一的产煤国。

除上述资源外，尼日利亚的矿产资源极为丰富，已探明具商业开采价值的有44种，如石灰石、大理石、锌矿以及锡、铌、钽和铀等。

尼日利亚主要矿产资源及开采运营状况见表2–1。

表2–1　尼日利亚主要矿产资源及开采运营情况

序号	资源名称	简　介
1	滑石	· 储量超过1亿吨，颜色差异较大，主要分为白色、乳白色和灰白色。分布在尼日尔、奥雄、科济、夸拉、奥贡、塔拉巴和卡杜纳等州。滑石可作为多种工业产品的原料。 · 处于运营状态的滑石加工厂两家，规模中等，均位于尼日尔州。
2	铁矿石	· 拥有30多亿吨的铁矿石，主要分布在科济、厄努古、尼日尔、赞法拉和卡杜纳等州。 · 正在开采的是位于科济州 Itakpe 地区的晶体状铁矿，主要供应给 Aladja 和 Ajaokuta 两家大型钢厂。位于科济和厄努古两州的鲕粒岩铁矿尚有待开发。
3	黄金	· 西部地区片岩带分布有冲积金矿和原生金矿。 · 冲积金矿正在开采中。原生金矿处于浅层，等级相对较高，已适合大规模商业化开采。每盎司黄金的生产成本约为50美元。
4	沥青	· 主要分布在翁多州，为420亿吨左右，仅次于委内瑞拉。尼日利亚沥青可直接制成沥青粘接料。 · 如得到充分开发，能够满足该国道路建设，还能够创造外汇收入。
5	岩盐	· 盐泉主要分布在高原州的 Awe 地区、埃本伊州的 Abakaliki 地区和依莫州的 Uburu 地区，岩盐则主要分布在贝努埃州。 · 尼日利亚岩盐储量为150亿吨，但其食盐、烧碱、氯、小苏打、次氯酸钠和过氧化氯等产品的国内需求量超过100万吨。尼日利亚制革厂、食品厂、饮料厂、造纸厂、瓶装厂和石油公司等每年大量进口上述化工产品。

续 表

序号	资源名称	简 介
6	石膏	·石膏储量为10亿吨左右。 ·石膏是生产水泥用的重要添加材料，也可用于生产熟石膏（又称烧石膏）和粉笔。
7	铅锌矿	·大约1000万吨的铅锌矿分布在尼日利亚的8个州境内。
8	石灰石	·探明储量为120万吨，主要分布在贝努埃州、夸拉州、包奇州、索科托州、尼日尔州、厄努古州、阿南布拉州、十字河州、奥约州、依莫州和联邦首都区等地。石灰石是生产水泥和其他建筑用产品的重要原料。 ·斑脱土探明储量为7亿吨，重晶石探明储量超过750万吨。是原油钻井作业所用泥浆的主要原料。
9	高岭土	·优质高岭土储量为30亿吨（其中340万吨高岭土纯度达90%以上），主要分布在翁多州和埃基提州等12个州。 ·可广泛应用于涂料、橡胶、滤纸、水泥、化妆品、陶瓷以及砂纸、金刚砂等研磨料的生产。 ·尼日利亚是西非地区唯一的产煤国，煤炭具有低硫、低灰分、环保、富含沥青等特点，预计储量约为30亿吨，主要分布在埃努古州、贝努埃州、科济州、纳撒拉瓦州、埃本依州、十字河州、依莫州、阿南布拉州、三角州和埃多州等州的17个矿区。尼日尔河流域有大量褐煤，探明储量为6亿多吨。可制成工业用型煤和民用煤球。
10	宝石类	·宝石主要分布在高原州、卡杜纳州和包奇州。种类包括蓝宝石、红宝石、海蓝宝石、祖母绿、电气石、黄宝石、石榴石和锆石等。 ·钽铁矿钽铁矿主要分布纳撒拉瓦、贡贝和科济等州和联邦首都，可用于电容器等电子产品和其他特殊合金产品。 ·锡主要分布在尼日利亚高原州、包奇州、卡杜纳州、卡诺州、尼日尔州和贝努埃州等地区，储量约为14万吨。

续 表

序号	资源名称	简 介
		·铌铁矿主要分布尼日利亚北部诸州，储量约为 2 万吨。 ·锂主要分布于中部 AngwanDoka 地区以及西南部 Ijero 和 Egbe 地区，可用于生产特种合金、润滑剂、高性能电池和医药产品等。
11	大理石	·大理石主要分布于科济州、夸拉州、高原州、奥约州、卡奇纳州和尼日尔州等地。
12	磷酸	·盐磷酸盐是化肥、火柴和炸药的重要原料，主要分布在奥贡州和阿比亚州等地。
13	硅砂	·硅砂主要分布于卡诺州、翁多州、拉各斯州、阿南布拉州、埃多州、厄努古州、河流州、三角州和十字河州等地。 ·可用于建筑和玻璃制造业。
14	硅藻土	·尼日利亚硅藻土主要分布于包诺州等地。 ·可用于生产吸收剂、磨料、过滤剂、填充介质、高温绝缘体、光滑剂、色素和着色料等产品。
15	黏土	·黏土可用作石油钻井作业作用泥浆的重要原料，主要分布于联邦首都区、包诺州、埃多州等地。 ·花岗岩、紫苏花岗岩、辉长岩（飞白岩）和片麻岩，上述岩石美度和质地良好，可切制成特定尺寸的石材，主要分布于包奇州、卡杜纳州、高原州、埃多州和翁多州等地。

资料来源：中华人民共和国商务部。

三、经济状况和投资环境

（一）经济状况

1. 总体经济

2003—2014 年，尼日利亚经济保持稳定增长，年均增长率约为7%。

2014年4月初，尼日利亚将GDP计算基准年份由1990年调整为2010年。调整后，2013年名义GDP规模由原来的2856亿美元提高至5092亿美元。调整后，尼日利亚超过南非跃升为非洲第一、世界第26大经济体。

2015年受国际油价下跌等因素影响，尼日利亚经济增速放缓，仅增长2.8%。

2016年，尼遭遇多年来的首次经济负增长，全年GDP增速为-1.54%。

2017年，尼日利亚经济回暖，全年GDP增速为0.83%。

2018年，尼日利亚GDP增长1.93%，达到127.76万亿奈拉，约合4175.25亿美元。

2020年2月24日，尼日利亚国家统计局公布的数据显示，尼日利亚2019年经济实际增长2.27%，较2018年增速提高0.36个百分点。受信息通信、农业、金融保险和制造业等行业推动，2019年第四季度尼日利亚经济同比增长2.55%。

产业分布比例：2018年，尼日利亚第一、二、三产业分布的比例约为25%：22%：53%。

油气产业：尼日利亚是非洲最大的石油生产国和世界第六大石油出口国，也是石油输出国组织（OPEC，简称“欧佩克”）成员国之一。油气产业是尼日利亚最核心产业，石油工业是国民经济的支柱，石油出口收入占出口总收入的98%，占国家总收入的83%。为尼日利亚贡献了94%的外汇收入和62%的财政收入。

尼日利亚石油产量的80%以上来自壳牌、埃克森美孚、道达尔、雪佛龙和埃尼等五大跨国石油公司。

因国内炼油能力较低，约85%国内成品油消费需依赖进口，2015年至今，尼日利亚燃油供应紧张且日益严重，各加油站前等待加油的车辆队伍动辄排到百辆甚至数百辆。

尼日利亚2020年7月石油销售收入5529万美元，环比下降75%。

管道运输：有5000千米长的输油管道，将各炼油厂和部分港口、油井和储油库相连。

工业制造：全国有3座钢厂，年产量仅1万余吨。主要制造业为纺织、车辆装配、木材加工、水泥、饮料和食品加工，大多集中在拉各斯及其周围地区。基础设施年久失修，技术水平较低，多数工业制品仍依赖进口。为改变本国经济对石油工业的过多依赖，尼日利亚石油天然气资源十分丰富，政府已实施天然气开发战略，大力开发国内丰富的天然气资源，以达到推动经济发展和增加政府收入的目的。

电力：电力供应严重不足，现有装机容量1040万千瓦，实际最大发电能力507万千瓦，仅不足四成家庭通电。

农业：农业生产方式仍以小农经济为主，粮食不能自给，每年仍需大量进口。目前全国70%的劳动力从事农业。农业主要产区集中在北方地区，可耕地6800万公顷，已耕地3400万公顷。

2018年，尼日利亚农业产值约27.37万亿奈拉，占GDP的21.42%。尼日利亚近十年来食品进口费用年均增长11%。主要农产品包括木薯、玉米、高粱、小米、稻米、花生、棕榈、可可、腰果、橡胶等。尼日利亚主要进口小麦、大米、棕榈油、糖、鱼类等，出口可可、腰果、橡胶、芝麻、棉花等。其中，木薯年产量4000万吨，位居世界第一。尼日利亚为世界第四大可可生产国和第三大出口国。大米、面粉等粮食不能自给，年均500万吨大米消费量中200万吨依靠进口。

该产业主要大型企业包括美国嘉吉公司、新加坡翱兰国际公司、美国孟山都公司等。

旅游业：旅游资源丰富，如瀑布、海滩、赤道森林等。多数旅游点管理不善，游客很少。主要旅游景点有：奥逊州的奥索博神树林，阿达玛瓦州的宿库卢文化遗产，夸拉州的奥乌瀑布，博尔诺州的乍得湖寺院，十字河流州的奥布都大牧场，伊莫州的奥古都湖，翁多州的温泉和包奇州的杨卡里野生动物园。

2. **未来产业趋势**

布哈里政府上台后，提出去石油经济单一化，发展经济多元化，并将农业和固体矿产业作为未来经济发展重点。2018 年，尼日利亚矿业收入占 GDP 的 10. 7% 。同时该届政府希望未来把发展重点放在提高发电量并发展炼油业，改善交通基础设施，发展铁路、公路和港口设施；推动工业化进程，尤其是支持中小型企业以恢复制造业活力等方面，但未来情况难于预计。

（二）投资环境

尼日利亚是西非地区的“领头羊”，在非洲亦有举足轻重的地位。到尼日利亚投资，有以下有利条件：尼日利亚政府欢迎并鼓励外国企业到尼投资，并在注册、用地、税收和资本流动等方面制定了一系列优惠政策；尼日利亚是人口大国，市场潜力大，对周边国家有很强的辐射力；可充分利用《非洲发展与机遇法案》所提供的优惠条件，向美国出口在尼生产的商品；尼日利亚资源丰富，可充分利用当地的油、气、煤、铁矿、石灰石等原材料；尼日利亚人力资源充足，价格便宜，容易招聘；尼日利亚市场开放程度高，准入门槛相对较低；在国际原油价格下跌以前，尼日利亚每年有数百亿石油美元收入，有较强的支付能力，但2014年中后，因大宗商品价格暴跌，尼日利亚石油收入锐减，政府面临一定程度的财政困难。2020年9月，尼日利亚财政部长表示政府收入下降了65%。

据世界银行2018侨汇报告显示：尼日利亚侨汇收入为非洲第一、世界第五；2017年侨汇收入220亿美元，同比增长16.4%。

达沃斯世界经济论坛《2019年全球竞争力报告》显示，尼日利亚在全球最具竞争力的141个国家和地区中，排第116位。

据世界银行《2019年营商环境报告》显示，尼日利亚在参评的190个国家和地区中，排名进一步上升至第146位。

布哈里总统于2016年7月专门成立了以副总统奥辛巴乔为主席的商业环境理事会（PEBEC），负责统筹各部门推进改革措施，积极改善尼日利亚营商环境。尼日利亚政府通过推行企业网上注册审批、公开办理施工许可证所需费用和流程、提供信用评级服务、开通电子支付缴纳联邦赋税等方面的改革举措，使得尼日利亚成为2017年全球营商便利度排名上升最快的10个经济体之一，排名第169位。尼日利亚排名靠后的原因主要是电力供应不稳定、基础设施落后、政府腐败、税收支付体系不完善以及外汇管制。

债务评级：截至2019年5月15日，国际评级机构标普对尼日利亚主权信用评级为B/B，展望为稳定。截至2018年12月11日，国际评级机构穆迪对尼日利亚主权信用评级为B2，展望为稳定。截至2018年5月17日，国际评级机构惠誉对尼日利亚主权信用评级为B+，展望为负面。

通货膨胀率：尼日利亚通胀厉害。2018年，尼日利亚通货膨胀率达12.10%，较2017年的16.50%下降4.4个百分点。

失业率：根据尼日利亚国家统计局数据，2018年第三季度，尼日利亚全国失业率约为23.1%，不充分就业率为20.2%。2018年第三季度，尼日利亚劳动力人口为9050万，失业和未充分就业人口高达3920万。

四、国家象征和政治制度

（一）国家象征

1. 国旗

尼日利亚国旗呈横长方形，长与宽之比为2∶1。自左至右由绿，白，绿三个相等的垂直长方形组成。绿色象征农业，白色象征和平。1960年10月1日尼日利亚宣布独立而采用。

图2-1 尼日利亚国旗

2. 国徽

尼日利亚国徽制定于1960年，它以黑色盾徽上的一个白色波纹状“Y”字母为尼日利亚国徽的中心图案，意为尼日尔河与贝努埃河在尼日利亚境内的汇合交融；纯黑的底色代表两河沿岸的千里沃土，这两条河不仅给尼日利亚人民提供饮用水源，而且促进国内航运业的发展，是尼日利亚人民生命的摇篮。盾徽两侧昂然挺立的白马是国家尊严的标志，顶端的红色凝聚着民族的力量。一条黄色饰带跨过国徽下端的美丽田园，上面用英文写着尼日利亚格言："团结与忠诚""和平和进步"。

图 2-2　尼日利亚国徽

3. 国歌

尼日利亚国歌为《同胞们起来，响应尼日利亚号召》。

歌词大意：同胞们起来，响应尼日利亚号召，以爱心、力量与信念为祖国效劳。英勇过去的苦干将不会徒劳，把自由、和平与团结的国家建设好。造物主指导我们的事业多崇高，指引我们领袖正确领导，帮助青年把真理学到，成长着爱心与诚实可靠，在正直与真诚下达到崇高的目标，把实现和平和公正的国家建造。

（二）政治制度

根据尼日利亚 1999 年宪法，尼日利亚推行联邦总统制，设立联邦、州和地方三级政府。实行立法、司法和行政相互独立、相互制衡的三权分立制度。

行政：总统是国家的最高代表，由全民直接选举产生，任期 4 年，现任总统是穆罕马杜·布哈里（全体进步大会党），于 2015 年 5 月宣誓就职，2019 年 2 月选举连任。联邦政府各部部长由总统提名，经参议院批准后由总统任命。

立法：国民议会由参、众两院组成，议员由直接选举产生，任期4年。新一届议会于2019年6月正式组成，参议长艾哈迈德·拉万，众议长费米·格巴贾比亚米拉。

司法：联邦设有最高法院、上诉法院和高等法院，各州设高级法院，地方政府设地方法院。有的州还设有习惯法上诉法院。易卜拉欣·穆罕默德2019年1月就任代理首席大法官。

五、政府机构和行政区划

（一）政府机构

尼日利亚联邦政府设立联邦执行委员会，即内阁，由总统、副总统、各部部长、国务部长等组成。2015年尼日利亚新政府对部委进行调整，现在主要经济部门包括财政部，中央银行，预算和国家计划部，工业、贸易和投资部，石油资源部，固体矿产部，农业和农村发展部，交通部，科技部等。

（二）行政区划

尼日利亚全国设联邦、州和地方三级政府。1996年10月重新划分行政区域，全国划分为1个联邦首都区、36个州以及774个地方政府。

尼日利亚首都阿布贾坐落在尼日尔州境内，是小部族格瓦里族聚居的地方，为尼日尔州、卡杜纳州、高原州和克瓦拉州的交汇点，距离拉各斯约500千米，是全国的地理中心。它地处中央高原的西南边缘，为热带大草原丘陵地带，人口稀少，空气新鲜，景色秀丽。

尼日利亚的36个州是：阿比亚州、阿夸·伊博姆州、阿达玛瓦州、阿南布拉州、包奇州、贝努埃州、博尔诺州、十字河流州、三角州、埃多州、埃努古州、伊莫州、吉加瓦州、卡杜纳州、卡诺州、卡齐纳州、凯比州、科吉州、夸拉州、拉各斯州、尼日尔州、奥贡州、翁多州、奥逊州、沃约州、高原州、河流州、索科托州、塔拉巴州、约比州、贡贝州、纳萨拉瓦州、赞法拉州、埃邦伊州、埃基提州、巴耶尔萨州。

（三）主要党派

截至2018年8月，共有91个注册政党。其中主要政党有：全体进步大会党、人民民主党等。

全体进步大会党（APC）：执政党。是在2013年7月，由尼日利亚行动大会党、进步变革大会党和全尼日利亚人民党等三大党正式合并成立，成为当时尼日利亚独立以来首个真正意义上的全国性反对党，对尼日利亚自民选政府以来一直由人民民主党（PDP）主导的政治格局造成巨大冲击。现任主席：亚当斯·奥希奥姆霍尔（Adams Oshiomhole）。该党在尼日利亚2015年和2019年大选中连续获胜执政。

人民民主党（PDP）：反对党。曾是尼日利亚政坛影响力最大的党，成立于1998年8月。该党目标是：维护尼统一、团结与主权；主张各民族和睦相处，建立自由、平等和公正的社会；促进和巩固尼日利亚政治、经济和社会独立。在尼日利亚北部、中部和东南部地区影响较大。现任主席为乌切·赛康杜斯（Uche Secondus）。该党在尼日利亚1999年、2003年、2007年和2011年大选中连续获胜执政。

六、社会组织和公共交通

（一）社会组织

尼日利亚劳工大会（Nigeria Labour Congress，NLC）是尼日利亚主要的工会组织，成立于1978年，总部设在拉各斯，由42个行业工会组成，会员近300万人。尼日利亚劳工大会致力于提高工人最低工资等福利待遇，近年来多次组织全国性的大罢工，代表工人和普通民众利益与联邦政府谈判。其他公会组织还包括尼日利亚工会大会（TUC）、尼日利亚工会联盟（ULC）等。尼日利亚其他主要的非政府组织包括全国妇女协会理事会和尼日利亚青年理事会。他们在尼社会生活中发挥了积极作用，具有重要影响。

尼日利亚是有工会运动传统的国家。

2013年7月1日至3日，尼日利亚石油和天然气业工人协会（NUPENG）发起为期三天的警告性罢工，以抗议协会成员受到壳牌、雪佛龙、阿吉普等国际石油巨头的非人道待遇。

2014年12月，尼日利亚石油天然气工人工会（NUPENG）和石油天然气雇员联合会（PENGASSAN）组织全国性罢工；河流州司法系统因工作人员罢工关停长达8个月。

2015年1月，因尼日利亚政府将主要精力放在大选上，对医务人员诉求无暇顾及，尼日利亚医疗联合工会发起全国性医务人员罢工，阿布贾地区大部分医院关闭；5月，尼日利亚油罐车工人罢工。

2016年3月，因尼日利亚国家石油公司计划拆分，石油系统工人罢工；6月和12月，尼日利亚医生协会（NARD）组织医生罢工。

2017 年 3 月，尼日利亚专职医疗人员联盟（NUAHP）组织成员罢工；5 月及 12 月，尼日利亚石油和天然气高级职员协会（PENGASSAN）组织工人向石油巨头雪佛龙、阿吉普和壳牌公司发起罢工，抗议埃克森美孚公司解雇尼日利亚当地员工的行为。2017 年间，没有中资企业发生大规模罢工事件。

2018 年 5 月，尼日利亚医疗系统再次举行全国性罢工。

下半年，尼工会组织因与联邦政府在最低工资标准上无法达成一致，举行多次全国性罢工。

2019 年 4 月，总统布哈里签署了 3 万奈拉月的最低工资标准法案，法案即刻生效。最低工资标准是强制性的，但是雇佣 25 人以下的微型企业、驶出尼日利亚的船舶以及其他有特殊规定的情形除外。

尼日利亚在企业私有化及外资并购中比较关注企业职工的利益。

（二）公共交通

1. 铁路

尼日利亚铁路总长 3800 千米。全国统一为 1.067 米轨距的单轨线。尼国家铁路公司在 15 个州有 268 个车站。因年久失修，运行能力低。

尼日利亚铁路的特点是拥挤、迟缓、破旧。但仍是尼日利亚人远行的主要方式。火车非常廉价，线路主要有从拉各斯绕行 KADUNA 到高原省城 JOS 的线路，还有伯特哈特港到内地的线路。

中国土木工程集团在 1995 年与尼政府签署协议，开始对尼铁路系统进行全面修复，铁路运力得到提高。政府宣布用 25 年完成铁路现代化改造。

2006 年 10 月 30 日，中国土木与尼日利亚联邦交通部签订了尼日利亚铁路现代化项目施工合同，项目南起尼日利亚最大城市、经济中心拉各斯，北至北部最大城市、工业中心卡诺，线路全长约1300千米，以分段实施的方式展开建设。

2014年5月，李克强总理访尼期间，中国土木工程集团与尼日利亚联邦交通部在首都阿布贾签订尼日利亚沿海铁路项目框架合同，合同金额119.7亿美元，刷新了中国对外承包工程单体合同额最高纪录。尼日利亚沿海铁路项目是西非共同体“互联互通”铁路网的主要组成部分，建成后对于拉动整个西非地区经济发展、建设沿海经济走廊具有重要战略意义。

目前，尼日利亚正在建设拉各斯轻轨和阿布贾城铁项目。2016年7月阿布贾至卡杜纳铁路（186.5千米）投入运营，截至2018年10月28日，已安全运营824天，发送旅客105.3万人次，累计行驶75.2万千米。2018年7月阿布贾城铁一期（45.2千米）投入运营，截至2018年10月28日，已安全运营107天，发送旅客3.2万人次，累计行驶1.5万千米。2017年3月，项目二期拉各斯至伊巴丹段开工建设，全长156千米。

2017年，中国土木工程集团尼日利亚公司承建尼中线铁路（全长322千米）；2020年9月29日，尼中线铁路正式开通运营。

2. 公路

公路是尼日利亚的交通命脉，承担全国95%的货运量，96%的客运量。总长194394千米，其中联邦政府负责修建的第一级主干道公路（联邦道路）总长约32980千米，连接各州首府。第二级公路（州级道路）总长约31040千米，连接各地方政府首府及主要城镇。第三级简易公路（地方政府道路）总长约129980千米。第三级公路已将首都阿布贾和各州首府连接，组成交通网，利用率逾90%。

由于雨季影响和缺乏维护等原因，尼日利亚东南部和西北部公路段情况较差，路面毁损严重，尤其乡村地区道路状况极差。目前尼日利亚与周边国家尚未形成有规模、整体性的公路网络。

拉各斯、阿布贾、卡诺和伯特哈特港既是尼日利亚四大城市，也是交通枢纽。从拉各斯到阿布贾需要 1 整天；以拉各斯为圆心或以阿布贾为圆周的同心圆外围的区域，要 1 天时间以上，需要转车。圣诞节前就像中国的春运，出行比较紧张。尼日利亚靠右驾驶。

3. **水运**

尼日利亚全国有 8 个主要海港，包括拉各斯的阿帕帕港、廷坎港、科科港、瓦里港、哈尔科特港、卡拉巴尔港和萨派勒港。尼对外贸易的 70% 通过港口承运装卸。尼日利亚海港设备较先进，西非许多国家和地区的进出口贸易也通过尼港口来完成，尼日利亚海运贸易约占西非地区的 68%。其中，拉各斯港（包括阿帕帕港和廷坎港）是西非最大、最繁忙的港口，承担了尼 70% 左右的进出口货物运输。中国出口到尼日利亚的货物大多数运至此港。

此外，尼日利亚还有 11 个油码头、102 个码头泊位。

2018 年上半年，尼港口货物总吞吐量为 9662 万吨。2018 年 3 月，拉各斯莱基深水港项目启动，该港口建成后将成为西非枢纽港口，水深 16 米，设计年吞吐量 150 万标准箱，并有望扩至 450 万标准箱。

尼日利亚内河通航河流有 12 条，承担内河航运的主要是尼日尔河和贝努埃河，内河航线总长约 3000 千米。由于缺乏投入和河流淤塞等原因，尼日利亚内河水运并不发达，主要服务于东南部尼日尔三角洲地区。

而作为公务或私人行程，人们很少用水运方式出行。在拉各斯湖上有很特别的捕鱼人的风帆，为湖上一景，值得去坐船，去观赏。

4. 空运

全国有隶属联邦民航局的23个主要机场，主要分布在联邦首都区和各州首府，其中5个国际机场，分别在拉各斯、阿布贾、卡诺、哈尔科特港和卡拉巴尔。

尼日利亚国有航空公司曾开设多条国内和国际航线，2005年尼政府将航空公司私有化。航空主力为Aero Contractors，Arik Air，Air Peace，Azman Air，Dana Air，First Nation，Med-View和Overland等私营航空公司，主要运营国内航线及少量国际航线。

在尼经营的外国航空公司有法航、英航、汉莎等24家，国际航线基本被这些公司垄断。其中，卡塔尔航空公司、荷兰航空公司、法国航空公司、英国航空公司、土耳其航空公司以及德国汉莎航空公司等均开通了从中国到尼日利亚的航线。尼与65家国际航空公司签有航空协议。

2018年，尼日利亚总飞行航班为29.03万架次，其中国际航班55961架次，国内航班234367架次。运送乘客1723万人次，其中国内航班1279.2万人次，国际航班443.9万人次。

2018年2月，布哈里总统签署批准尼和阿尔及利亚、刚果、中国、卡塔尔、新加坡的双边航空服务协议。

中国与尼日利亚主要航线：阿布贾/拉各斯—亚的斯亚贝巴—北京/上海/杭州/广州；阿布贾/拉各斯—开罗—北京；拉各斯—迪拜—北京；阿布贾/拉各斯—巴黎—北京；阿布贾/拉各斯—伦敦—北京；阿布贾/拉各斯—法兰克福—北京；阿布贾/拉各斯—伊斯坦布尔—北京。2020年，因新冠肺炎疫情的影响，很多航线都在动态调整。

5. 其他境内交通

市内及周边村庄地区的中短途距离交通主要有：

(1) 的士：尼日利亚的出租车种类比较多，常见的有尼日利亚绿和黄色的士，价格也不贵。在尼日利亚，出租车司机大多数都会很热情，因为把客人哄高兴会得到小费，不过这是自愿行为，并不强制。

(2) 摩的：有些路段差得连车都无法通行的，只能用摩托。村庄之间跨越的话，50～100 奈拉即可，夜间会价格翻倍。

(3) 小巴：只要不是高档私家车，所有的小车都可以当成是载客工具，如果是小面包的话，从一个镇到另一个镇，大约要 200 奈拉。

七、外交关系

尼日利亚与 100 多个国家建立了外交关系，共设 100 多个驻外机构。主张各国相互尊重主权和领土完整，通过谈判解决争端，加强国际合作，促进世界和平，建立公正的国际政治经济秩序的外交政策。积极推动西非地区经济一体化进程并参与联合国和非洲地区组织的维和行动。重视同西方国家及新兴大国保持友好合作关系，将经济外交作为优先发展方向。

尼日利亚是联合国、不结盟运动、77 国集团、15 国集团、世界贸易组织、非盟、西非国家经济共同体和石油输出国组织等成员国，是非洲气候变化国家元首和政府首脑委员会成员国。2011 年 10 月，尼日利亚成功当选联合国经社理事会成员国，任期为 2012—2014 年。2018 年 7 月至 2019 年 7 月，布哈里总统担任西共体轮值主席。2019 年 4 月，尼日利亚常驻联合国代表蒂贾尼·穆罕默德–班迪当选第 74 届联合国大会主席。

1. 同中国的关系

中国与尼日利亚于 1971 年 2 月 10 日建交。建交以来双边关系发展顺利。2005 年，中尼两国元首就双方建立战略伙伴关系达成共识。2009 年两国举行首次战略对话。

中尼签有贸易、经济、技术、科技合作和投资保护等协定，并设有经贸联委会。尼是中国在非洲的第三大贸易伙伴、第二大出口市场，也是中国主要投资目的地国。2016 年中尼贸易额 106.64 亿美元，同比下降 28.65%，其中中方出口 97.58 亿美元、进口 9.06 亿美元。2017 年 1—6 月，双边贸易额 67.5 亿美元，同比增长 22.1%，其中中方出口 59.7 亿美元、进口 7.8 亿美元。中方出口商品主要为机电产品和纺织服装等，进口原油和液化天然气等。

中尼签有文化合作协定和高校合作议定书。拉各斯大学和阿齐克韦大学各建立了 1 所孔子学院。2010 年，中央电视台第 4 套和第 9 套节目在尼落地。2012 年 3 月，中尼签署互设文化中心的协定。5 月，尼日利亚文化中心在北京设立。2013 年 9 月，中国文化中心在尼首都阿布贾设立。

1993 年起，中方每年向尼提供奖学金名额。2010—2011 学年，中方向尼提供奖学金名额 138 个。苏州大学和拉各斯大学已作为合作伙伴入选中国教育部“中非大学 20+20 合作计划”。

中尼两军交往始于 20 世纪 80 年代。2001 年 9 月，中央军委副主席、国务委员兼国防部长迟浩田上将访尼。同年 7 月，尼国防国务部长阿德拉贾率团访华。2004 年 5 月、2007 年 4 月、2008 年 6 月和 2009 年 7 月尼国防部长率团访华。2009 年 4 月，尼海军司令易卜拉欣访华。2010 年 11 月，尼空军参谋长乌玛尔访华。2013 年 7 月，中国国务委员兼国防部长常万全上将会见随同乔纳森总统访华的尼代理国防部长奥巴达。2014 年 5 月，中国海军第 16 批护航编队访尼，与尼海军举行联合演练。

2013 年 7 月，乔纳森总统对中国进行国事访问。9 月，张德江委员长访尼。11 月，尼日利亚执政党人民民主党主席图库访华。2014 年 5 月 6 日，国务院总理李克强对尼日利亚进行正式访问。2014 年 5 月 13 日，国务院总理李克强在中南海紫光阁会见尼日利亚参议长马克。2015 年 5 月 28 日—31 日，农业部部长韩长赋作为习近平主席特使，在尼日利亚首都阿布贾出席尼新任总统布哈里就职典礼，并与布哈里举行会谈。2015 年 9 月和 12 月，国家主席习近平分别在纽约和约翰内斯堡会见尼日利亚总统布哈里。2016 年 4 月，尼日利亚总统布哈里访华。2017 年 1 月，外交部部长王毅访尼。2016 年 7 月，商务部副部长钱克明率中国政府经贸代表团访尼，出席尼中经贸联委会。2017 年 7 月，河北省副省长王晓东访尼。2017 年 8 月，国务院新闻办公室副主任郭卫民访尼。2017 年 9 月，中央巡视办主任黎晓宏访尼。2018 年 9 月，国家主席习近平和总理李克强在中非合作论坛北京峰会期间分别会见尼日利亚总统布哈里。2019 年 9 月 5 日，习近平主席特别代表、中央外事工作委员会办公室主任杨洁篪在阿布贾会见尼日利亚总统布哈里。

2. **同美国的关系**

尼美 1960 年建交后，两国关系密切。20 世纪 90 年代，奥巴桑乔曾多次访美，克林顿和布什总统先后访尼。2007 年亚拉杜瓦总统访美。2010 年，乔纳森总统赴美参加核安全峰会并与美总统奥巴马会晤，美宣称尼属于美“战略优先国”之一。两国签署了设立双边委员会的协议、可再生能源合作协定、美为尼提供防治艾滋病技术支持框架协议、培训和部署航空安全的谅解备忘录。

美国是尼日利亚最大的贸易伙伴之一，尼产品的 40% 销往美国，50% 的石油出口美国，是美国连续多年进口石油最多的国家。2012 年以来，美由于本国石油产量增加和两座适合尼轻质油炼油厂的关闭，大量削减了从尼石油进口，降幅达70%。尼由美国的第五大石油进口来源国降至第六位，印度取代美国成为尼最大原油出口国。

3. **同英国的关系**

英国曾是尼日利亚最大投资国。20世纪90年代，英国对尼阿巴查军政权实行制裁，并推动英联邦中止尼的成员国资格。奥巴桑乔当选总统后，两国恢复合作。2002年布莱尔首相访尼，2003年伊丽莎白女王访尼并在阿布贾主持召开英联邦首脑会。2005年6月，奥巴桑乔访问英国。2008年7月，亚拉杜瓦总统访英。2011年7月，英国首相卡梅伦访尼。2012年2月，乔纳森总统访英。2011年尼对英出口13亿英镑，英成为尼第二大出口国。

2012年尼英双边贸易额64亿英镑。2018年5月和7月，布哈里总统赴英进行医疗休假。8月，英国首相梅访尼。

4. **同法国的关系**

在阿巴查军政府时期，法国曾中止对尼经济援助和军事合作。1999年和2000年，希拉克总统和奥巴桑乔总统实现互访。2005年5月，奥巴桑乔对法国进行访问并与希拉克会晤。法国将尼列为开展南北合作和提供援助的优先国家之一。2011年5月，法国总统萨科奇和乔纳森总统在出席科特迪瓦总统瓦塔拉就职典礼期间举行了双边会晤。11月，乔赴法出席国际投资者荣誉理事会会议期间，会见萨科奇。2011年尼法双边贸易额为73亿美元。

5. **同俄罗斯的关系**

1961年尼与苏联建交，两国签有军贸、经济和文化教育等合作协定。奥巴桑乔政府执政后，双边交往与合作增多。2001年3月，奥巴桑乔总统对俄进行正式访问，双方签署《关于友好与伙伴关系联合声明》，决定加强两国在军事技术和贸易等方面的合作。2009 年 6 月，俄罗斯总统梅德韦杰夫访尼，双方签署了投资促进与保护、和平利用核能合作、和平探索外太空合作、石油合作、在押人员引渡、司法互助等 6 项协议或谅解备忘录。2003 年，俄为尼发射第一颗人造卫星。2011 年，俄为尼发射第二颗地球探测卫星和另一颗试验卫星。2011 年，两国的双边贸易额为 3 亿美元。

6. 同德国的关系

尼是德国在非洲的第二大贸易伙伴和主要石油供应国之一，德是尼第六大贸易伙伴。1993 年 6 月德参加欧共体对尼的经济制裁。1999 年尼实现还政于民后，两国恢复经贸合作。同年 12 月奥巴桑乔总统对德进行国事访问。2000 年两国政府签署《尼日利亚与德国投资保护和促进协定》，2001 年 12 月签署债务重新安排协议。2011 年，尼德双边贸易额超过 30 亿欧元。2015 年 9 月，布哈里总统在联合国成立 70 周年系列峰会期间会见德国总理默克尔。2016 年，布哈里总统访问德国；德国总统高克、外长施泰因迈尔先后访尼；布哈里总统并就慕尼黑枪击事件向德国总理默克尔致慰问函。2018 年 8 月，德国总理默克尔访尼。

7. 同南非的关系

尼日利亚曾长期支持南非人民反对种族隔离制度的斗争。两国于 1994 年建交。1995 年尼阿巴查军政府处决人权活动分子萨罗-维瓦后，南非总统曼德拉呼吁对尼制裁。1999 年两国成立双边合作委员会，确定两国副总统会晤机制化。2008 年 6 月，亚拉杜瓦总统赴南非出席世界经济论坛会议。2009 年 5 月，亚拉杜瓦总统赴南非出席当选总统祖马的就职典礼。2011 年 5 月，南非总统祖马出席乔纳森总统就职典礼。2015 年，祖马总统出席布哈里总统就职仪式。2018 年 7 月，南非总统拉马福萨访尼。

8. **同喀麦隆的关系**

两国于20世纪90年代为争夺位于两国边界的巴卡西半岛爆发武装冲突，尼日利亚军队进占巴岛大部分地区。2002年10月国际法院作出喀麦隆对巴岛拥有主权的裁定，尼日利亚拒绝接受。在联合国秘书长安南调解下，尼喀两国元首同意建立后续行动委员会落实国际法院有关裁决。2006年8月，根据双方达成的协议，尼方从巴卡西半岛撤军。2008年8月，尼方向喀方移交巴卡西半岛管理权。2012年5月，两国宣布计划在年内完成边界立碑工作；10月，尼政府正式宣布放弃上诉国际法院关于半岛归属喀麦隆的判决。截至2017年7月，从喀麦隆返尼的难民总数达19257人。

9. **同其他国家的关系**

与邻国贝宁、乍得、尼日尔等经贸往来密切。但同贝宁、乍得等国在领土或领海划分上存在争端。在非洲和次区域事务中努力发挥主导作用，积极斡旋利比里亚、苏丹达尔富尔、塞拉利昂和科特迪瓦等热点问题。2009、2010年担任西非国家经济共同体（西共体）轮值主席国期间，推动西共体干预几内亚军事政变、尼日尔政治危机和科特迪瓦选举危机。2011年3月，尼作为联合国安理会非常任理事国，投票赞成在利比亚设立禁飞区的决议。7月，乔纳森总统访问利比里亚期间，被利方授予最高国家特别荣誉。同月，乔出席南苏丹独立仪式。2012年马里和几内亚比绍相继发生军事政变，尼参加西共体派遣军队赴几比维和的行动，支持西共体维和部队出兵马里的计划。

八、民族和宗教

（一）民族

尼日利亚是一个多民族国家，有 250 多个本土民族，大的部族有豪萨族、富拉尼族（并称豪萨-富拉尼族），以及约鲁巴族、伊博族，分别占全国人口的 29%、21% 和 18%。

豪萨族是西非萨赫勒地区的一个民族，主要聚居于尼日利亚北部和尼日尔东南部，其余则散居于西非以及传统上从撒哈拉沙漠和萨赫勒地区通往朝觐的路线附近。许多豪萨族人已迁居邻近的西非主要沿海城市，仍有族人居住于小型村落，以耕种和畜牧维生。他们使用属于乍得语族的豪萨语，主要信仰伊斯兰教。

富拉尼部落是西非最大的部落之一，发祥于非洲大陆塞内加尔河流域及其南方的富塔贾隆高原。富拉尼人以游牧为生，生活在尼日利亚、马里、尼日尔和布基纳法索的平原地区。富拉尼人喜爱刺青，还用比皮肤颜色更深的黑色或红褐色颜料在脸上“绘图”。尼日利亚北部的富拉尼人与豪萨人一起形成豪萨-富拉尼族，为尼日利亚第一大族，约占全国人口 1/3，在该国政治和经济生活中起着举足轻重的作用。

约鲁巴族主要分布在尼日利亚西南部的萨赫勒草原与热带雨林地带，多数从事农业，种植木薯、芋类、香蕉、豆类、可可和油棕。妇女以善于经商闻名西非。约鲁巴人一向是非洲手工艺人中最为心灵手巧的，而且以多产著称。约鲁巴人使用约鲁巴语。多数信仰基督教和原始宗教。20 世纪 50 年代以后，尼日利亚石油工业兴起，使约鲁巴地区经济迅速发展。

伊博族是西非主要黑人种族之一，主要分布于尼日利亚东南尼日尔河河口地区，主要信奉天主教，但也保留了大量原始宗教成分，另有一小部分伊博人信奉犹太教。伊博族使用伊博语。伊博族曾经是尼日利亚最大的种族，但在比夫拉战争中损失惨重，大量伊博人迁居国外，在英国和美国等地形成了大型聚居区。

（二）宗教

尼日利亚主要宗教有伊斯兰教、基督教和原始拜物教等。尼日利亚全国居民中 50% 信奉伊斯兰教，40% 信奉基督教，10% 信仰其他宗教。

信奉伊斯兰教的人严禁吃自死物；严禁食血液；严禁食用非安拉之命而宰杀的动物；禁止食用猛禽猛兽；严禁饮酒；禁止从事与酒有关的营生；禁止出席有酒的宴席；严禁服用一切麻醉品和毒品。

从地域来看，尼日利亚南部信仰基督教和伊斯兰教，北部则信仰伊斯兰教，南北分界以首都阿布贾为界。

九、语言和习俗

（一）语言

尼日利亚官方语言为英语。但由于尼日利亚整体教育的落后，加上多民族、多宗教，所以英语在很多偏远地区不好用，特别是北部的穆斯林地区。此外，尼日利亚全国还有 500 多种部族语言，最主要的 3 种分别为豪萨语、约鲁巴语和伊博语。

在尼日利亚说英语，会在句子结尾加上一个“Had be ?”意思是

“不是这样吗?”他们会把否定句“don´t”加到肯定句里，“I don´t pay your change”，意思是人家小贩说她已经给你找零钱了。

在尼日利亚的东南边、西南边和北边，讲尤鲁巴语、伊博语和豪萨语。其中尤鲁巴语的使用者有2000万人之多。该语和汉语一样有4个声调，分别是音符的DO，RE，MI，FA，而且声调的变音有“音乐感”，相比豪萨语要容易学。其中，EKARO是早上好，ELU是多少钱，ODARO是再见。

（二）习俗

尼日利亚人性格直爽，待人真诚，热情好客，注重礼仪。在商业交往活动中，尼日利亚人见到外国客人，一般会主动打招呼，握手致意，常见的问候语是:“近来好吗”“身体好吗”“工作好吗”“家庭好吗”“父母亲好吗”“孩子们好吗”。尼日利亚人在社会交往活动中，对男性客人多称先生，熟悉者可称为朋友或兄弟，有的人对年长者或地位高的人称爸爸；对于女性多称夫人、女士或者小姐，有的人对于年长的女性或地位高的人称妈妈。尼日利亚人等级观念分明，下级对上级多称职衔、学衔或者军衔。外国人称呼尼日利亚人，一般要在姓氏前冠以先生、小姐、夫人和头衔等尊称。

尼日利亚人在施礼前，习惯先用大拇指轻轻地弹一下对方的手掌再行握手礼。尼日利亚豪萨人与亲密好友相见，表示亲热的方式不是握手，也不是拥抱，而是彼此用自己的右手使劲拍打对方的右手。晚辈见长辈要施礼问安。一般情况下，要双膝稍稍弯曲一下，向前躬一下身子。平民见酋长，必须先脱鞋走近酋长，然后跪下致礼问安，在酋长没下命令的情况下不能随便站起来。

尼日利亚有许多部族，其习俗与文化传统有很大差别，所以他们的生活方式也截然不同。到尼日利亚人家中做客，应事先约定时间，选择主人方便的时间，并要按约准时抵达，届时主人会在家中恭候。未受到邀请，一般不可贸然到当地人家中。即使受到邀请，也不可随意乱走乱看，不可打听主人的工资收入或几个妻子等。谈话中应回避宗教话题，恰当的话题是有关尼日利亚的工业成就和发展前景。尼日利亚人还喜欢谈论非洲的政治活动，特别是他们对非洲统一组织、西非国家经济共同体以及其他非洲国家所作出的贡献。

尼日利亚人在交谈中，从不盯视对方，也忌讳对方盯视自己，因为这是不尊重人的举止。他们认为左手是不干净的，忌讳左手传递东西或食物，否则便是对人的挑衅和污辱。他们忌讳“13”，认为“13”是厄运和不吉祥的象征。尼日利亚伊博人对来访客人若迟迟不端出柯拉果，就是表示拒客，识相的客人就该赶紧告辞，免得发生不愉快。已婚妇女最忌讳吃鸡蛋。她们认为妇女吃了鸡蛋就不会生育。因为鸡蛋的外形似零，所以禁吃。尼日利亚伊萨人认为食指是不详之物，无论谁用右手的食指指向自己，都是一种挑衅的举动；若是有人伸出手并张开五指对向自己，更是粗暴地侮辱人的手势，相当于辱骂祖宗。这些都是令人不能容忍的。

尼日利亚人最爱食用传统的“五色板”，即用玉米面（黄色）、本薯面（浅黄色）、豆类面（咖啡色）、蔬菜（绿色）、西红柿（红色）混合在一起烧制而成的糕状或糊状食物。他们喜食粥汤，卡努里人喜食“布拉布斯科”，即用黍米熬的粥，吃时淋上熟油，香气诱人；豪萨人喜食“图活粥”，即有黍米、高粱米、大米合煮，再配以用调味汁拌好的鱼、肉和各种蔬菜。至于汤类，较为普及的是用炸甜瓜干、葫芦干、西红柿块、鱼或鸡合煮的“埃古西汤"，用肉末和香蕉煨制成的"阿卡拉汤"，香而不腻、别具一格。他们对中国饮食怀有极大的兴趣。他们用餐一般习惯以手抓饭，社交场合也使用刀叉。尼日利亚信奉伊斯兰教的人禁食猪肉和使用猪制品。

（三）商务礼仪

由于以前尼日利亚是英国的殖民地，旧统治者的影响仍然存在。目前他们所采用的文书图表大多用的是英国模式。贸易以英国为主，其他欧美国家也都有往来。访政府官员宜穿西装，访问商界不必穿西装，但是宜打领带。拜会政府机关宜先订约会，访问商界，并非必要。拉各斯某地交通困难，往来耗时，订约会宜将此点格外留心。非洲人比中东商人守时得多，坚持守时，可造好印象。在与政府、公营事业单位做生意时必须找一个中介人，称之为promotor，这个人说的话值得相信。不管职位高低，要求红包的人很多。关于这一点要十分注意，并要具备判断力。

（四）节假日

尼日利亚实行每周五天工作制，周六、日为公休日。

法定假日包括：

·1月1日，新年；

·复活节前的星期五及之后的星期一，耶稣受难日及复活节；

·5月1日，劳动节；

·6月12日，民主日；

·10月1日，国庆节/独立日；

·12月25日，圣诞节；

·12月26日，礼盒节。

先知穆罕默德生日、开斋节和宰牲节为穆斯林假日，时间不固定，由尼日利亚联邦政府提前通知。

十、社会治安

在尼日利亚要注意安全。尼日利亚恐怖主义指数连续4年排全球第3位，排前2位的国家分别为伊拉克、阿富汗，排第4位的为叙利亚。2017年全球发生的最致命的20起恐怖袭击中，有2起发生在尼日利亚。2017年，尼日利亚因恐怖袭击死亡1532人。针对中国的绑架案件共11起（27人）。2018年因农牧冲突加剧，1—9月恐怖袭击造成的死亡人数超过1700人。

2013年6月，尼日利亚政府将伊斯兰极端组织“博科圣地”定性为恐怖组织。2011—2015年，保守估计“博科圣地”极端组织杀害超过1.5万人，甚至高达2万人，成为全球最致命的恐怖组织。

2015年12月12日，在尼日利亚北部，军方同什叶派穆斯林组织“尼日利亚伊斯兰运动”（IMN）爆发冲突，各有伤亡，军方逮捕了IMN领袖扎克扎齐。据尼日利亚媒体报道，至少有100人丧生，但IMN发表声明称军方至少打死1000人。该冲突发生后，尼日利亚卡杜纳、卡诺、包奇、贡贝等州什叶派穆斯林发起大规模示威游行。另外信奉逊尼派穆斯林的“博科圣地”亦同IMN多有冲突。

在尼日利亚中北部地区的富拉尼游牧武装分子与当地基督教农民频繁冲突，动辄屠村灭族。2013年以来，虽在地方长老调停下，中部贝努埃等州居民与富拉尼人多次举行和解会议，但宗教、部落冲突未见明显缓和。

2016 年 4 月，尼日利亚塔拉巴州 50 多名牧民被杀害，贝努埃州 5 名农民被牧民杀害，7 月尼日尔州农牧民冲突致 4 人死亡。据国际美慈组织（Mercy Corps）2016 年 4 月发布的报告，尼日利亚高原、纳萨拉瓦、贝努埃和卡杜纳等四州农牧民冲突每年造成约 2.3 万亿奈拉损失，并导致数千人丧生，上万人无家可归。2016 年 2 月 12 日，河流州发生 50 名邪教组织成员血洗当地社区事件，至少 15 人死亡；7 月三角洲曾发生邪教徒上街砍人事件，致 3 人伤亡。2017 年 7 月，尼日利亚卡杜纳州爆发持续两天的农牧民冲突，至少 33 人死亡。2018 年 1 月，贝努埃州游牧民冲突造成至少 20 人死亡及 30 人受伤；5 月，卡杜纳州贝宁瓦里地区遭武装土匪袭击，至少 58 人丧生。

尼日利亚东南部产油区盗油活动猖獗，几内亚湾海域海盗肆虐，成为安全热点之一。在东南部地区，由于盗油、石油管线破坏活动猖獗，意大利阿吉普公司已退出该地区运营，壳牌公司不得不数次关闭输油干线，对尼日利亚造成经济损失超过百亿美元。2015 年以来，尼日利亚炼厂多次因盗油问题而关闭；供电也多次因油气管道遭到破坏中断。据尼日利亚石油公司（NNPC）总经理卡奇库称，2013—2015 年间，盗油活动造成近 350 人死亡，包括警察、NNPC 员工和社区居民等。

几内亚湾已成为非洲最危险的海域，周边各国虽有心联手应对海盗威胁，但受制于安全力量有限、海军实力羸弱等因素，开展行动力不从心。

尼日利亚境内绑架案件高发，约占全球 1/4，武装抢劫更是随时随地都可能发生，甚至总统、州长及其家人也时常成为绑架目标，绑匪索要赎金连创新高。尼日利亚法律规定，符合条件的个人经批准后可持有枪支。

据尼日利亚《每日信报》报道，2020 年 1—7 月，尼全国共有 808 人遭绑架，勒索赎金总额达 42 亿奈拉（约合人民币 7500 万元），其中支付赎金 9640 万奈拉（约合人民币 173 万元）。据统计，在此期间，包括首都阿布贾在内的 37 个行政区域中，有 33 个发生了绑架案件，其中案发数量最多的 5 个州分别为联邦首都区（FCT）（22 起）、卡齐纳州（19 起）、卡杜纳州（18 起）、尼日尔州（14 起）和三角洲州（14 起）；被绑架人数最多的 5 个州分别为卡杜纳州（126 人）、尼日尔州（121 人）、纳萨拉瓦州（84 人）、卡齐纳州（81 人）和联邦首都区（62 人）。绑架犯罪是尼日利亚长期存在的顽疾，以往主要集中于南部三角洲地区，但近来呈扩散蔓延态势，范围和广度均发生变化，绑架勒索依然是在尼外国公民和当地居民的主要安全威胁。

目前中方驻尼日利亚机构及大型中资企业营地均采取了配备荷枪实弹的警察，配备防弹车，安装阻车器、防弹玻璃，加高加厚围墙等安全措施，以应对可能出现的安全事件。

十一、货币与物价

（一）货币兑换

尼日利亚货币为奈拉（NGN）。奈拉的面值有 1000 奈拉、500 奈拉、200 奈拉、100 奈拉、50 奈拉、20 奈拉、10 奈拉、5 奈拉、2 奈拉、1 奈拉。

图 2-3　尼日利亚货币

1 元人民币约合 56 尼日利亚奈拉（2020 年 10 月 1 日汇率）。其中 50 奈拉（差不多 1 元人民币）是找零时最常用的，它是塑料做的，所以，经常会有残损边角，小贩通常是不接受的，所以不要接受破损的钱。

自 2011 年 1 月 1 日起，人民币成为尼日利亚外汇市场的可交易货币之一，全国授权外汇交易商及各商业银行可为客户开立人民币账户，各银行可与央行开展人民币交易，各商业银行也可相互交易人民币，人民币与奈拉实现可兑换，但实际操作环节尚有障碍。

为维持汇率稳定，尼日利亚中央银行于 2015 年 6 月采取外汇管制措施，导致尼方无法如约支付合同外汇款项，为企业经营带来很大不便，并导致外资企业承受兑汇损失，中资企业和个人难以通过尼日利亚官方渠道获取美元。中资企业一般使用美元和奈拉在当地开展跨境贸易和投资合作。

（二）消费水平

尼日利亚因主要制成品依赖进口，通货膨胀厉害。自 2016 年 2 月，尼日利亚物价水平上涨较快，居民消费价格指数（CPI）始终保持在两位数水平，但自 2017 年 1 月达到近年来的最高点 18.72% 后缓慢下降。2019 年 3 月 CPI 为 11.25%，已连续 11 个月低于 12%。

尼日利亚米面、蔬菜、水果、食用油等基本生活品不能满足日常需要，需大量进口。受交通成本、季节变化、商品质量、销售场所等因素影响，基本生活品价格在各地存在一定差异，有的在同一地的集贸市场和不同超市间差价也不小。2019 年 3 月，阿布贾集贸市场及部分超市有关基本生活品参考价格：米（25 千克装）约 327 奈拉/千克；鸡蛋（12 个装）约 460 奈拉；牛羊肉约 1470 奈拉/千克，鸡肉 1700 奈拉/只。各类食品批发价格详细清单可参考尼国家统计局每月公布的“精选食品价格观察”。

（三）小费

在尼日利亚，小费不仅代表酬谢，还代表承认、友好、赞美等，这是一种文化，如果懂得小费之道，那么你在当地就会畅通无阻。可以说，小费是走近尼日利亚人的捷径。

尼日利亚官员贿赂情况比较严重，有些不必付小费的场合也会要求付小费，需要多加防范。可以准备小面值奈拉，以备付小费之用。根据地区和人员的差异，一般 50 ~ 500 奈拉就可以，合 1 ~ 10 元人民币，就能和对方拉近距离。在给司机等服务人员结账时，你可以留下零头。

十一、金融与银行

（一）银行

尼日利亚中央银行（CBN）是尼日利亚金融体系的最高管理机构，类似我国的央行。

较大的商业银行有尼日利亚第一银行（First Bank of Nigeria Plc）、顶点银行（Zenith Bank Plc）、Guaranty Trust Bank Plc 和非洲联合银行（United Bank For Africa Plc）等。多数商业银行都与国外金融机构建立了合作关系，但尼日利亚银行业尚未与中国国内银行开展实质性合作。其中，尼日利亚标准银行（Stanbic IBTC Bank Ltd.）是标准银行集团（Standard Bank Group Ltd.）在尼日利亚的分支机构，2008 年中国工商银行收购南非标准银行集团 20% 的股份，成为其第一大股东。尼日利亚第一银行、非洲联合银行于 2018 年 9 月加入由中国国家开发银行牵头成立的中非金融合作银行联合体。

国家开发银行驻尼日利亚（阿布贾）工作组联系人和联系方式为：詹晓，电话：09037808272。

（二）银联

目前，尼日利亚境内所有带有银联标识或 InterSwitch 标识的 ATM 机可使用银联卡提取当地货币。

（三）信用卡

使用信用卡的环境极其危险，被盗刷案例非常多。除 VISA 卡和 Master Card 外，中国银行机构发行的其他信用卡极少能在当地使用。

（四）保险

目前，尼日利亚保险业发展相对滞后，当地人参保比例较小，主要保险公司有 Niger、Axamansard、Leadway、Nem、Custodian and Allied、Royal Exchange、Old Mutual 等几家公司。对外国投资进行保险的公司主要是 Axamansard、Old Mutual 公司，参保的主要是南非客户。

（五）融资

近年来，尼日利亚各家商业银行提供的贷款利率一般在 20% ~ 30%，甚至更高，贷款期限一般不超过 360 天，因此在尼日利亚当地融资成本高，贷款相对困难。

十二、通信与电力

（一）电话

尼日利亚共有 10 家移动电话网络运营商（如 MTN、Etisalat、Airtel、Zain 和 Globacom 等），服务几乎覆盖全国。据尼日利亚通信委员会（NCC）发布的报告，截至 2018 年 3 月，尼日利亚活跃电信用户数量达 1.691 亿。MTN（南非）拥有最高的市场份额，拥有 6690 万用户，约占市场份额的 40%。紧随其后的是 Globacom（尼日利亚），用户数为 4330 万，约占市场份额的 26%。Airtel（印度）紧随 Globacom，用户数为 4310 万，约占市场份额的 25%。其中最少的是 9Mobile（阿联酋）用户，用户数为 1540 万，约占市场份额的 7%。平均通话费用约为 12 奈拉/分钟。由于不同运营商网络间互联互通较差，许多移动电话用户都持有多个手机号码。

（二）网络

据尼日利亚通信委员会统计，截至2019年1月，尼日利亚网民数量达到1.14亿。尼日利亚全国有数量众多的互联网服务运营商，主要是MTN、GLO、AIRTEL和9Mobile等四家。各运营商的服务价格依据规模和服务质量存在较大差异，但价格普遍较高，速度相对较慢。各运营商在尼日利亚不同城市价格也不同，如首都阿布贾，GLO公司2M带宽宽带网每月费用需19万奈拉。

（三）邮政

寄回国内的明信片需邮资3元人民币（150尼日利亚奈拉），20~30天到达。如果有贵重或紧急的物品需要寄送回国的，最好使用DHL等国际快运。

（四）电力

尼日利亚的电力供应非常落后。据尼日利亚电力部估算，尼日利亚年电力需求最低2000万千瓦、最高近6000万千瓦。截至2017年底，尼境内电力装机容量1040万千瓦，有22座火电站和4座水电站，但实际发电量仅约450万千瓦，需求缺口巨大，全国约55%的居民无电可用。尼日利亚电网与周边国家几无互联互通。2018年12月，尼日利亚电网最大输送能力为800万千瓦，输电容量不足已成为电力供应的一大瓶颈。

由于供电紧缺，尼日利亚大部分政府机关、事业单位以及97%以上的企业不得不自备发电机发电，电力供需矛盾成为阻碍尼日利亚经济发展的主要问题之一。尼日利亚政府下一步拟重点提升电力供应水平，虽然尼日利亚天然气资源丰富，但天然气对电厂供应不足，成为制约其电力业发展的一大瓶颈。

十三、医疗与安全

(一) 医疗

尼日利亚人均卫生投入远低于世界卫生组织建议水平。据世界卫生组织统计，2015 年尼日利亚全国经常性医疗卫生支出占 GDP 的 5.3%，按照购买力平价计算，人均经常性医疗卫生支出 215.2 美元；2016 年，人均健康寿命为 55.2 岁。

尼日利亚主要传染疾病的风险程度非常高。2017 年需要对 NTDs（被忽视热带病）进行干涉的人数高达 1.3 亿，仅次于印度位居世界第二。主要传染病种类有食物及水源性疾病：细菌和原生动物性腹泻，甲 E 型肝炎，霍乱及伤寒；蚊虫等载体传播疾病：疟疾（发病率 35%，世界第七），登革热和黄热病；水接触疾病：钩端螺旋体病和血吸虫病；呼吸系统疾病：脑膜炎；雾化粉尘或土壤接触疾病：拉沙热；动物接触疾病：急性戊型肝炎，猴痘，狂犬病。尼日利亚全国均是疟疾高发区和艾滋病重灾区。2017 年艾滋病及病毒携带者数量估计为 310 万，排在全球第二。

中国公民来尼前除应在国内接受疫苗注射外，还应携带一些防疟等常用药，如青篙素、科泰新等。在尼生活应做好卫生防范，特别是要“把好一张口”，不喝生水，不食用生食和不卫生的食物，尽量防止蚊虫叮咬。睡觉时一定要挂蚊帐。点蚊香，穿长袖衣，抹驱风油等等，作用都微乎其微，不如蚊帐有效。

尼日利亚只有两三家正规医院。这两三家医院非常好，甚至能和西方国家接轨，但是价格非常昂贵，比如拍胸片，光是拍片诊断，不算治疗费用，就要近万元人民币。除此以外的医院水平比较一般。中国政府也暂未向尼日利亚派出援外医疗队，所以如果在尼日利亚患有重大疾病或旧病复发，应尽快回国治疗。

（二）安全

不要把任何证件的原件给到警察，给他们复印件就好。如果遇到警察刁难，一定要据理力争，不卑不亢，不要卖弄英语。如有必要，最好装作听不懂他们的要求。

如果晚上要去酒吧之类的场所，最好去人多的那些，人多反而不会被不法分子盯上，而且表情一定要淡定，哪怕整晚只有你一个中国人，也最好看上去像在等你的朋友。在街上，哪怕真的迷了路，也最好装做没事一样充满目的地继续走。当然，在乡村地区大可不必如此，那里的人是真诚而热情的。

此外，在尼日利亚，特别需要注意交通安全。尼日利亚公路（尤其是州际公路）大多狭窄、弯道较多、路况不佳，当地司机野蛮驾驶、疲劳驾驶、随意变道或超车、车辆超速或超载的现象较为普遍，机动车多为自欧美进口的二手车，车龄长、车况差，行人横穿马路司空见惯，诸多不利因素叠加，导致长期以来当地交通事故发生率居高不下。

Chapter 3
第三章

前往尼日利亚
手续办理及相关须知

一、海关出入境管理制度

入境签证办理时间较长。尼日利亚证件办理效率低下，申请签证需耗时数月。

入境尼日利亚必须带上打过黄热疫苗的黄本，即已经注射黄热疫苗，持《国际预防接种证书》。任何个人携带超过1万美元或等价值的现金或可转让票据出入国境的，须向尼日利亚海关进行申报。严禁携带野生动物或相关制品（如象牙、犀牛角、穿山甲等）出入境，否则不仅面临经济重罚，还将接受司法审判。尼日利亚实行落地签政策，入境后可待一个月，一个月后可延两个月。

自2015年起，尼日利亚政府正式出台短期签证（包括商务、旅游等）延期收费政策。规定入境日起56天免费，56～90天须缴费200美元，90～180天再缴费1000美元，180～365天再缴费2000美元。

自2015年起，尼日利亚政府开始执行新的签证政策，取消再入境（re-entry）签证，外籍人士凭绿卡或临时绿卡出入境（临时绿卡作为出入境证件有效期为90天，但移民局往往无法在90天内提供正式绿卡）。2012年，尼日利亚移民局开始执行新的绿卡收费标准，将非西共体人员办理绿卡的收费由过去的300美元/人提高至700美元/人，2015年再次上调至1000美元/人。

尼日利亚移民局现对所有通过非正规渠道（如通过当地中介）办理或延期的签证均不予认可，一经发现，轻者罚款，重者拘捕并强制遣返。尼日利亚移民局自2008年开始对外籍人员进行不定期核查，严惩和遣返非法滞留在尼人员，且逐步加大检查力度。

二、尼日利亚签证的办理

（一）尼日利亚签证类型

1. 过境签证

发给在尼日利亚停留不超过 7 天的一次过境者；对直接转机者，颁发停留不超过 48 小时的过境签证。申请人应按以下步骤向尼日利亚驻当地使领馆申请：①在线填写签证申请表并打印；②在线支付并打印收据；③提交 2 张照片；④申请人可能被要求接受面谈。

2. 落地签

发给商务人士、跨国公司高层或重要潜在投资者，申请方式分两种：一是通过邮件申请（oa@ nigeriaimmigration. gov. ng），二是通过在尼日利亚代表或合作伙伴申请，具体要求详见尼日利亚移民局网站 https：//immigration. gov. ng/visa-on-arrival/。

3. 访问签证

发给到尼日利亚访问的人员。申请人须提供：①往返机票；②可靠的访问地址；③接待单位的邀请信以及足够的经费证明。访问期间不能经商、工作。如停留时间不够，可向移民当局提出延期申请，可延期一次（有效期 3 个月）。如需长期居留、工作，则须向移民局申请临时居留和工作签证。

4. 工作签证

（1）工作签证，即 STR 签证（Subject to Regularization），发给拟在尼居住的外国人，他们可以是外国在尼注册的工商企业业主或受雇人员，及其配偶和子女。申请人必须获得经批准的移民配额许可证和商业许可证，并持以下文件向尼驻外使领馆或尼移民局提出申请：有效期超出6个月的护照、4张照片、在尼公司注册证明、公司申请STR签证的信函文件复印件、职务证明、个人简历。

STR签证的有效期一般为3个月。申请人抵尼后，必须在STR签证有效期内向尼移民局申请居留许可，即CERPAC卡（Combined Expatriate Residence Permit & Alien Card）。申请人需提供与申请STR签证相同的文件、公司的税单、个人所得税单和个人指纹，并交纳一定费用。此卡有效期为一年，与护照同时使用。

持居留许可证的外国公民分为二类：A类允许工作；B类为A类人员亲属，如配偶和子女，不允许工作。如要求在尼工作，必须向移民局申请。

（2）临时工作签证，即TWP签证。该签证用于为特定目的入境，如机器安装、设备维修、商务处理等。该申请由尼公司法人代表本人提出，并申明被邀请人的访问目的、逗留期、个人资料，以及公司承担的移民责任等。此类签证向移民局申请可转为长期工作签证。所需资料和申请STR一样。

5. 外交礼遇签证

外交礼遇签证发给政府官员、联合国机构人员、技术援助项目人员、经济贸易代表团以及尼联邦政府邀请的人员、正式任命的驻尼外交人员。

6. 互免签证

西非国家经济共同体（西共体）及其他与尼互免签证的国家公民可免办签证。以上人员必须乘坐飞机、轮船、车辆在指定的口岸入境。移民局官员认为入境者无疾病、对尼不构成安全威胁、不靠救济生存等方被允许入境。

《中华人民共和国政府和尼日利亚联邦共和国政府关于互免持外

交、公务（官员）护照人员签证的协定》自2014年2月1日起生效，缔约一方持协定规定的有效护照的人员可免签入境缔约另一方。中方持外交、公务、公务普通护照人员因公前往尼日利亚享受有关免签待遇，一般允许停留不超过30天。

7. **尼日利亚承认双重国籍**

因出生取得尼方国籍者，如同时具有第三国籍，不自动丧失尼方国籍。外国人如希望加入尼方国籍，须在入籍申请受理之日前在尼已连续居住15年，或已在尼连续居住12个月且此前20年内在尼实际居住时间累计不少于15年。

（二）尼日利亚各类签证所需资料及程序

需要到大使馆或到签证代理机构办理，申请程序与所需资料见：尼日利亚联邦共和国驻上海总领事馆。

https：//shanghai. ngconsulate. org/cn/visa. php

地址：中国上海市江宁路188号，亚盛大厦1102、1103、1104室

电话：（+86）2132520606　传真：（+86）2132520616

邮箱：shanghai@ ngconsulate. org

（三）尼日利亚签证办理时间

尼日利亚签证受理时间（以递交到签证中心为准）：

落地批文：48小时；

商务签证：10个工作日，加急3个工作日，特急1个工作日；

TWP签证：10个工作日，加急3个工作日，特急1个工作日；

长期工作签证：10个工作日，加急3个工作日，特急1个工作日；

未成年人签证：10个工作日，加急3个工作日，特急1个工作日；

记者签证：10个工作日起。

备注：使馆有权要求申请人面试，补充材料，或延迟出签。

（四）尼日利亚电子签证入境注意事项

首先，出发前，确定机票是往返机票。其次，请务必携带电子签证和缴费单的打印单。最后，如果从部分国内机场出境需要让办理电子签证人员注意航班备案（大部分不需要）。

关于入境，在尼日利亚海关需要出示电子签证和缴费单，如果去过黄热病疫情区，需要携带黄热病疫苗本。

之前，有部分人员入境时，虽然没有去过疫情区，一样被要求出示黄热病疫苗本，如果没有估计需要交点费用解决。

注：从 2020 年 1 月 6 日起，尼日利亚移民局调整了电子签（落地批文）的价格，单方面直接上涨 90 美金。

（五）尼日利亚落地签办理注意事项

尼日利亚落地签证（也叫落地批文，入境许可，一共两页），目前可以入境的地点主要是阿布贾、拉各斯、卡诺。

打算前往尼日利亚并以落地签的形式入境尼日利亚的客户一定注意以下事项：

（1）请核对批文信息，确认名字和护照号、入境城市、有效期、入境批文共两页，务必打印出来。

（2）务必持有往返机票，部分城市和航班（比如 ET）要求在登记前收到确认信，所以需要提前 3 个小时到机场确认。

（3）尼日利亚检查黄本，出发前须携带好黄热病疫苗本。

（4）入境缴费（有的是通过代理，也建议自己交），请带好美金或国际信用卡。

（5）在海关 VOA 办公室办理落地签时请遵守公共秩序，文明办理签证手续，有问题可以联系代理或邀请方，切记大吵大闹，只要申请人没有黑记录，都可以顺利入境。

（六）签证办理相关问题

（1）尼日利亚商务签需要邀请函吗？

尼日利亚签证办理需要邀请函。

（2）尼日利亚派遣函需要翻译件吗？

尼日利亚签证办理需提供签证申请人所在中方公司英文派遣函原件（使用公司正规抬头纸打印，并加盖公司红章）：提供打印在有准确单位地址、电话的抬头信纸上的英文派遣函，加盖公司公章或人事章并有负责人签名和职务（如申请人本人是负责人，请公司其他高管签名，不可以自己签名）。

（3）尼日利亚签证需要面试和体检么？

办理尼日利亚签证，需要面试，不需要体检。

（4）人在国外可以申请尼日利亚电子签么？

对于尼日利亚电子签也叫入境批文，其实无论申请人在何地，无论是在中国还是其他国家申请流程都是一样的；当然也包括世界其他国家，只要是跟尼日利亚建交的国家，其公民申请尼日利亚落地批文，都是可以的；特别是很多在华外籍人士，如果在签证中心申请商务，要求有中国的半年以上居住许可，如果申请电子签，则有无居住许可都无所谓，都可以申请。

（5）入境尼日利亚是否一定要携带黄热病疫苗本？

目前，尼日利亚并不是黄热病疫情区，在非洲，利比里亚、莫桑比克、塞内加尔是黄热病疫情区，入境时候需要出示黄热病疫苗本（简称黄本），但是尼日利亚并不是强制入境者提供疫苗本，偶尔部分游客反映尼日利亚海关要求部分入境者出示黄热病疫苗本，只是偶尔听说，但从尼日利亚驻华大使馆得知的消息是非必需。

（6）在尼日利亚超期滞留怎么办？

如果申请人在尼日利亚有超期滞留（没有办理延期手续），一般来说，超期滞留一个月内，还可以在北京尼日利亚签证申请中心递交签证，如果滞留超过3个月，原则上不予再次申请签证，或者需要通过一封解释信，在其他领馆委托正规中介办理签证。

一般超期滞留都会在尼日利亚出境的时候缴纳规定的罚款，如果超期滞留又没有缴纳罚款，很可能当事人已经上了尼日利亚移民局的黑名单，若再次申请签证，需要与移民局联系，解除限制。

三、尼日利亚出行前的注意事项

（一）注意事项

尼日利亚签证申请人在获得签证后，出行前需要注意以下问题：

（1）尼日利亚气温高湿度大，常流行黄热病等疾病，因此出行前务必先打预防针。还要准备一点药品，像抗疟疾的青蒿琥酯片、清凉油、风油精这三样是在尼日利亚必不可少的药品；其次是头疼、感冒、消炎药，最好带点酒精和碘酒，因为一旦感染是很麻烦的事情。

（2）尼日利亚日晒很强烈，要带防晒物品和夏季换洗衣物。

（3）不建议携带旅行支票，因为在尼日利亚境内不能使用旅行支票。一定要在外汇指定银行、尼日利亚旅游局注册的酒店和经过注册的私人外汇局兑换货币。

（4）超市遍布每个州的首府、主要的城镇和乡村，超市中有从食品到亚麻制品、餐具、杂志、衣服、地毯、窗帘和纺织品等所有商品出售。尼日利亚的超市，营业时间没有严格的限制，建议在购买前检查物品的有效期。

（5）在尼日利亚坐出租车需在车费外加付10%的小费。饭店已附加小费，因此不必再付。

（6）尼日利亚的每周五是大撒拉，看见当地人做撒拉不要用相机拍照。

（二）尼日利亚紧急求助电话

中资企业及公民在尼日利亚如遇突发状况，或遇有语言不通等特殊情况，应尽快通过各种联系方式与中国使馆领事部门取得联系，也可与尼日利亚中国总商会等组织取得联系，告知所遇困难及地理信息，以便尽快解决。

在中资企业间、华人内部发生的纠纷，应尽量内部协商解决，避免矛盾扩大；如需通过法律途径解决纠纷，可通过国内有关单位进行。

如遇恐怖袭击、绑架、抢劫等恶性治安事件，请及时报警，并与中国驻尼日利亚大使馆和工作单位取得联系。

驻尼日利亚使馆领事保护手机：00234-8065842688

驻拉各斯总领馆领事保护手机：00234-8056666116

阿布贾火警电话：00234-80320033337、00234-92906118、119

阿布贾警察紧急救助电话：00234-8061581938、00234-08032003913

拉各斯警察紧急救助电话：00234-8081776262、00234-8023400797

以上电话均为国内座机或手机拨打方式。如以尼日利亚电话拨打，则需去掉国家区号00234，并在前面多加一个“0”，如拨打使馆领保电话，即为08065842688。

Chapter 4
第四章

尼日利亚有关法律规定

一、在尼日利亚投资注册企业需要办理的手续

（一）设立企业的形式

尼日利亚《1990 年公司及相关事务法》规定，外国投资者可以在尼日利亚注册设立私营有限责任公司、公共有限责任公司、无限责任公司、担保有限公司、外国公司分公司、外国公司子公司、合伙企业、独资企业、信托公司、代表处等机构开展经营。

2020 年，布哈里总统批准了国民议会通过的《2020 年公司及联合事务法案》。随着布哈里总统签署新法，《1990 年公司及相关事项法》就此废止。

修改后的法律引入了几项公司法律制度创新，旨在改善全国营商环境，这些创新包括降低手续费并推行其他改革，使中小企业在尼日利亚注册和经营变得更加容易和便宜；允许公司的发起人与单个成员或股东建立私人公司，并建立有限责任合伙企业和有限合伙企业，使投资者和商人可以有效灵活地开展业务。还包括允许创新流程和程序以简化公司的运营。例如引入合规声明；用最低股本代替法定股本，以减少成立公司的成本；为私人公司提供电子归档、电子股份转让、电子会议以及远程股东大会服务，以应对由于 COVID-19 流行而导致的会议中断；要求在实际控制人名册中披露对公司具有重大控制权的人，以增强公司的责任感和透明度；强调对小股东的保护和参与；为无力偿债的公司引入加强的业务救援改革；并允许具有相同宗旨和目标的协会合并法人受托人。

（二）注册企业的受理机构

尼日利亚市场对外开放程度较高，商业投资政策友好，税收低、

市场准入门槛较低。外国投资者在尼日利亚从事投资或其他经营活动必须先在当地注册具有法人资格的实体，并申请经营许可。尼日利亚法人事务委员会（CAC）根据《公司及相关事务法令》负责管理全国的企业注册事务；尼日利亚投资促进委员会（NIPC）负责发放针对外资企业的经营许可及其他相关许可。注册流程：

（1）先在法人事务委员会（CAC），取得公司注册证书(Incorporated Certificate)。

（2）在尼日利亚投资促进委员会（NIPC）注册，获取营业许可及居留配额。

点评：

CAC是负责企业注册的政府机构，总部设在联邦首都区阿布贾，在每个州设有办事处，在海外部分大城市也设有办事处。

（三）注册企业的主要程序

1. 申请登记

根据《1990年公司及相关事务法》，向公司事务委员会申请注册登记，获取法人证书。办理公司注册的流程见图4-1。

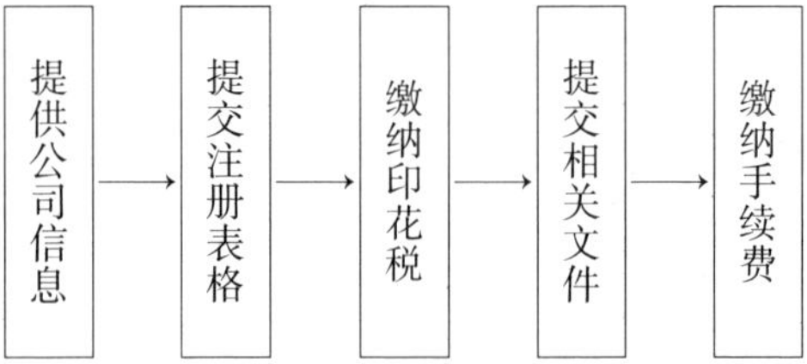

图4-1　注册公司流程图

（1）公司信息包括：公司名称及经营范围、注册资本、股权结构(股权比例分配)、股东及董事个人信息和护照信息、公司注册地址、公司秘书的名字和地址。

（2）填写并提交注册表格。

（3）向联邦税务局缴纳印花税。

点评：

印花税取决于公司注册资本。公司注册资本越高，印花税越高。印花税计算：每100万奈拉，支付8000奈拉印花税。例如设立注册资本金为1000万奈拉的尼日利亚公司，印花税则为80000奈拉。

（4）提交公司备忘录、公司章程、股本说明、遵守《公司及相关事务法》的声明、注册公司的状况、董事的同意函、股份的分配和董事履历等文件。

（5）交纳手续费。如成立担保有限公司，还需提交联邦检察院的同意函。

点评：

至少两名董事和股东（不必为本地居民，可以是自然人或法人），股东和董事可以是同一个人，且股东可以任意比例持股。每个公司必须有公司秘书（简称CS，必须是尼日利亚居民），CS可以帮忙开银行账户，中国董事不必须到场。

2. **注册**

向尼日利亚投资促进委员会申请注册，获取营业许可及居留配额（居留配额也可向尼日利亚移民局申请）。

（1）办理营业许可要求。

①支付1万奈拉获取NIPC的I表格；

②法人证书；

③最低500万奈拉股份资本；

④合资企业股份持有详细情况；

⑤合资企业（合作）协议；

⑥备忘录及章程；

⑦CAC 的 CO2 表和 CO7 表；

⑧外商独资公司资本划入证明；

⑨移民机关的批准。

（2）办理居留配额要求。

①若设立工业企业，须提供企业运营条件和生产运营的机器设备的证据；

②外资划入的证据；

③若设立服务企业，须提交管理和技术服务协议；

④纳税证书；

⑤最低股份资本为 500 万奈拉；

⑥证明无法在尼日利亚雇用胜任员工；

⑦达到最低股份资本 1500 万奈拉可获得 2 个自动居留配额，达到最低股份资本 3000 万奈拉可获得 4 个自动居留配额；

⑧获得配额人员的姓名、住址、资格及职位；

⑨项目实施计划和可行性研究报告；

⑩对尼方人员的培训计划。

尼日利亚投资促进委员会设立投资一站式服务中心，尼日利亚政府各有关部门均在中心设立办事处，外国投资者可在该中心完成公司注册相关的全部手续。

点评：

目前，CAC 正在大力推行网上申请注册，以降低注册成本、提高注册效率，改善本国的投资环境。申请资料的获取、提交以及注册过程中的费用支付，均可以在 CAC 官方网站上进行。

二、尼日利亚对外国投资的市场准入

（一）投资主管部门

尼日利亚投资主管部门是工业、贸易与投资部。其下属尼日利亚投资促进委员会（NIPC）是尼日利亚投资促进主管部门，负责制定尼日利亚吸引外资的法律法规，促进尼国内和国外的直接投资，协助外国公司与政府各部门联系及办理有关的注册手续等。

（二）投资行业的规定

尼日利亚政府规范和鼓励国内外投资的基本法是《尼日利亚投资促进委员会法》。尼日利亚政府于 1998 年对该法进行了修订。该法令取消了外国投资可持股份的上限，外国投资者可以在除油气以外的其他投资领域拥有 100% 的股权。禁止外国投资者进入的领域为武器、军火、麻醉剂的生产贸易以及军队、警察、海关人员服装的生产。

该法规定：(1) 外国投资者可用任何可汇兑货币购买尼日利亚公司的股份；(2) 扩大外国股份支付方式，包括零配件、原材料、和其他所需业务资产，无须支付外汇；(3) 保证外国投资者可以不加限制汇出和转让利润和红利，甚至撤回资金，无须政府部门批准，外国投资者只需凭适当文件，由相关的尼日利亚公司证明所得利润，指示指定的外汇经纪人转移资金，以便吸引外国投资者；(4) 通过尼日利亚公司获取和支付外汇贷款和利息，无须事先征得政府部门同意；(5) 尼日利亚政府保证投资者资本不会被国有化、没收（如果由于国家或公共利益需征用，尼政府将给予公正足额的补偿，所有权人同时有权就补偿事宜提起诉讼），或以其他形式强制转让。

点评：

需要特别注意被政府征收的风险。直接征收即直接剥夺投资者财产所有权；间接征收是指对外国人使用、占有和处置的财产无理干涉，从而使所有权人在干涉期间不能处分该财产。在尼经营因为政局迭代和政府部门腐败问题，常有被征收。详见本书“第六章 尼日利亚投资风险和机会分析”。

（三）投资方式的规定

尼日利亚涉及并购的法律主要包括《投资证券法令》《证券交易委员会规则和条例》《公司及相关事务法》《银行及其他金融机构法》《保险法》《公司所得税法》等。其中，《投资证券法令》是尼日利亚规范并购活动的基本法律，该法第六章专门针对并购进行了规定，涉及反垄断审查内容；《证券交易委员会规则和条例》依据《投资证券法令》，对并购相关规定进行了细化，主要包括信息披露及申报程序等内容。

根据《投资证券法令》第99条规定，无须经过证券交易委员会审批的收购活动主要有两类：一是控股公司纯为投资目的收购股份；二是联邦政府所属机构依法授权完成的交易。

根据《投资证券法令》第100条规定，并购主要要求和流程包括：一是有关公司独立或共同向联邦高等法院提出收购或合并计划，后者召集召开各公司独立会议讨论收购或合并计划；二是各公司决议同意通过收购或合并计划，至少需要获得四分之三股份或股权同意；三是收购或合并计划获通过后，方可提交证券交易委员会审批；四是收购或合并计划获证券交易委员会批准后，有关公司独立或共同向联邦高等法院提出申请，后者须就此做出裁决；五是联邦高等法院裁决须在

7 日内转交公司事务委员会以便办理公司注册、变更等相关手续；六是联邦高等法院裁决须在政府公报及至少一家以上在全国发行的报纸上予以公布。

尼日利亚允许外国公司在境内以设立独资公司、合资公司、子公司、分公司等方式从事经营活动，所有外资参与的企业在公司组建或注册后，应到尼日利亚投资促进委员会进行注册。在尼日利亚投资的中资企业，应同时到中国驻尼日利亚大使馆经商处报到备案（报到备案须知可详查经商处官方网站 http：//nigeria. mofcom. gov. cn/）。

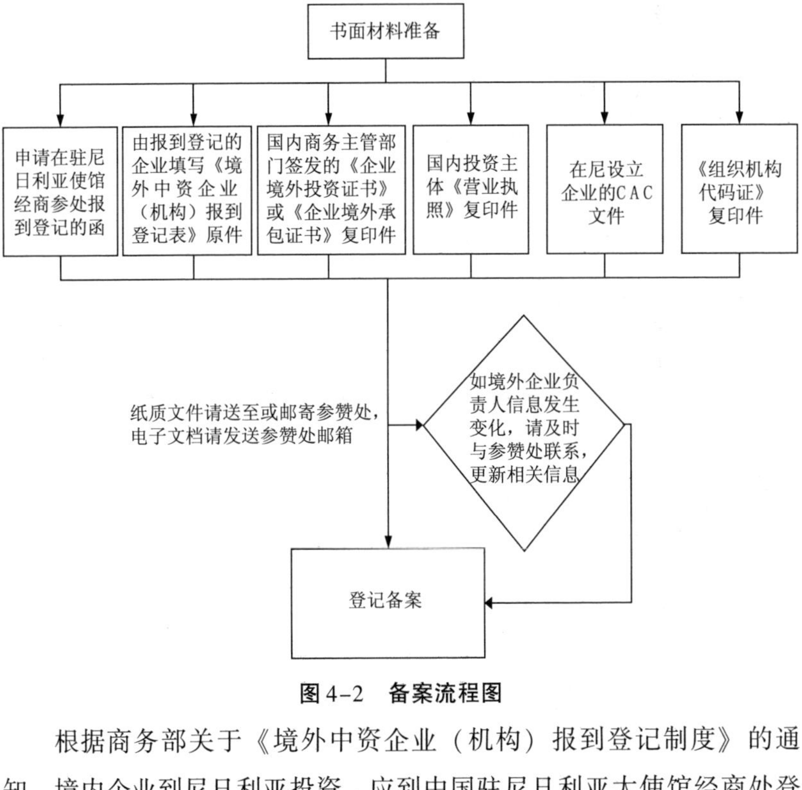

图 4-2　备案流程图

根据商务部关于《境外中资企业（机构）报到登记制度》的通知，境内企业到尼日利亚投资，应到中国驻尼日利亚大使馆经商处登记备案，现将报到登记时需提交的材料及注意事项告知如下：

一、办理境外中资企业（机构）报到登记须提交以下书面材料：

1. 申请在驻尼日利亚使馆经商参处报到登记的函（包括但不限于以下内容：国内投资主体发展概况、海外发展战略、在尼子公司和项目情况、国内及驻尼负责人联系方式等，尽可能详细，用公司抬头纸，盖公司公章）；

2. 由报到登记的企业填写《境外中资企业（机构）报到登记表》原件（表中企业信息栏目应填写清楚、完整，并按要求加盖境内投资主体企业公章、商务主管部门或中央企业公章）；

3. 国内商务主管部门签发的《企业境外投资证书》或《企业境外承包证书》复印件；

4. 国内投资主体《营业执照》复印件；

5. 在尼设立企业的 CAC 文件；

6. 《组织机构代码证》复印件。

二、上述材料纸质文件请送至或邮寄参赞处，电子文档请发送参赞处邮箱。

三、报到登记手续完成后，如境外企业负责人信息发生变化，请及时与参赞处联系，更新相关信息。

四、参赞处联络方式：

地址：No. 34，Aguiyi Ironsi Street，Maitama，Abuja，Nigeria；

电话：00234-7026035698；

邮箱：abuja-ng@ mofcom. gov. cn。

五、《境外中资企业（机构）报到登记表》（见表 4-1）。

表 4-1　境外中资企业（机构）报到登记表

（境内投资主体企业公章）

境内投资主体	企业名称			
	所属省（市）、自治区或所属中央企业			
	电话		传真	
	电子邮箱		联系人	
境外中资企业（机构）	企业（机构）名称			
	业务范围			
	注册地址			
	注册日期		商业注册号	
	雇员总数		中方派出人员数	
	中方负责人姓名		中方负责人职务	
	电话		应急电话（手机）	
	传真		电子邮箱	
	批准文件号		批准证书号	
备注				

商务部对外经济合作司制

（省、自治区、市商务主管部门或中央企业公章）

年　　月　　日

回　执　联

境外中资企业（机构）名称	登记档案编号	批准文件号	批准证书号

（使［领］馆经商处［室］或驻香港、澳门联络办经济部公章）

年　　月　　日

尼日利亚允许外资并购当地企业，外资企业可用任何可兑换的外国货币购买尼日利亚企业的股份，也可以设备等方式入股。按照尼日利亚规定，外国投资者的投资收益可自由汇出，但实际上难以实现。但若外国投资者投资尼日利亚银行，单个外国个人或机构投资者购买的股份不得超过尼日利亚最大单个个人或机构股东所持股份，同时外国投资者总持股比例不得超过银行总资本的 10%；若外国银行要并购尼日利亚银行，该外国银行必须在尼日利亚经营 5 年以上，并在尼日利亚三分之二以上的州设立分行（不包括州首府），同时外国银行在并购后的持股比例不得超过合并体总资产的 40%。

外国机构投资者在尼日利亚证券市场进行证券交易必须事先得到证券交易委员会的批准，获得注册证书。

中资企业在尼日利亚建设工业园区等可参见《尼日利亚 63 号法案》和《尼日利亚工业改革计划》，也可询问尼日利亚出口加工区管理局。

点评：

中资企业在尼日利亚暂未遇到开展并购遭遇阻碍的案例，但上当受骗的案例较多。

[案例 4-1]

某中资公司通过互联网结识一尼商，该尼商自称有很强的政府背景，要进行一项政府采购，量大、价格高、支付优惠，但中资公司需要先在政府登记，交付注册资金。待中资公司交付注册资金后，再也无法与该尼商联系。

分析：

这也是一种欺诈手段。关于更多诈骗有关案例及防范建议，详见本书“第六章 尼日利亚投资风险和机会分析”。

三、尼日利亚对外国投资的优惠

（一）优惠政策框架

根据尼日利亚投资促进委员会法案相关条款，尼日利亚对外资进入实行统一的优惠政策，无双重标准。

（二）行业鼓励政策

1. 赋予部分产业/产品更重要地位

尼日利亚政府对包括农业、制造业、矿业、制药、化学、机械、印刷、通信、旅游、房地产、基础设施等领域的69个细分产业/产品授予先锋地位（详见表4-2），给予投资于先锋产业的企业免税待遇。

按照尼日利亚法律规定，除油气领域外，公司所得税税率为30%，先锋行业可享受5年的免税待遇，在一些经济欠发达地区可延长到7年。为获得先锋行业地位，企业需满足以下条件，并主动向尼日利亚投资促进委员会（NIPC）提出申请：

（1）所属行业在政府所列先锋地位之列；

（2）外资或合资企业注册资金在1000万奈拉以上、投资在500万奈拉以上，本土公司注册资金在1500万奈拉以上（需相关部门出具报告证实投资已到位）；

（3）免税仅限于企业生产的属先锋地位之列的产品；

（4）在开始商业生产后的1年内提出申请。

表4–2　授予先锋地位69个细分产业/产品

序号	部　门	产　品
1	农作物和水果栽培、加工及储存	罐装食品、水果、茶、咖啡、精炼糖和番茄酱等
2	合成奶制品	黄油、奶酪、牛奶、奶粉及冰激凌
3	(a) 深海捕捞及加工；(b) 近海鱼虾捕捞	可储存的海产品，鱼、虾、鱼粉
4	地下开采铅、锌、铁矿	铅、锌、铁矿石
5	钢铁生产	钢铁产品
6	有色金属冶炼及其合金制造	精炼有色金属及合金
7	重晶石开采及加工	重晶石、斑脱土及相关矿产品
8	以尼日利亚产原材料为主的石油钻井材料	重晶石、斑脱土及相关矿产品
9	水泥生产	水泥、煤渣
10	玻璃及其制品生产	平板玻璃、医药及实验室用玻璃器皿
11	用当地石灰石生产石灰	石灰
12	大理石开采及加工	大理石及加工的大理石
13	陶瓷产品生产	耐热绝缘建筑产品、实验室用品
14	以当地原材料为主生产的基本化工品及中间体生产	基本及中间有机（及无机）化工品、化肥、烧碱、氯、农药、杀虫剂、石化产品
15	制药	药品
16	酵母、酒精及其相关产品生产	酵母、工业酒精及相关产品
17	纸浆生产	纸浆

续 表

序号	部 门	产 品
18	棉纱及人造纤维生产	棉纱、人造纤维
19	以当地产品为主要部件的机械制造	办公和工业机械设备、器具
20	全部或主要由金属构成的产品制造	管道
21	以当地原材料生产的网具制造	渔具、蚊帐及相关产品
22	汽缸制造	汽缸
23	本地面粉加工	面粉及麸皮
24	橡胶种植及加工	橡胶
25	阿拉伯橡胶种植及加工	阿拉伯树胶
26	化肥生产	磷肥、氮肥、氨、尿素
27	车辆制造	汽车、摩托车、汽车部件
28	油棕种植及加工	棕榈油、棕榈籽
29	机动车及部件制造	机动车及部件
30	书籍印刷	书籍
31	大规模机械化耕作	小麦、玉米、大米、高粱
32	500 头以上规模养牛、养猪场	不少于 500 头牛和猪
33	石膏生产	石膏
34	废油再炼和再循环	低能油
35	电力设施设备和部件制造	发电机、变压器、电表、控制台、开关装置、测试设备、镇流器、启辉器、照明灯、电阻器、电容器、感应圈、半导体和导体
36	造船、海洋船舶维修	轮船、坐艇

续 表

序号	部　门	产　品
37	计算机和计算机芯片制造	计算机硬件、软件、芯片
38	照相机、成像设备和其他材料制造	照相机、成像设备及相应部件
39	潜水和水下工程	水下工程服务
40	机械设备本地装配	机械
41	工具制造	机器、手工工具
42	飞机制造维修设施安装、飞机制造	飞机维修和制造
43	科学仪器和通信设备安装	收音机、扩音系统、麦克风、天线、录像机、科学仪器、放大系统、无线电收发机、电话机
44	燃气生产和传输	燃气及传输
45	太阳能发电设备和装置制造	太阳板、计算器
46	大规模内陆养鱼	鱼、虾
47	沥青开采加工	沥青
48	制盐	盐
49	灭火设备及报警系统制造	灭火设备及报警系统
50	缆线制造	输电线、电话线、其他电缆
51	医疗设备制造	X 射线、氧气设备等
52	矿物油勘探生产	石油
53	润滑剂生产	润滑油、液压/发动机油、齿轮油等
54	钢板生产	钢板
55	灶具、炊具、冷冻柜和空调制造	灶具、炊具、冰箱、冰柜、空调

续 表

序号	部 门	产 品
56	农业机械设备制造	收割机、脱粒机、播种机
57	材料处理设备制造	起重机、铲车等
58	铸造厂建设	模具、铸造等
59	制铝	铝
60	酵素生产	酵素
61	浓缩果汁生产	浓缩果汁、果汁
62	电焊条生产	电焊条
63	钉子生产	钉子及相关产品
64	铁线材生产	铁线材
65	啤酒花生产	啤酒花
66	信息通信设备生产及技术开发	信息通信设备、软件
67	旅游业	旅游景点、酒店、运动及休闲设施
68	房地产开发	商业及住宅房屋出租所得、处置被闲置一定期限房产所得
69	公用事业	使用天然气、煤或其他可再生能源作燃料的独立电站，公路、铁路及水上运输，尼本地企业从事电信行业（不包括移动通信）

2. **从事研究和开发的企业可享受税收优惠**

如果该项研究和开发在尼日利亚境内进行，并与该企业的业务密切相关，那么用于研究和开发费用的12%免于征税；如使用尼日利亚本地的原材料从事研究和开发，用于研究和开发费用的14%免于征税；如果企业从事长期研究，投入的费用将视为资本支出，免于征税。

3. **补贴**

在尼日利亚经营的制造企业，每年获得的补贴不得超过其可评估利润的75%；其他企业，不得超过66%。

4. **公司内部培训税收减免**

内部建立培训设施的企业可享受2%的税收减免，期限为5年。

5. **基础设施建设投资征税优惠**

如果公司投资修建通常由政府负责的基础设施，包括道路、供水和供电，公司上述投资的20%免于征税。

6. **劳动力密集型企业税收减免优惠**

劳动力密集型企业可以获得税收减免优惠。雇用1000人及以上的企业可享受15%的税收优惠；雇用200人及以上的企业可享受7%的税收优惠；雇用100人及以上的企业可享受6%的税收优惠。

7. **本地增加值税收优惠**

对从事本地生产（不仅是进口零部件进行装配）的企业，可以享受10%的税收优惠，期限为5年。

8. **再投资补贴**

如果制造业企业将资本用于扩大再生产，包括扩大生产能力、提升生产设备现代化水平以及相关产品的多样化经营，企业可以获得再投资补贴。

9. **本地原材料的使用税收优惠**

达到本地原材料使用最低水平的企业可享受20%的税收优惠，期限为5年。农业相关行业，本地原材料使用最低水平为70%；工程行业，本地原材料使用最低水平为60%；化工行业，本地原材料使用最低水平为60%；石化行业，本地原材料使用最低水平为70%。

10. 出口企业优惠

保税区内的制造业企业进口原材料和中间产品用于再出口的生产，享受免税；企业进口原材料生产后再出口，享受60%退税；出口创汇企业凭相关证明享受出口补贴；政府设立出口发展基金为私营出口企业提供企业开办初期的费用支持等。

11. 重点特色产业

布哈里政府上台后，提出去石油经济单一化，发展经济多元化，并将农业和固体矿产业作为未来经济发展重点。2018 年，尼日利亚矿业收入占 GDP 的 10.7%，比上年提高 1.5 个百分点。尼日利亚非法采矿严重，据称每年因非法采矿损失至少 4 万亿奈拉。

（三）地区鼓励政策

投资于经济落后地区的企业可享受 7 年免税的优惠及资本折旧补贴。

当地政府鼓励投资比较集中的地区主要为首都阿布贾及第一大城市拉各斯，以及三角州产油区。

四、尼日利亚关于劳动就业的法律规定

（一）劳工（动）法的核心内容

1978 年修订的《劳工法》对劳动合同、解聘、工时和加班、工薪和社保待遇做出如下规定：

（1）雇佣合同：雇主在雇员开始工作 3 个月内需要同雇员签署书面劳动合同。劳动合同需注明工资、每周工时、节假日和加班工资等事项。如果是定期合同，需要注明合同起止时间。

（2）解聘：解聘雇员，需要视其已工作时间长短提前至少1日或至多1个月通知，并视其已工作时间支付额外工资补偿。如果雇员有违法行为，可直接解聘，无须支付任何费用。

（3）工资：根据2019年4月《最低工资法案》，尼日利亚法定最低工资为3万奈拉（84美元）/月。

（4）工时和加班：尼日利亚法定工作时间每日不超过8小时，一周不超过40小时。连续工作6小时以上应允许雇员至少休息1小时。加班需支付加班费。

（5）工薪和社保待遇：雇主应通过现金、支票或汇款方式向雇员支付工资。雇主可替雇员代扣代缴养老金或工会组织会费，但不得任意扣除员工工资。除基本工资外，雇主应向员工提供住房补贴、交通补贴，以及必要的医疗费用。尼日利亚的社会保险只有养老金，每月应缴纳工资收入的15%，其中7.5%由雇主缴纳、7.5%从雇员工资中扣除。

点评：

外国劳工和本地劳工没有占比要求，对于一个企业的发展，如果工作的技术要求不是很高的话，应当尽量多地使用当地劳工，一是更具成本优势，二是能带动当地就业，尽到企业的社会责任，做到国际化经营，属地化发展。

（二）外国人在当地工作的规定

尼日利亚对外籍劳务实行配额制管理，即对在政府或企事业单位工作的具有一定专业技能的外籍劳务人员发放工作许可证。对于投资类企业，根据投资额多少，政府分配一定的外籍劳务人员名额。尼日利亚移民法规定："凡有不良记录、从事损害尼日利亚利益或从事有损本国人商业活动者均不得在尼日利亚工作。”“外资和外商的正当经营活动不受限制。”在尼日利亚雇用外国人必须向内政部提出申请，获取相应的配额后方可办理工作签证和绿卡。

尼外籍劳务配额制度的适用范围：在尼从事商业投资活动的企业，包括本国企业、合资企业和外商独资企业。尼教育机构、大学、政府公司及联邦或州政府参股的企业不受此配额制度的限制。

外国人在尼日利亚不能从事政府、医生及律师工作，其他工作岗位没有限制。尼日利亚对专业领域外籍人才需求量较大。

尼日利亚没有劳动力市场需求测试，但要求申请工作配额者必须有大专以上学历及相关岗位的工作经验。

尼政府认识到，在经济全球化的今天，各国经济联系不断加强，人才流动是全球化的一部分，尼作为发展中国家，长期以来技术和专业人才短缺。近年来，随着尼教育和人才市场的发展，尼政府对外籍劳务的管理也日渐严格和规范，旨在维护国家主权，保护本国人才和国家利益，保持经济和收支平衡。尼移民法规定：凡有不良记录、从事损害尼利益或从事有损本国人商业活动之人均不得在尼工作。法律同时规定外资和外商的正当经营活动不受限制。

点评：

尼日利亚存在着较严重的失业问题，严格的外籍劳务政策、保护本国劳动力市场、减少失业是各届政府的重要政务。限制外国人就业法律制度主要包括外籍劳务配额制度和工作签证制度。外籍劳务配额制度的主要适用对象是聘请外籍劳务的企业，除了烦琐的申请材料与严格的审批程序之外，对企业还有严格的资质要求，比如最低股本1000万奈拉以上的资金要求、高额的公司税缴纳证明、高昂的申请费用等，以此有效控制尼国企业雇用外国人劳动者的数量。工作签证制度，则体现了尼政府在入境环节对外国人就业者个人的签证限制，主要通过设定严格的工作签证的申请条件、审批程序和期限等限制工作签证的发放数量，以实现限制外国人入境就业的目的。

（三）在尼申请外籍劳务配额的相关要求和程序

所有劳务配额均需申请，并由内政部长批准。

（1）企业（最低股本为1000万奈拉）申请配额的要求：

①填写移民表T/1表；

②公司执照；

③备忘录和章程；

④可行性报告（需经公司注册委员会认证或注册过）；

⑤公司注册委员会表CACCO2、CO7表或CAC2.3、2.5表；

⑥尼日利亚与外国合伙经营企业合资协议（正本需呈交审阅）；

⑦公司本期完税证明；

⑧经营租赁协议；

⑨进口机械的证明材料，如M表、形式发票、运输单据、由政府指定的装船前质检机构出具的质量认可证明；

⑩如从事石油服务、卫生服务、渔业、采矿、建筑等，需出示相关政府机构或部门的批准证书或许可证；

⑪如从事土木工程，需出示在建项目证明、拟持续时间、合同价等证明材料（正本需呈交审阅）；

⑫为外籍劳务支付的年薪，其职务、资质、姓名、工作描述等（需附资质证书副本）。

（2）配额按其时效可分为永久性配额和非永久性配额；非永久性

配额可以转换为永久性配额。

永久性配额的申请条件：

①最低股本为1000万奈拉；

②已支付不少于200万奈拉的纯利润作为公司税；

③经认证的财务审计明细；

④公司执照；

⑤按月反馈外籍劳务配额使用情况；

⑥公司组织结构；

⑦外籍劳务的个人所得税完税证明（正本需呈交审阅）。

非永久性配额的时效性：

①从事石油勘探或生产、制造业、农业的企业，自批准之日起4年内有效；

②从事石油营销和服务的企业和不包含在文件“（二）1”中的企业，自批准之日起3年内有效；

③上述①②的企业的外籍劳务配额到期后可延期，每次延长2年，最多不超过10年。申办延期需提供的材料如下：

· 填写移民表T/2表；

· 公司完税证明（正本需呈交审阅）；

· 外籍劳务的当期完税证明（正本需呈交审阅）；

· 批准前3个月外籍劳务配额使用情况反馈；

· 对尼人员的培训计划；

· 替换外籍劳务的尼方人员名单（包括雇佣日期、资质等）；

· 尼方管理人员名单，包括姓名、职务、资格、年薪；

· 本期财务审计报表；

· 外籍劳务交纳年收入所得税完税证明（正本需呈交审阅）。

④申请额外的外籍劳务配额，除③外，还需提供如下材料：

· 从事制造业企业，需出示所需机械设备或扩大再生产的证据（由政府指定的装船前质检机构出具的质量认可证明）；

· 从事土木工程、石油勘探的企业，需出示新项目合同（正本需呈交审阅）；

· 从事农业产业的企业，需出示现有农场或工厂的证明。

非永久性配额可以转换为永久性配额，条件是申请方根据上述要求向内政部提出申请。

申请恢复配额，需提交证明证实公司恢复正常经营状态，如之前受经济衰退影响，目前对公司产品、服务的需求增加等。

如果公司出现任何经营上的困难，可以根据自己的需要申请对配额的重新分配。

（3）根据尼内政部营业局的规定，办理上述手续的各项费用如下：

①手续费 25000 奈拉；

②配额审批费 10000 奈拉；

③配额延期费 5000 奈拉/个；

④额外增加配额费 10000 奈拉/个；

⑤中止手续费 5000 奈拉；

⑥调整营业许可费 25000 奈拉；

⑦授予营业许可费 50000 奈拉；

⑧重新认定配额费 10000 奈拉/个；

⑨上诉手续费 10000 奈拉；

⑩恢复配额费 55000 奈拉/个；

⑪将配额类别提升为永久性配额费 10000 美元；

⑫永久性配额的重新分配费 10000 美元；

⑬配额的延展费 10000 奈拉；

⑭过期配额重新生效费 10000 奈拉；

⑮个人许可延期迟申报罚金 150000 奈拉。

(以上为 2007 年收费标准，今后可能调整)

(4) 配额的执行。

用人单位在获得内政部的配额批准后，向移民局领取相关表格，通过当地银行支付相关费用，尼移民局负责发放配额卡，实行登记和注销制。劳务配额在法律上具有唯一性和不可交换性，但由于尼腐败严重，在外籍劳务的办理上也同样存在。一些尼日利亚人尤其是退休的移民局官员常利用各种关系非法倒卖配额，从中谋利，利用假配额进行劳务走私也是常事，也有部分企业利用临时工作许可在尼长期居留和工作。

(四) 外国人在当地工作的风险

尼日利亚是非洲人口第一大国，民族和宗教信仰构成复杂。因此，爆炸和袭击活动频发。近年来，该国面临的国内和国外双重恐怖主义威胁日益严重。尼日利亚中部地区是南北方民族、穆斯林和基督教徒混居的地区，也是民族宗教矛盾容易被激化，并导致大规模冲突的地区。长期以来，由于南北方经济社会发展的不平衡，北部饱受人口多、贫困和高失业率等问题困扰，给部族冲突及极端组织的生存提供了可乘之机。近年来，涉中国公民绑架、抢劫等案件时有发生，造成中方人员伤亡和财产损失。中国驻尼日利亚大使馆提醒在尼日利亚和拟赴尼日利亚的中国公民注意跟踪尼日利亚安全形势，提高自我保护意识，加强安全防范。如遇紧急情况应及时报警，并向中国驻尼日利亚大使馆寻求帮助。

信息风险方面对个人出行信息尽量保密，控制在最小范围，避免因为信息泄漏造成绑架。企业的商业信息保密很重要，要控制知情范围，采取文件加密措施。获取外部信息要保证其真实性，避免给企业造成损失。

五、尼日利亚关于企业税收的规定

（一）尼日利亚税收体系和制度

尼日利亚有比较完整的税收法制政策体系。

《国家税收政策》于2012年制定，2017年被重新修订。其目的是为尼日利亚税收制度的有序发展提供基本的指导方针。

1. 税收法律

截至2018年底，尼日利亚涉及税收的法律主要包括：

（1）伴生气回注法；

（2）资本利得税法；

（3）公司所得税法；

（4）海洋和陆地产品分成合同法；

（5）高等教育信托基金法；

（6）联邦税收务局（机构）法；

（7）所得税（授权调查）法；

（8）工业发展（所得税减免）法；

（9）工业监督检查法；

（10）国家信息技术发展法；

(11) 尼日利亚出口加工区法;

(12) 尼日利亚液化天然气（财政激励、担保和保障）法;

(13) 石油和天然气出口免税区法;

(14) 个人所得税法;

(15) 石油利润税法;

(16) 增值税法;

(17) 印花税法;

(18) 赌场税法;

(19) 税费征管法。

2. 税收征管

尼日利亚有比较完整的税收法律体系，并实行比较系统的税收征管体系，与其三级政府管理制度相对应，尼日利亚的税收征管部门也是实行联邦政府、州政府和地方政府三级管理。三级政府的征税权限划分严格，避免三级政府出现重复税收、征税矛盾、多头征税等问题。其中:

联邦政府负责增值税、公司所得税、预提所得税、个人所得税、石油利润税、资本利得税、教育税、印花税等税种的征收管理工作。其中，个人所得税仅限于以下范围：陆军、海军、空军和警察服役人员；外事服务部门从事外事工作的人员；阿布贾联邦首都区居民；非居民个人（在尼工作有相应的工作收入和经营所得与利润）。预提所得税仅限于企业、阿布贾联邦首都区居民和非居民个人。

州政府负责征收其管辖区范围内的居民个人所得税、预提所得税（只限个人）、资本利得税（只限个人）、博彩税、公路税、市场税、企业经营场所注册费、发展费、道路冠名注册费、土地使用费等税费。

地方政府负责征收其管辖区范围内的店铺税、物业税、屠宰税、市场税（不含州政府收取的市场税）、土地使用费（联邦和州政府收取土地使用费以外的土地）、停车费、车辆违停罚款、酒类经营许可费、家畜许可证照费、宗教场所建设许可费、广告牌许可费、土葬许可费等税费。

表 4–3　尼日利亚税收征管部门及征税权限

	尼日利亚 联邦政府	州政府 （管辖范围内）	地方政府管辖范围内
税法名称	1. 增值税 2. 公司所得税 3. 预提所得税 4. 个人所得税 5. 石油利润税 6. 教育税 7. 印花税	1. 居民个人所得税 2. 预提所得税（个人） 3. 资本利得税（个人） 4. 博彩税 5. 公路税 6. 市场税 7. 企业经营场所注册费 8. 发展费 9. 道路冠名注册费 10. 土地使用费	1. 店铺税 2. 物业税 3. 屠宰税 4. 市场税（不含州政府征收） 5. 土地使用费（联邦和州收取外的土地） 6. 停车费 7. 车辆违停罚款 8. 酒类经营许可 9. 家畜许可证照费 10. 宗教场所建设许可费 11. 广告牌许可费 12. 土葬许可费

3. **征管程序**

尼日利亚税务征收以纳税人申报为主，税务机关负责监督和催缴。纳税的基本程序如下：

（1）纳税人在就近的联邦税务局办公室或地方税务部门注册，取得税务编号；

（2）纳税人在规定的纳税期内开展自评，计算出应缴税额；

（3）纳税人根据自评结果填写税务申报表，连同审计报表、固定资产表、负债表等报表，到税务部门核准的银行缴税。

（4）银行代收税款及各种申报表后，向纳税人出具收款凭证；

（5）纳税人依据银行凭证向税务部门换取正式收据，并办理完税证明。

4. 双边税务协定

为避免对所得双重征税和防止偷税漏税，中尼两国政府于 2002 年 4 月 15 日签署了《中华人民共和国政府和尼日利亚联邦共和国政府关于对所得避免双重征税和防止偷漏税的协定》（以下简称《协定》）。经履行生效所必需的法律程序，《协定》自 2009 年 3 月 21 日起生效，自 2010 年 1 月 1 日起执行。

该《协定》在尼日利亚适用的税种包括个人所得税、公司所得税、石油收益税、财产收益税和教育税，在中国适用的税种包括个人所得税、公司所得税。同时，该协定也适用于协定签订之后的属于增加或者代替现行税种的相同或者实质相似的税种。协定详细规定了居民、常设机构、不动产所得、营业利润、海运和空运、联属企业、股息、利息、特许权使用费的概念及税款征收的相关规定。

该《协定》第二十三条规定了避免双重征税的方法，即中国对外投资企业在尼日利亚设立公司的，该子公司在中国取得的收入缴纳税款后，再在尼日利亚缴税时可将该部分应税收益予以抵免；中国对外投资企业未在尼日利亚设立公司的，在尼日利亚境内获得的收益在尼日利亚缴纳税款后，可在中国缴税时将该部分税额予以抵免，从而避免双重征税。

点评：

可能某些地方政府部门未严格执行与我国签署的双边税收协定。比如税务机关无视协定，对中国某承包商汇回国内的股息、特许权使用费所得按照该国法律规定征收很高的预提所得税。

也可能存在对收入性质或者收入来源地判断的差异。或者有税收歧视。

（二）主要税赋和税率

1. 公司所得税

根据尼日利亚《公司所得税法》，在尼日利亚境内的各种类型的企业（除勘探企业外）应就其一个纳税年度内的全部收益缴纳所得税。应税收益包括经营收入、租金、分红、利息、折扣、特许权使用费、养老金收益、年金，以及来自短期货币工具如政府债券的收益等内容。

（1）纳税人。在尼日利亚从事经营活动并获得收益的所有公司，均构成纳税义务人。但在尼日利亚注册设立的公司，以其全球范围内的收益计算应税收益，外国公司仅以其在尼获得的收益缴纳所得税。

（2）税率。一般企业所得税税率为应纳税所得额的 30%，小型企业为应纳税所得额的 20%。

尼日利亚公司应该就以下五类资金中最高者缴纳 15% 的特别税款：①已缴资本的 40%；②资本或法定储备金的 20%；③一般储备金的 15%；④长期贷款的 20%；⑤600 万奈拉。

任何公司在组建后 6 个月内若没有开始营业则必须在第一年度缴纳 500 奈拉，如果之后还没有营业的话，则缴纳 400 奈拉，直至其营业以后才按照以上的规定征缴公司所得税。

除此之外，每年每个公司要在核税通知发出后的两个月内，按照应纳税利润的2%缴纳教育税。该项规定自1993年1月1日起正式实施，主要目的是支持尼日利亚教育事业发展。

（3）税收优惠。尼日利亚联邦政府为了促进本国基础设施建设以及经济发展，公布了一系列税收优惠政策，其中比较重要的是从事先锋产业企业的免税待遇。

其他的税收优惠有：

重建投资抵免：《尼日利亚公司所得税法》第32条规定，任何公司用于建设厂房和购买设备的实际开支可以享受投资抵免。公司可以将本纳税年度内购买设备和建设厂房开支的10%来冲销本年度的应纳税所得额。

农村投资抵免：《尼日利亚公司所得税法》第34条规定，在离供电、供水、道路、通信等相关设施20千米以上的公司，对于在进行以上基础设施建设活动的开销，政府将给予一定程度的税收抵免。

出口加工区抵免：出口加工区内从事生产活动的公司建设办公楼及厂房的投资享受100%的资金抵免。

其他优惠政策：涵盖矿产公司、酒店、零部件生产企业和天然气利用企业。

小微企业：从事制造业、农业生产或采矿业，并且营业额（总销售额）低于100万奈拉，则其前五个纳税年度的企业所得税按照20%的优惠税率征收。

（4）纳税时间。公司从事经营超过18个月的，申报所得税的时间应为企业会计年度结束起6个月内。新设立的公司则应在设立后的18个月内，或会计年度结束后的6个月内申报所得税。

（5）最低纳税额。如果尼日利亚企业在1个纳税年度内未产生利润，或其获得的全部利润需缴纳的税收低于所得税法规定的最低纳税额标准，则应按照最低纳税额标准缴税，具体标准如下：①如果企业的营业额低于50万（含）奈拉，其最低纳税额为下述各项中最高者：毛利润的0.5%；净资产的0.5%；实缴资本的0.25%；年营业额的0.25%。②如果企业的营业额大于50万奈拉，最低纳税额除按照上述标准计算外，还应加上超过50万奈拉营业额部分的0.125%。③下列公司免除最低纳税要求：新设立的经营期限在4年以内的公司；从事农业贸易或经营的公司；25%以上股份由外国投资者持有的公司。

2. 个人所得税

根据尼日利亚《个人所得税法》，个人应就其一年内的全部收益缴纳所得税。应税收益包括个人工资、奖金、交易盈余、利息、分红、养老金、年金，以及来自于许可他人使用或占用其财产所获得的收益等。

（1）纳税人。与公司所得税的规定相同，尼日利亚居民应就其全球范围内的收益缴纳个人所得税，非尼日利亚本国居民仅就其在尼日利亚获得的收益缴税。但尼日利亚法律规定，非尼日利亚居民在12个月内，如果在尼日利亚居住183天（含）以上，则被视为尼日利亚居民。尼个税采用属地制原则（Territory Principles），管理部门是纳税人主要居住地或工作所在地的税务机关，称为联合税务局（Joint Tax Board）。

（2）税率。尼日利亚个人所得税实行的是超额累进税率，2012年1月1日起开始执行的税率如下：应税额小于3万奈拉的部分，税率为7%；应税额3万~6万奈拉的部分，税率为11%；应税额6万~11万奈拉的部分，税率为15%；应税额11万~16万奈拉的部分，税率为19%；应税额16万~32万奈拉的部分，税率为21%；应税额大于32

万奈拉的部分，税率为 24%。

当职工的年度总收入低于 25 万奈拉时，或超过了 25 万奈拉，但扣除减免项目以后没有应纳税收入，按收入总额的 1% 缴纳最小额度的个人所得税。

(3) 税收优惠。根据尼日利亚《个人所得税法》，以下收入可享受免税：

①企业职工在完成本职工作过程中，发生费用的单据报销，而在此过程中企业职工并没有从中获得额外收入；

②企业职工的医疗（看牙病等）开销；

③退休补助金和失业补偿费；

④企业职工因离开或回到尼日利亚所发生的差旅费用；

⑤企业职工取得用于孩子抚养或教育的收入，如果该收入从下一年度该职工的个人救济金中扣除的话，则不征收个人所得税；

⑥无偿援助的收入；

⑦企业职工的租金补助金；

⑧交通补贴费；

⑨休假补贴，该补助金额可达年基本薪金的 10%；

⑩餐费补贴，每年最多补助金额为 5000 奈拉；

⑪娱乐补贴，每年最多补助金额为 6000 奈拉；

⑫多功能补贴，每年最多补助金额为 1 万奈拉。

3. **增值税**

尼日利亚的增值税对销售商品和提供（独立性）劳务的收入及商品与劳务的进口等课税。

(1) 纳税人。增值税是对在尼日利亚境内销售货物或者提供劳务，以及进口货物的单位和个人征收的一种流转税。税法没有对需要做增值税税务登记的营业额进行限制，尼日利亚企业需要在开始营业6个月内，完成增值税税务登记。

（2）税率。现行增值税税率为5%，对应税货物或劳务的发票账载金额的5%计征增值税，包括进口货物。根据尼日利亚增值税法，下列商品及劳务享受增值税零税率，同时允许抵扣进项税：

①非石油相关货物出口；

②为外交人员提供的商品或服务；

③为人道主义援助项目提供的商品或服务；

④进口商用飞机、飞机零件以及用于固体矿产开采的机械设备。

（3）税收优惠。

根据尼日利亚增值税法，下列商品及劳务予以免税：

①所有出口的商品和服务；

②所有医学和药物的产品；

③基本的食物；

④书籍和教育资料；

⑤进口的机械设备供自由贸易区使用的；

⑥进口机械设备用于天然气开采及用于下游石油开采的；

⑦肥料、农业和兽类医药、农场机器设备和农业运输设备；

⑧社区银行及贷款机构提供的服务；

⑨教育相关的行为；

⑩处置短期尼日利亚中央政府发行债券所得；

⑪处置短期的地方及公司债券所获得的受益；

⑫股票佣金。

4. 预提所得税

根据尼日利亚《个人所得税法》和《公司所得税法》，在支付某些特定商品或服务费用的过程中，付款方有义务代政府向收款方扣去一定比例的税款，并在扣款后 30 天内上交税务部门。

（1）性质。预提所得税实际上并不是单独的税种，而是由付款人代政府收取的公司所得税和个人所得税。这主要是出于所得税收取的便利，特别是避免纳税人隐瞒收入规避所得税，因而由法律规定付款人在支付费用时直接按比例代扣。收款方可以凭付款方开具的发票，在申报所得税时予以抵免。

（2）税率。根据尼日利亚《公司所得税法》和《个人所得税法》，预提所得税涵盖的商品和服务范围相同，但公司和个人扣缴的税率有所不同，具体包括：分红、利息、租金：公司扣缴的税率 10%，个人扣缴的税率 10%；特许权使用费：公司扣缴的税率 10%，个人扣缴的税率 5%；代理费、咨询费、技术和管理费、专业人员费：公司扣缴的税率 10%，个人扣缴的税率 5%；建筑费：公司扣缴的税率 5%，个人扣缴的税率 5%；供应合同费：公司扣缴的税率 5%，个人扣缴的税率 5%。

5. 资本收益税

资本收益税是尼日利亚联邦政府对企业或个人在处置资产过程中的收益征收的税种，税率为所获收益的 10%。如果纳税人处置资产未获得收益，比如亏损贱卖，则不需缴纳资本收益税。但是，纳税人在某笔资产处置中遭受的损失，不得抵扣其在其他资产处置中获得的收益，仍应就获益的资产处置缴税。处置股票或买卖股份不缴纳资本收益税。根据尼日利亚《资本收益税法》，资本收益税按年度缴纳，即计入纳税人处置资产当年的纳税年度予以缴纳。采取分期付款方式处置资产，且付款期限超过 18 个月的，应将应税收益按每年付款的比例摊入不同年份缴纳。

6. **教育税**

根据尼日利亚1993年第7号法令，在尼日利亚注册的公司应以其应税收益的2%，向联邦税务局缴纳教育税。教育税的计税基础为公司所得税或石油利润税下计算的应税所得额（不考虑资本免税额扣除的调整后所得额）。教育税以年为征收单位，与公司所得税一并缴纳。

7. **房产税**

房产税适用于房屋建筑物，由建筑物使用人缴纳。房产税税率通常根据房产的租赁价格进行核定。例如，拉各斯州的房产税是按房屋租赁价格的10%进行缴纳。

8. **土地占用费**

土地占用费适用于各州的城市土地和区域。各州对该费率的规定不同。

9. **信息技术发展费**

根据尼日利亚《信息技术发展局法》，特定领域的企业年营业额超过1亿奈拉的，应向联邦税务局缴纳信息技术发展费，费率为企业税前收益的1%。具体的纳税企业包括：①GSM服务提供商和所有的电信公司；②信息技术公司和因特网提供商；③银行、保险公司及其他金融机构；④与养老金有关的公司及经理人。

10. **印花税**

尼日利亚对大部分法律文件征收印花税，包括协议、证券、租赁协议和收据等。但是对于股权或股票的交易不征收印花税。政府的印花税应税文件免税。一般情况下，印花税由联邦政府和州政府共同执行，税率因活动类别不同而不同。

11. **石油利润税**

石油行业的企业，不适用一般公司所得税法，需要根据1990年修订的《石油利润税法》（PPTA）缴纳石油利润税。参与石油行业经营的公司所获取利润应根据《石油利润税法》缴纳石油利润税。

与尼日利亚国家石油公司签订产品分成合同的石油公司适用税率为50%。在其他情况下，石油利润税税率为85%。然而，尚未实现商业化生产销售的石油公司，在其生产前成本摊销完毕之前，适用65.75%的税率。另外，石油企业接受其他企业提供服务，需要就对外支付的服务费按6%代扣代缴石油利润税。

点评：

中资公司财务人员应主动了解尼日利亚最新税收政策及变化（建议在各中资企业间畅通信息沟通渠道，在该信息沟通渠道内，各中资企业之间能够充分沟通尼日利亚税务政策变化等），要建立符合尼日利亚要求的外账会计系统。中资公司应在项目启动前期即安排至少一名财务人员进来，全程参与合同过程谈判和起草工作。财务人员要充分了解尼日利亚的税务情况，将税务成本充分考虑到合同中去。对于涉及货物等需要从中国国内进口的部分，还应考虑中国国内的税负，税务人员还应从两国总体税负考虑，找出使税务成本最小化、公司利益最大化的筹划方法。

（三）报税的相关手续

1. 报税时间

公司所得税和教育税的清缴要在每年11月份以前完成，否则要交滞纳金。个人所得税可以按月或按季缴纳。

2. 报税渠道

一般情况下企业可自行缴纳所得税和教育税，但是完税证明要请当地会计师事务所代为办理。

3. **报税手续**

企业缴纳税款时应提交经过当地注册会计师审计的财务报告书，并附一份非正式的纳税计算单，同时递送清税证明申请函，由税务局估税部制作估税单，企业持估税单到指定银行交税后，持获得的银行收据，再回税务局索要纳税的税务收据。财务报告书、税务收据与随后获得的清税证明一起组成公司完税证明文件。

4. **报税资料**

缴纳个人所得税需提交：H2 表格、A 表格、工资单和身份证明。缴纳公司所得税和教育税需企业财务报告和估税单。

（四）关于税收遇到的问题、解决方案、解决途径及注意事项

1. **中资企业只有中文账**

无英文账致使联邦税务局无法理解企业经济业务的实质，从而只能结合银行对账单并根据收付实现制粗略估算收入和成本，无法申请如资本津贴之类的非付现税前扣除项目。无法将预收和收入，预付、应付和成本明确地加以区分。从而导致所得税费用超出实际税负。

解决方案：聘用当地持证会计记录当地账，切忌直接用中文账翻译为英文账，聘请会计师事务所做合规分析和纳税申报。

2. **权益类投资未向尼日利亚中央银行申请资本输入证明**

固定资产投资未向尼日利亚投资与发展部申请固定资产验收证明，无资本输入证明导致外商投资企业的身份无法得到充分的证实，无法享受原始投资免税汇回投资国的税收优惠，无固定资产验收证明导致无法税前扣除资本津贴，进而导致所得税税负不当增加。

解决方案：资本输入证明可以由开户行协助办理，但是需要注意申请办理的时间，一般在外资汇入前，或者设备离港前申请办理。固

定资产达到预定使用状态后，派当地会计师或者聘请中介协助办理。

3. 企业所得税实行客户源泉代扣代缴

时有客户代扣但未代缴的情况出现，进而年度汇算清缴时，因缺少预提税税票而无法抵扣申报年度企业所得税税负。企业亦是供应商预提税的扣缴义务人，时常面临税负转嫁的问题。

解决方案：企业所得税预提制度具有尼日利亚特色，客户履行扣缴义务，本企业（纳税人）履行纳税义务。出现偷税漏税的违反行为时，双方都有法律责任。所以纳税人应当在纳税义务发生时，及时向客户索要税票，若索要税票无果，应及时向税务局书面报告，以获得税务局协助。就供应商的税负转嫁问题，唯有货比三家，寻得最低采购价后，签订正式采购合同，严格界定税负负担的条款。

4. 尼日利亚增值税无防伪税控系统

对于工程建设企业而言，工程进度款单笔金额较大，收款频率较制造企业低，因而容易核算销项税额，但是购进商品时，有些商家未做或不愿意做价税分离，因而导致进项税不足，或者进项税额无法获得税务局认可。

解决方案：明细采购合同中的价格条款，清晰界定含税价与不含税价。同时，设置增值税专员专岗，在日常业务中注意审核发票，对未进行建设分离的业务，根据合同进行价税分离并获得税务局认证。

注意事项：尼日利亚联邦税务局通常会对企业的纳税行为进行不定期税务稽查，一般为企业所得税年度汇算清缴中止日后进行。营业额超过 10 亿奈拉的纳税大户，由纳税大户税务局专管。企业虽然获得会计师事务所出具的标准无保留意见的审计报告，并聘请事务所进行税务申报且获得当年的完税证明，并不意味着该年度企业所得税纳税义务已了结。在纳税申报次年，税务局仍然有可能进行税务稽查。只有获得税务局出具稽查报告的纳税年度，后续税务检查才会不予追查。

六、尼日利亚关于环境保护的法律规定

（一）环保管理部门

尼日利亚联邦政府负责环境保护的主要部门是尼日利亚联邦环境部，下设土壤保持、污染控制、森林保护、气候变化和环境影响评估等职能司局，以及国家保护区管理局、尼日利亚森林研究所和国家石油泄漏勘查和处理局等半官方机构（见图4-3）。该部负责管理和执行尼日利亚环境保护的法律法规，统筹、协调、指导尼日利亚联邦政府各有关部门和各州政府环保部门的环保工作。该部的联系电话：00234-9-6712537，00234-9-621603。该部的网址：www. climatechange. gov. ng。

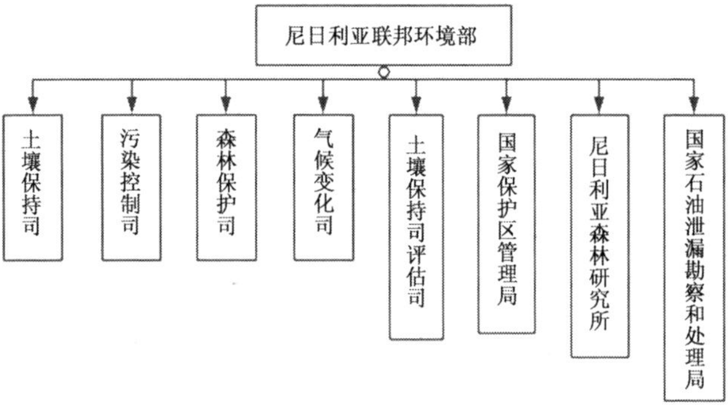

图4-3　尼日利亚联邦环境部组织结构图

除尼日利亚环境部外，联邦政府的其他有关部门也参与各自领域的环保工作，比如尼日利亚能源部下属的石油资源局负责颁布并实施石油领域环保的技术标准。

尼日利亚环保非政府组织较多，大小十多个，然而尼环保非政府组织的活动不多，在尼环保工作中的作用并不很重要。

（二）主要环保法律法规名称

为了保护环境，尼日利亚联邦政府制定了一系列的法律和法规，主要包括：

（1）1999 年《尼日利亚联邦共和国宪法》；

（2）1988 年《联邦环境保护署法案》（简称《FEPA 法案》）；

（3）1992 年《环境影响评估法案》（简称《EIA 法案》）；

（4）1998 年《有害废物法案》；

（5）尼日利亚石油资源局 2002 年颁布的《尼日利亚石油工业环境指南和标准》。

此外，尼日利亚各州也有权制定本州的环保法规，比如巴耶尔萨州的《环境保护法》和三角洲的《环境保护规范与标准》等。尼日利亚政府尚未在其网站上公布上述法律的查询网址。

（三）环保法律法规的基本要点

（1）土壤保持：保护尼日利亚的土地，尽可能减少土壤流失，鼓励土壤保持，以实现土地的可持续利用，对土壤流失区域要进行恢复。

（2）森林保护：对现存和新的森林保护区要加强保护；对森林资源进行可持续管理，以确保尼日利亚森林资源为当代和后代尼日利亚人持续提供产品和服务，确保尼日利亚环境的稳定；保护河流和水体周围的防护林，对河流和水体周围退化的防护林要进行恢复；加强城市森林带建设，为城市增加绿化、休闲、社会和经济价值。

（3）大气保护：保护并提高尼日利亚的空气质量，以改善公众健康和福利，提高尼日利亚人口、动物和植物的发展和繁殖能力。

（4）水体保护：保护尼日利亚的水体；消除和控制水体污染；设定水体质量标准，以保护公共健康和福利，提高水质；工业废水要进行处理，达标后方可排放。

（5）污染事故处理和赔偿标准：废物来源单位负责废物的收集、处理、运输和最终处置，并负担有关费用；企业或其他机构应对废物的清除、环境的清洁和恢复负责，如有必要，应向受影响的各方支付赔偿金。

除尼日利亚法律允许外，严禁向尼日利亚的天空、土地、水体或海岸排放有害物质。违反上述法律的个人将被处以不超过10万奈拉的罚金或不超过10年的监禁，或者两者并罚。违反上述法律的公司，将被处以不超过50万奈拉的罚金（如果非法行为继续进行，另外处以每天1000奈拉的罚金）；公司有关负责人如不能证明自己不知情或采取了一切必要的防范措施，也将受到相应处罚。此外，违法的个人或公司还要承担清除有害物质、清洁和恢复环境的费用，并向有关各方进行赔偿。

购买、销售、进口、运输、储藏有害废物者将处以终身监禁。

由于自然灾害、战争或蓄意破坏而违反有关法律造成污染的，有关人员和公司将不承担法律责任。

中国和尼日利亚是世界《濒危野生动植物种国际贸易公约》缔约国，保护和拯救濒危野生动植物是两国人民的共同责任。

尼日利亚野生动植物资源充沛，然而，非法捕猎、非法交易导致了一定数量物种濒临灭绝，稀有动植物数量锐减。在尼中资机构遵守中尼两国法律，树立“与野生动植物和谐相处”的理念，从我做起，从现在做起，以实际行动珍爱野生动植物，保护我们赖以生存的热土。为此，应该做到：

（1）不猎捕、买卖、食用鳄鱼、穿山甲及相关蛙类、爬行类、鸟类等濒危野生动物。

（2）不收购、储藏、运输、走私象牙、穿山甲鳞片、犀牛角等濒危野生动植物制品。

（3）不购买、携带、佩戴象牙饰品、鳄鱼皮制品等。

（4）对当地濒危动植物交易不参与、不围观。

（5）积极参加当地保护野生动植物相关宣传和活动，树立中国公民良好形象。

（四）环保评估的相关规定

尼日利亚环境评估相关法律主要有《环境影响评估法令》。该法要求相关项目建设必须进行环评，涵盖农业开发、机场建设、排灌系统、围填海工程、渔港建设、林地使用、住房建设、工业建设、基础设施建设、港口建设、矿产开发、油气开采、发电输电、采石作业、铁路建设、交通设施、旅游设施、废物处理、供水项目等领域。

尼日利亚环境部环评司主管项目环境评估事宜（网址：www. climatechange. gov. ng；联系方式：info@ climatechange. gov. ng）。

环评工作一般主要包括以下阶段：一是确定是否适用环评法律；二是检查项目的潜在环境影响；三是调查确定环境影响的时空范围；四是开展详细的基准线研究，以确定项目实施前的环境条件；五是准备一份详细的环评报告；六是如果必要，对环评报告进行专门小组审查；七是批准签发环境影响报告书（EIS）等证明文件。费用和所需时间根据实际情况确定。

（五）案例分析

壳牌于 1937 年进入尼日利亚并开始油气勘探作业；到 2010 年，

壳牌在尼日利亚的作业区块数量和石油产量几乎都占该国的50%。

原油泄漏会导致土地、空气和水资源污染，造成农业和渔业减产乃至绝收，严重破坏社区百姓赖以为生的生态系统，危及百姓的生活、健康甚至生命。由于盗油分子蓄意破坏输油管道、作业者在生产过程中操作不当以及管道老化失修，尼日尔三角洲地区原油泄漏事故频发，由此引起的环境污染是毁灭性的，近年来引起了包括联合国环境署、“地球之友”环保组织和国际人权组织在内的国际社会的广泛关注。在尼石油公司与社区、环境人权组织围绕漏油事件的责任划分、漏油量的多少以及赔偿问题的法律纠纷愈演愈烈。

近几年来，尼日利亚全国每年发生数以千计的漏油事件，尼日尔三角洲产油区累计漏油达数百万桶，对自然环境和生态系统造成严重的污染和灾难，有些农田的庄稼颗粒无收，有些鱼塘和河流不再能养殖鱼虾，甚至造成大片大片的红树林枯萎。

2010—2011年，联合国环境署工作组在尼日尔三角洲河流州奥戈尼社区开展了长达14个月的实地环境调查与评估工作，对200多个地点进行了取样检测，共检测了4000多份样品；对5000多项医疗病例进行复核；超过2.3万当地社区居民参加了调查。

2011年8月4日，联合国环境署向尼日利亚总统乔纳森递交了《奥戈尼环境评估报告》。报告指出，尼日尔三角洲地区50多年来石油作业所带来的污染，其程度之深、范围之广超出了人们的想象。

石油开发给北方民族带来滚滚财源，但产油区百姓却很少获得就业机会，甚至因环境污染放弃了农业和渔业。

当地的伊博族和伊教族人愤愤不平，依靠截留输油管道的原油度日，时常对外国石油公司人员和油田设施发动暴力袭击，导致输油管道破裂、漏油甚至爆炸事件频发。壳牌不得不经常停止受影响油田的原油生产，平均每天损失原油约15万桶。估计尼全国每天的原油产量损失在30万桶以上，约占总产量的14%。壳牌还要时常应对当地社区状告其原油泄漏对自然环境造成破坏的诉讼。尼当地法院一般多是判罚壳牌，使壳牌疲于应付似乎永无休止的环保事件官司。

[**案例**4–2]

依甲玛–依布布漏油诉讼案

1970年，壳牌位于河流州依甲玛–依布布社区的输油道发生泄漏，导致255公顷沼泽地被污染。2010年7月，尼日利亚联邦高院做出裁决，判处壳牌石油开发公司154亿奈拉（约合1亿美元）的赔偿金。

[**案例**4–3]

依库特·阿达·伍度漏油诉讼案

2008年，壳牌位于阿可瓦·依博姆州依库特·阿达·伍度社区的一口停产油井井口设备发生原油泄漏。

2011年，尼日利亚4位农民与“地球之友”环保组织一起，将壳牌告到其总部所在地荷兰海牙法庭，控告壳牌漏油污染了土地和水体，使居民失去了收入，请求巨额赔偿。

2013年1月30日，海牙法庭开庭审理时表示，壳牌石油公司应对其尼日利亚子公司的石油管道漏油造成的环境污染赔偿部分损失。这是荷兰跨国公司有史以来第一次因国外子公司业务而在本土成被告，这对跨国公司全球运营管理具有典型的判例意义。

法院当天在庭审中宣布，针对4位尼日利亚农民和“地球之友”环保组织提起的诉讼，法庭分别立案5起。经过法庭审理，壳牌石油公司应对其中一起案件所涉及的环境污染及其造成的损失进行赔偿，赔偿数额将另行裁决。法庭同时宣判，其余4起案件，因壳牌已经遵守当地法律，并对第三方蓄意破坏造成的漏油事件采取了足够的预防措施，因此无须赔偿。

［案例 4–4］

博多漏油诉讼案

2008—2009 年，壳牌位于河流州奥戈尼镇博多社区的管道先后两次因爆裂向外喷射原油，约 50 万桶原油流向居住着 1.5 万人的社区。据联合国环境署估计，后期治污项目需耗时 30 年，花费数十亿美元。

壳牌在承认对此次漏油事件负责的同时，谴责盗油、非法炼制和破坏油田设施的行为。经过长达 3 年的谈判，壳牌提议给博多社区 3000 万英镑作为补偿，以了结与社区的纠纷，但这一提议遭到了社区的拒绝。

该社区于 2011 年到英国伦敦高等法院起诉壳牌，索赔 3 亿英镑。伦敦高院于 2014 年 6 月 20 日开庭辩论，认定壳牌未有效地履行保护油田设施和预防漏油的责任，保护措施包括安装监测装置、原油泄漏监测系统和防止非法改造管道设备等。遗憾的是，尽管这些监测装置在发达国家的油田是强制性的，但壳牌至今却尚未在其尼日利亚的油田中安装任何监测设备。

［案例 4–5］

邦加深海油田漏油诉讼案

2011 年 12 月 20 日，壳牌位于几内亚湾深海日产 20 万桶油和 41 万立方米天然气的邦加油田在一次常规油轮装载操作中发生漏油事件，导致约 4 万桶原油流入距三角洲海岸约 120 千米的海洋中，造成长约 185 千米、面积约 950 平方千米的海域受到污染。壳牌为此被迫暂停了该油田的油气生产。事件造成三角洲海岸和海面漂浮着厚厚的一层黑色油膜，严重影响渔民的生产，尼日利亚石油泄漏检测与响应管理局及时地下达了在该区休渔的指令。这一漏油事件可谓是尼日利亚近十几年来发生的最为严重石油泄漏事故之一。

2012年7月18日，壳牌尼日利亚勘探生产公司为了平息社会和媒体的指责，在新闻发布会上表示，壳牌一直在包括尼日利亚石油泄漏检测与响应局等政府部门的支持和监督下，专业地和尽心尽力地清理油污。

2012年7月23日，尼日利亚石油泄漏检测与响应局和尼日利亚海洋与安全管理局分别向尼国会提交了有关邦加漏油环保事件报告，前者就海洋及其生物污染请求国会给予壳牌50亿美元的罚款，后者要求65亿美元的罚款，用于对沿岸100个社区的赔偿，两者要求罚款共计115亿美元，每桶漏油合28.75万美元。

壳牌环境事件案例带给我们的启示

漏油及其环境污染事件的发生，确实既有作业者壳牌对其生产设备监管不到位、维修不及时的责任，也有因资源国政府不重视油田社区的经济发展，造成当地居民贫穷、就业率低、社会治安混乱、不法分子肆意破坏石油设施的原因。但无论何种原因，漏油事件一旦发生，就不可避免地导致不同程度的环境污染，进而激化作业者与政府和社区之间的矛盾，作业者就会官司缠身。壳牌为此不得不调整其在尼日利亚的战略布局，已经开始逐步地从尼日利亚陆上撤出，可谓代价巨大。

近几年来，不少中国石油企业也因环境事件而陷入资源国政府或社区高达几亿甚至数十亿美元罚款的环境保护法律纠纷中，不仅影响了公司声誉，还造成巨大经济损失。因此，给出以下建议供参考：

（1）油田作业者本身首先要遵照行业、资源国和国际环保标准，加强对生产设施的监管，对老化的设施要及时维护和维修，防止因设备腐蚀老化导致漏油事件发生。

（2）采取发达国家的先进做法，对井口设施和输油管道安装防盗监测装置和系统，其成本并不比环境事件发生后的司法赔偿金额高。

（3）雇佣一定数量的所在社区的居民保护油田设施。这样不仅为社区提供了就业机会，密切了与社区的关系，而且还为油田设施提供了监管和保护。

（4）油田作业者应改变经营方式，多承担社区责任，增加当地就业，培训当地人员，通过履行社会责任和强化公共关系，密切与当地政府和社区的关系，使社区居民自觉地保护油田设施，并使资源国政府对公司的经营方式予以认可。

（5）资源国政府也应重视增加产油区的发展投入，不断地提高居民的生活和教育水平，提高就业率，使油田社区走向可持续发展的良性轨道，避免盗油或破坏油田设施的事件发生，为石油投资者创造良好的投资环境。

七、尼日利亚反对商业贿赂的法律规定

（一）尼日利亚关于反对商业贿赂的法律名称

尼日利亚反对商业贿赂相关法律主要有：《腐败犯罪及其他相关犯罪法》、《（禁止）洗钱法》、《预付款欺诈及其他相关犯罪行为法》、《信息自由法》、《经济和金融犯罪委员会法》和《公共采购法》等。

（二）反对商业贿赂或官员腐败行为的法规要点

根据《腐败犯罪及其他相关犯罪法》，尼日利亚政府设立反腐败和相关犯罪独立调查委员会（ICPC），负责预防和打击贿赂、贪污等腐败行为及其他相关犯罪行为；根据《经济和金融犯罪委员会法》，设立经济和金融犯罪委员会（EFCC），负责调查和打击洗钱、非法费用转移、合同欺诈等各类经济和金融犯罪活动。

《腐败犯罪及其他相关犯罪法》第 18 条、第 19 条、第 22 条分别对公职人员贿赂行为、与拍卖有关的贿赂行为、在合同方面提供协助的贿赂行为等进行了界定，并就不同犯罪行为规定了对行贿人及受贿人的处罚措施，包括 3 ~ 7 年监禁、重体力劳动、5 万 ~ 100 万奈拉的罚金等。

根据尼日利亚《选举法（2010 年）》规定，只有 18 岁以上的尼日利亚公民有权参加当地政治竞选。任何个人或机构对候选人的赞助不得超过 1000 万奈拉，对政党的赞助无金额限制，需实名捐赠，且超过 100 万奈拉时需建立相应的捐赠档案。

（三）案例分析

[案例 4-6]

尼日利亚 EFCC 的索科托区办事处于 2020 年 5 月 11 日逮捕了两名涉嫌向 EFCC 索科托区区长 Abdullahi Lawal 行贿的嫌疑犯孟某和徐某，其行贿金额约 5000 万奈拉。经追查得知，孟某和徐某均来自中昊尼日利亚有限公司，而此次行贿是为了阻扰 EFCC 对这家公司的正常调查。

进一步调查后得知：该公司曾获得由赞法拉州政府授予的有效期为 2012—2019 年金额 500 亿奈拉的合同。这笔合同涉及赞法拉州在古米、布库云、安卡和纳萨拉瓦镇的乡镇公路建设，以及在该州 14 个地方政府地区建造 168 个太阳能水井工程。中昊有限公司在收到赞法拉州政府的 410 亿奈拉的付款后，其中约 160 亿奈拉的资金（相当于超过 5300 万美元）被挪用，经调查已发现一些中间操作人员。

中昊尼日利亚有限公司计划通过给 Abdullahi Lawal 送 1 亿奈拉的方式来平息此事。2020 年 5 月 11 日，该公司的代表孟某和徐某在索科托机场路旁的 EFCC 办公室里向 Laval 提供了作为分期付款的第一笔资金——5000 万奈拉的现金。为了诱捕行贿者，Lawal 假装配合，使卒不及防的孟某和徐某被当场人赃并获，嫌疑犯将很快被送上法庭。

［**案例** 4-7］

EFCC 最终从 NDDC 的承包商处没收 8.276 亿奈拉。

经济和金融犯罪委员会（EFCC）最终从 Flank Power Resources Limited 和 GMFD Ventures Limited 这两家公司没收了 827679098.32 奈拉。这两家公司都是尼日利亚三角洲发展委员会（NDDC）的承包商。

拉各斯伊科伊联邦高等法院法官 Chukwujekwu Aneke 宣布没收这些资金，尼日利亚三角洲发展委员会（NDDC）恳请法院把没收的这笔款项交给尼日利亚联邦政府，被没收的这笔款属于非法所得。

经调查得知，2018—2019 年间，Flank Power Resources Limited 和 GMFD Ventures Limited 这两家公司分别通过 Zenith 银行注册的 1015642852 和 1014657819 账号从 NDDC 收到合同款。累计金额达到 827679098.32 奈拉。但是合同从未被执行。

［案例 4–8］

2018 年 3 月 5 日，德国《商报》报道，西方两大石油巨头荷兰壳牌石油公司和意大利国有企业埃尼集团被控在购买尼日利亚油田时向当地政府行贿。

包括埃尼集团现任及前任首席执行官、壳牌公司全球勘探和生产主管以及尼日利亚前石油部长丹·埃泰特等在内的 15 名被告将面临贪污和行贿等指控。2011 年，壳牌公司和埃尼集团与尼日利亚政府达成协议，以 13 亿美元购得一个大型油田的开采权。据媒体报道，两家公司支付的 13 亿美元大部分被转入一家由埃泰特控制的公司。意大利检方还表示，这些石油公司高管知道埃泰特会把钱用来贿赂尼日利亚官员。同时，尼日利亚前总统古德勒克·乔纳森也涉嫌参与其中，成为该案中级别最高的尼日利亚受贿官员。不过乔纳森否认参与此事。

专门调查资源行业不当行为的非政府组织“全球见证”称，埃尼和壳牌公司行贿金额如此之大，使此案可能成为石油业史上最大行贿案之一。该组织工作人员对“德国之声”表示，壳牌及其合作伙伴埃尼集团明知他们支付的钱进入官员的口袋却不作为。这不仅违反法律，也欺骗了尼日利亚人民。埃尼和壳牌目前均否认存在贿赂行为，称只是向尼日利亚政府支付款项，并不知道这些钱会被用于贿赂。有报道称，石油巨头最高管理层因腐败被问责十分罕见。据称，共 6 国参与对壳牌和埃尼集团的调查。瑞士和英国已经冻结相关人员的 1 亿多美元资金。

点评：

尼日利亚公职人员“索贿”现象严重。而耳濡目染下，部分的尼日利亚企业和招募的当地员工在办事的时候，也会有巧立名目收“小费”的行为。因此，在尼投建工程时候，在建设管理费中可能需要考虑相关因素，并提前对此类的支出在财务制度上作出相应的规定。

腐败是尼日利亚首当其冲的“顽疾”。该国总统布哈里曾感叹道：“腐败在尼日利亚已经成为一种‘生活方式’”，“腐败正在摧毁我们国家的法律和制度”。

在军政府执政期间，腐败现象最为突出，这与尼日利亚军人执政的特殊社会政治背景密切相关。这一时期，尼日利亚抗制腐败的法律制度主要是特别刑法和单行立法，并且创建了相关反腐败专门机构，如公共投诉局、腐败调查局（贪污调查局）、政府行为守则局和公众投诉委员会等，这些机构实际上所起的反腐作用不大。

1999 年，尼日利亚军政府向民选政府交权。因尼日利亚长时期、大面积、深层次的腐败现象，已严重侵蚀了该国体制结构的经济、社会、政治和道德基础，反腐败成为势在必行的政策。民选政府严厉反腐，如通过了《腐败犯罪及其他相关犯罪法》、《打击经济和金融犯罪委员会法》和《洗钱犯罪法》等重要反腐立法，并且设立了旨在保障有关法案执行的反腐专门机构。

尼日利亚现任总统布哈里上任伊始，也高举反腐大旗，在国内掀起了一股肃贪旋风，不仅推动议会通过新的反腐法案，而且自己还带头向政府行为规范局申报个人财产，与副总统一道主动减少薪酬，强力打“老虎”。不过，也毋庸讳言，尼日利亚的腐败问题与艾滋病一样，都是难啃的硬骨头，要彻底根治实非易事，反腐败仍将是尼日利亚政府长期的艰巨任务。据相关媒体报道：尼日利亚 Apapa 港异常拥堵，港口工作人员趁机每个集装箱索贿25000奈拉。又如，拉各斯穆尔塔拉·穆罕默德机场的反腐热线电话几乎形同虚设，机场工作人员频繁索贿的情况依然存在。

八、尼日利亚对保护知识产权的规定

（一）当地有关知识产权保护的法律法规

尼日利亚的知识产权保护法律包括《商标法》《专利和设计法》《版权法》《国家工业技术产权办公室法》。尼日利亚工业、贸易和投资部负责专利、商标等事务的管理，尼日利亚科技部下属的国家工业技术转让促进办公室负责工业技术事务的管理，尼日利亚司法部下属的版权委员会负责版权相关事务的管理。

《商标法》用于规范商标的注册，规定商标所有权人对产品已注册商标的独占权。申请注册的整个过程需要12～24个月。商标注册后保护期为7年，可以不断延期，每延期一次有效期延长14年。在尼日利亚的商标注册实行优先申请原则。《商标法》查询网址：www. nigerialaw. org/Trade-Marks-Act. htm。

《专利和设计法》用于规范专利和设计的登记注册，规定一旦授予专利，专利所有权人享有制造、进口、销售和使用专利产品的独占权。专利保护期20年。工业设计保护期5年，可延期2次，每次5年。《专利和设计法》查询网址：www. nigerialaw. org/Patents-and-Designs-Act. htm。

《版权法》规定，未经版权所有者允许，一切仿造、进出口、再生产、展览、表演或销售版权所有人的著作行为都属非法。文字、音乐、艺术作品的著作权保护期为作者死亡或第一次出版次年起70年，电影和照片、录音、广播的版权保护期为第一次发行、录制、播放次年起50年。《版权法》查询网址：www. nigerialaw. org/CopyrightAct. htm。

《国家工业技术产权办公室法》规定成立国家工业技术转让促进办公室，负责对外国技术的购买实施监管，并对外国技术转让的商业合同和协议进行注册登记，为国内外技术转让、开发、推广提供便利，促进和鼓励本国的技术创新和发明。

（二）知识产权侵权的相关处罚规定

有关法律规定侵犯知识产权的行为受法律制裁，视情节侵权人可被判处罚款直至最多7年监禁。

点评：

尼日利亚知识产权保护不够健全，假冒伪造商充斥市场。因此，在开拓尼日利亚市场时，应选取与信誉资质较好、实力较强的尼商合作，从战略上重视自我品牌保护。同时应注意企业内部知识产权的合规，防止被索赔。

九、尼日利亚对外国公司承包当地工程的规定

（一）许可制度

外国承包商在尼日利亚当地承包工程需遵循1990年《劳工法》等法律法规。尼日利亚要求外国承包商在当地注册公司，在项目所在州政府或联邦政府部门进行承包商注册，并要求每年更新。外国自然人需以公司名义承揽工程承包项目。尼日利亚对工程建设无具体规定，但项目执行多采用英国标准或世界银行标准。

点评：

尼日利亚对工程承包商没有专门的法律限制，但一般要求承包商必须在当地注册公司。承包商在承揽项目前，需要到项目所在地州政府或联邦政府主管部门进行承包商注册，才能获得提交资格预审的资格。

（二）禁止领域

尼日利亚对外国承包商的施工领域没有限制，绝大多数工程均可由外国承包商建设。

（三）招标方式

绝大多数项目实行公开招标，少数项目业主会采取邀标方式。

点评：

1. 在尼日利亚获取工程项目的信息渠道主要有：

（1）尼日利亚国内主要报纸和专业招标报纸发布的招标信息；

（2）政府部门的招标公告；

（3）当地有影响力的人物有时也会主动介绍项目；

（4）工程类公司行业内传播发布的分包类信息。

2. 招标投标

尼日利亚各级政府项目及国际组织贷款或援助项目，均采用公开招标方式。采用行业 FIDIC 规范，设有专门的投标管理委员会，严格遵守法律程序。对私营业主项目，可采用邀标或议标方式进行。投标时，一般需提交公司注册证明、招标部门的承包商注册证明、公司简介、完税证明（前 3 年）、财务报表和相关项目的施工经验。

（四）政府采购

尼日利亚联邦政府采购的程序主要由2007年《公共采购法案》规定，按该法案，成立了国家公共采购委员会和公共采购局作为政府采购的监管部门。同时，还有2007年《货物和工程公共采购条例》、2007年《咨询服务公共采购条例》等专门配套规定。此外，每个州一般还有自己的公共采购规定，规范州内的公共采购。总的来说，尼日利亚政府采购程序一般包括：邀标、缴纳投标保证金、投标、开标、评标、授标、履约担保等环节，同时，也可能根据实际情况采取有限招标、两阶段招标、直接采购、紧急采购等特殊程序。

点评：

政府采购的资金来源

政府自有资金皆来自于政府财税收入，是尼日利亚政府投资项目的最主要资金来源。此类资金来源的项目覆盖水利、公路、住房、电力等领域，而且数量众多。但是特别需要注意是近年来尼政府入不敷出，常有拖欠工程款的现象，高度注意政府拖欠工程款的风险。

债券和贷款。尼日利亚外债中，来自中国进出口银行的贷款占4.8%左右，主要用于投放于轨道交通和航空领域。欧洲、世界银行的贷款主要用于水利、公路、电力和供水能领域；PPP融资（起步阶段）。

十、尼日利亚对中国企业投资合作的保护政策

（一）双边投资保护协定

2001年8月，中尼在北京签署《中华人民共和国政府和尼日利亚

联邦共和国政府相互促进和保护投资协定》，于2010年2月18日正式生效。

（二）中国与尼日利亚签署避免双重征税协定

2002年4月，中尼于阿布贾签署《中华人民共和国政府和尼日利亚联邦共和国政府避免双重征税协定》，于2009年3月正式生效。

（三）其他协定及发布的声明

中尼双边签署的其他协定见表4-4。

表4-4　中尼双边签署的其他协定

序号	签订时间	双边协议名称	签订地点
1	1972年12月	《经济技术合作协定》	拉各斯
2	1972年12月	第一个《贸易协定》	拉各斯
3	1981年3月	《经济和科学技术合作协定》	拉各斯
4	1981年11月	第二个《贸易协定》	拉各斯
5	1996年4月	《贸易、经济、技术合作协定》	北京
6	1997年5月	《相互保护和鼓励投资协定》	拉各斯
7	2000年2月	《关于建立中国投资开发贸易促进中心和尼日利亚贸易办事处的议定书》	北京
8	2001年8月	《石油工业合作框架协议》	北京
9	2001年8月	《政府贸易协定》	北京
10	2001年8月	《中华人民共和国政府和尼日利亚联邦共和国政府相互促进和保护投资协定》	北京
11	2002年4月	《经济技术合作协定》	阿布贾

续 表

序号	签订时间	双边协议名称	签订地点
12	2002 年 4 月	《中华人民共和国政府和尼日利亚联邦共和国政府避免双重征税协定》	阿布贾
13	2002 年 12 月	《经济技术合作协定》	阿布贾
14	2003 年 9 月	《经济技术合作协定》	阿布贾
15	2004 年 5 月	《经济技术合作协定》	阿布贾
16	2004 年 5 月	《中华人民共和国商务部投资促进事务局与尼日利亚投资促进委员会双向投资促进合作谅解备忘录》	阿布贾
17	2004 年 11 月	《经济技术合作协定》	阿布贾
18	2005 年 4 月	《经济技术合作协定》	北京
19	2006 年 1 月	《经济技术合作协定》	阿布贾
20	2006 年 4 月	《经济技术合作协定》	阿布贾
21	2008 年 2 月	《经济技术合作协定》	阿布贾
22	2008 年 2 月	《经济技术合作协定》	北京
23	2010 年 1 月	《经济技术合作协定》	阿布贾
24	2011 年 12 月	《经济技术合作协定》	阿布贾
25	2012 年 12 月	《经济技术合作协定》	阿布贾
26	2013 年 7 月	《经济技术合作协定》	阿布贾
27	2014 年 5 月	《经济技术合作协定》	阿布贾
28	2016 年 4 月	《经济技术合作协定》	北京
29	2016 年 4 月	《产能合作框架协议》	北京
30	2016 年 4 月	《航空合作谅解备忘录》	北京
31	2016 年 4 月	《科技合作谅解备忘录》	北京
32	2018 年 4 月	《中尼（日利亚）双边本币互换协议》	北京

十一、在尼日利亚解决纠纷的主要途径及适用法律

由于法律体系和语言的差异，中国企业应该聘请当地律师处理企业的法律事务，一旦涉及经济纠纷，可以借助律师的力量寻求法律途径解决，保护自身利益。

尼日利亚涉及投资管理的主要法律见表4-5。

表4-5　尼日利亚涉及投资管理的主要法律

序号	修订时间	法律名称
1	1998年	《尼日利亚投资促进委员会法令》
2	1990年	《公司及相关事务法（公司法）》
3	1990年	《劳工法》
4	1995年	《外汇控制与杂项规定法令》
5	1999年	《投资证券法令》

查询网址：www. nigeria-law. org。

在尼日利亚解决商务纠纷主要通过法律诉讼程序，适用尼日利亚本国法律（英美法律体系），并可要求国际仲裁或异地仲裁。例如，尼日利亚油气领域投资纠纷可通过伦敦国际仲裁法庭提起诉讼。此外，作为WTO成员国，其完全遵守WTO争端解决机制项下的各项程序。

尼日利亚是《解决投资争端国际公约》（华盛顿公约）、《联合国关于承认并执行外国仲裁裁决的公约》（纽约公约）和世界银行多边投资保障机构（MIGA）的签字国，为外国投资者提供了战争、冲突、自然灾害和国家征收等情况下的风险保障，并在一定程度上保障了投资纠纷的顺利解决。

点评：

境外工程建设项目争议解决的核心问题是解决争议所适用的准据法和解决方式的选择，同时还涉及所在国针对外商投资及其所签署的协议在准据法、管辖权、主权豁免、对外国法院判决和国际仲裁机构裁决的承认与执行等多方面的法律制度的问题。

1. 针对尼日利亚准据法的问题

尼日利亚的法院规则没有有关如何确定准据法的规定，不过从法律实践上看常可以得出这样的结论：尼日利亚法院适用的是从英国法院发展而来的普通法的国际私法原则。

不过，在解决产生于国际商业交易的、具有明显的涉外因素的案件时，尼日利亚法院却经常自动适用尼日利亚法，而很少对准据法进行分析。有很多具有涉外因素的案件未经过足够的准据法分析便依据尼日利亚法作出判决的例子。

在没有提出准据法问题的情况下，对一个具有涉外因素的案件不作准据法分析而作出的判决并不必然无效。为了避免出现准据法争议，涉外商事交易中的当事人可以在其合同中明示约定用以解释并支配合同的准据法，在不存在恶意的情况下，这种法律选择条款会得到法院的尊重与支持。尼日利亚一位法官称：“如果当事人明示地约定了合同应受某一特定法律的支配，只要该选择是出于善意的并且不违反尼日利亚的公共政策，即使选择的法律与合同没有明显的联系，那么被选择的法就是合同的准据法。”

2. 针对解决方式的选择

先协商后调解，DAB 方式是尼日利亚比较认可的方式。

Chapter 5
第五章

工程项目投建营全生命周期中的合规要求

作为企业风险管理重要组成部分的项目合规管理，首先要识别合规义务，即合哪些规。企业应以适合其规模、复杂性、结构和运行的方式记录其合规义务。合规义务的来源包括合规要求和合规承诺。

（1）合规要求：企业必须遵守的外部各项法律法规、监管规定。

①境内经营：境内工程建设相关的法律、法规、部门规章。

②境外经营：强调所在国的法律法规、国际条约、规则等。强调对外承包工程相关的投标管理、合同管理、项目履约、劳工权利保护、环境保护、连带风险管理、债务管理、捐赠与赞助、反腐败、反贿赂等方面的要求。

（2）合规承诺：企业自愿遵守的指引、合约、协议、内部章程、规定等。

按内容划分，合规义务又可以分为以下四类：

①法律、法规、规章、政策；

②行业协会等自律性组织的规范、标准、惯例等；

③公司章程及企业内部规章制度；

④诚实守信的职业道德。

我们按工程项目投建营全生命周期，梳理了生命周期各个阶段的合规要求。

一、第一阶段：项目前期论证

（一）相关法案、政策和规则

项目前期论证阶段，需要研习和了解相关法案，熟悉规则，降低后续工作开展的政策风险。

国际法：从国际法层面看，尼日利亚法律承认所有关于保护外国投资权利的条约、公约、贸易协定，并尊重所有签署和通过的国际贸易规则。尼日利亚是大多数外国投资国际公约的签署国。

国内法：从尼日利亚国内法层面看，在尼日利亚的投资主要由联邦法规管理，其中最重要的是：尼日利亚投资促进委员会1995年第16号法令；《移民法》（第171章）；1995年第17号外汇法令；《公司及相关事宜法》（第59章）；《公司所得税法案》（第60章）。

另外，尼日利亚法律规定外国参与投资的企业必须在公司事务委员会CAC和尼日利亚投资促进委员会（NIPC）注册后才能在尼日利亚开展业务。此外，还需要关注2004年《工业发展（所得税减免）法案》《联合国国际贸易法委员会全员仲裁规则》《仲裁与调解法》等。

点评：

尼日利亚联邦政府投资的项目主要由各联邦部委主导相应分管领域的项目的推动和管理。尼日利亚联邦电力、工程和住房郡（Federal Ministry ofPower，Works&Housing，简称联邦工程部）和联邦交通部是联邦政府建筑工程项目最为主要的两个管理机构。其中：联邦工程部主管电力、联邦公路和住房领域；联邦交通部主管航空、铁路交通、水运和港口码头领域。

州政府投资的项目主要由州政府下辖的各局（如工程局、住建局等）按主管领域分别负责管理。

因此，在工程项目实施过程中，特别需要关注这些“业主”部门发布的政策和政令。

（二）前期论证各子阶段

1. 初步可行性研究

建设项目初步可行性研究，项目意向经过投资机构研究认为具有投资的可能性后，进一步对拟建项目建议进行粗略的技术经济分析。

[案例 5-1]

中国建材集团有限公司旗下的中材建设有限公司和中材节能（武汉）有限公司共同合作，各持股50%，拟在尼日利亚首都阿布贾的库杰镇（Kuje），建造年产500万平方米的硅酸钙板厂。2017年9月中材节能（武汉）有限公司委托武汉建筑材料工业设计研究院有限公司派专人到尼日利亚对项目投资的可行性进了初步的调研，并做了粗略的技术经济分析。

点评：

不同国家技术标准和规范与国际标准之间存在差异，这些差异很有可能对项目技术方案可靠性、可行性带来风险。比如有些工程建设采用中国标准GB，有些设计要求采用美国机械工程师协会（ASME）标准，有些可能倾向于GOST标准等。目前中国已经发布《标准联通“一带一路”行动计划（2015—2017）》，以期统一在“一带一路”倡议下的项目技术标准与规范。

尼日利亚相关的标准可以查阅尼日利亚国家标准局（SON）的网站获取。

2. 可行性研究

可行性研究包括需求预测和拟建规模；资源、原材料、燃料及公共设施情况；建厂条件和厂址方案；设计方案；环境保护；企业组织；投资估算和资金筹措；实施进度的建议；社会及经济效益评价；建设项目设计任务书。

在尼日利亚进行投资建厂首先需要购买土地，其次需要通过环境评估及规划局的规划。中国标准设计的图纸需要经过当地设计公司转化成尼日利亚的标准才能通过规划局的规划。

[**案例** 5-2]

中材建设有限公司和中材节能（武汉）有限公司拟共同合作投资在尼日利亚阿布贾建设500万平方米/年的硅酸钙板厂。经过多方的共同努力，可行性研究报告于2017年11月完成。

点评：

尼日利亚当地的设计公司整体效率和技术能力水平偏低，需要慎重选择。相关设计公司的信息，最好有在尼经营丰富的中企进行信息资源共享。

3. **项目评估及决策**

在尼日利亚投资符合国家“走出去”战略，充分利用当地原材料、人力资源优势，把中国先进的技术设备出口到海外。在尼日利亚投资有理想的经济效益，同时也存在汇率变化、政治稳定等风险。这些都需要及时、客观、正确地识别与评价，并采取积极应对措施，有效规避。

[**案例** 5-3]

中材建设有限公司和中材节能（武汉）有限公司拟共同合作投资在尼日利亚阿布贾建设500万平方米/年的硅酸钙板厂。2018年1月18日项目通过了中国建材集团有限公司的立项批复。可行性研究报告于2019年11月12日通过了中国建材集团有限公司的批复。

该项目地理位置优越，位于首都阿布贾ABUJA，离机场10千米范围内。尼日利亚工业总体欠发达，总体供需不平衡，新型材料具有良好的市场空间和前景，有利于抢占市场。建设制造工厂所需的供电、供水有保证，建设场地满足工厂建设要求。生产所需的原材料均从尼日利亚国内采购，供应和质量有保证。公司在尼日利亚有多个总承包项目，自身需求量大；与业主关系密切，为项目的推进、产品的销售提供了一定的有利条件，更为公司开拓并布局西非市场提供了良好的契机。

对公司而言：

(1) 该项目的实施符合国家“走出去”战略；符合集团提出的“十三五”期间“传承、创新、发展”的理念，以“创新型、国际型、价值型”为企业定位，以“创新引领型、质量效益型、持续发展型”为产业定位，立足完善现有三大主业，以“提质、增效、升级”为发展主线，以“创新、绿色、融合”为发展主题，坚持“创新引领、实事求是、协同发展”的发展原则，持续推进集团“两个优化”、“两个加强”和“三个转变”，实现做强做优做大和“培育具有较强国际竞争力的世界一流企业”目标。投产后有利于我国技术出口和制造企业的国际化步伐。

(2) 该项目各种原材料、燃料、交通运输、建设场地、供水、供电等建厂条件优越，可以满足本项目实施的需要。

(3) 该项目将采用可靠、先进、经济、合理的技术方案，能确保项目投产后的高效运行。

(4) 该项目总投资估算1490万美元。项目的资金已经基本落实。

(5) 企业在生产管理、技改建设方面有丰富的经验，拥有一支生产技术和企业管理水平较高的队伍，可以使该项目在较短的时间内建成，较快实现达标达产，从而获得较好的效益。

(6) 该项目有比较理想的经济效益指标，项目的实施可使企业获得良好的经济效益。

但该项目还是存在一定的风险：如市场的竞争变化风险，汇率风险，工程建设风险，项目运营风险，投资国的投资环境、法律、汇率、政治稳定等方面变化的风险等，这些都需要及时、客观、正确地识别与评价，并采取积极应对措施，有效规避。

综上所述，该项目立项批准后，尽快开展工作，推进项目早日实施，尽早发挥社会效益和经济效益。

该项目已于2020年1月正式开工建设，预计于2021年5月完成建设投入生产。

点评：

在尼承包工程开展项目评估时候，特别需要注意政府效率、金融（汇率、通胀、外汇政策）、用工（劳动配额）的影响。详细风险信息见本书“第六章 尼日利亚投资风险和机会分析”。

二、第二阶段：建设准备

（一）工程项目计划与设计

对于项目的设计，当地的建筑协会不认可中国的设计院，中国设计的图纸需要到尼日利亚的建筑协会去转化盖章审核通过，需要支付一定的费用。然后到规划局才能通过。

从事工程服务的公司必须在尼日利亚工程管理委员会（COREN）注册。注册的一个要求是，公司必须有尼日利亚董事注册，COREN 持有至少55%的公司股份。

国内已取得对外经营权的设计、施工单位可独立承包国外工程。无对外经营权的一、二级资质的工程建设企业和甲、乙级资质的勘察、设计单位可与有对外经营权的单位合作承包国外工程。三级或三级以下的企业可分包或向出国实施单位提供劳务。各地、州、市的骨干企业或特殊专业设计、施工的单位，经批准后可适当放宽。

点评：

尼日利亚设计一般都是由设计公司负责设计，尼日利亚设计公司和政府设计机构的整体水平有限，设计人员的受教育水平低下，设计经验不足和设计软件欠缺，无法与中国设计院或者事务所相提并论。

而大多的勘察设计业务都是由政府人员把持，拿走5%的勘察设计费用，随意找个私人或者经验不足小公司设计，并且变更索赔非常困难。

针对这些问题可以采取以下有效措施：

(1) 仔细审核图纸，测量并核对现场，对于图纸中存在的问题及时反馈给政府和设计，一般政府和设计会安排施工企业修改设计并重新审批；

(2) 采用不平衡报价法，对于设计不合理，预测费用将增加部分提高单价；

(3) 项目配备优秀的设计人员和测量人员，时刻准备好自行设计和变更设计；

(4) 做好与政府主管人员的沟通交流工作；

(5) 及时记录好产生工期和费用索赔的时间，现场监理签字确认。

（二）施工单位资质

在国外进行施工的企业必须持有《工程建设企业对外承包工程资质证书》，外出的项目负责人必须具备相应的项目经理证书，技术负责人必须符合资质管理规定的要求。国外工程项目经商务部门或其授权单位批准（或签订合同）后，其出国实施单位应将有关资料报对外工程承包和建筑劳务合作领导小组办公室，经核查外出技术资质后，签发《国外承包工程任务书》或《国外分包工程（建筑劳务任务单)》，作为出国实施单位对外承包活动的技术文本。《国外承包工程任务书》和《国外分包工程（建筑劳务）任务单》由对外工程承包和建筑劳务合作领导小组办公室统一印制。

对外工程承包和建筑劳务合作领导小组办公室统一负责办理《国外承包工程任务书》和《国外分包工程（建筑劳务）任务单》，需办理任务书或任务单的出国实施单位应交验下列资料：

（1）经批准的国外项目合同（或协议）书副本（交复印件）和对外互利经济合作项目合同备案表（复印件）。

（2）《工程建设企业对外承包工程资质证书》（原件）。

（3）出国法人委托代理人（项目经理）、技术负责人的委托文件、技术职称证件、项目经理证书。

（4）出国管理人员、工程技术人员名单、职称证件（复印件），以及出国人员花名册。

（5）分包工程或提供劳务的单位，还应提交与施工总包方签订的合同书（或与劳务输出单位签订的劳务合同书）。

《国外承包工程任务书》和《国外分包工程（建筑劳务）任务单》均一式五份，分别交对外工程承包和建筑劳务合作领导小组办公室、外事部门、商务部门、对外签约单位各一份，出国实施单位执一份。

点评：

世界各国都对国内外的建筑承包商进行资质管理，以保证工程建设的质量安全，维护本国公共利益，规范建筑市场秩序。对外国承包商进入本国建筑市场设置准入条件是世界各国的通行做法。而中企开展境外经营，建议参与所在国的资质认证。如中国土木工程集团有限公司境外子公司在尼日利亚、埃塞俄比亚、博茨瓦纳、以色列、新加坡、赞比亚等众多国家拥有当地工程承包高级别资质。

（三）工程项目征地及建设条件的准备

依照尼日利亚宪法和1990年《土地法使用法》的规定，全国土地属于人民，尼日利亚联邦、州和地方三级民选政府代行管理权。其中，联邦政府负责首都区及划拨给联邦政府机构的其他土地，州政府负责各州的城镇区域的土地，而所有农业用地则由774个地方政府负责管理。政府划拨土地给开发商进行保障性住宅建设或者商业配套。其中：政府所有土地，给开发商一定年限的经营权；私人所有土地，产权99年，主要指开发商从政府手中购买土地或者到私人手中购买土地；集体所有土地，产权99年，主要指政府行政部门建设用地。

私人投资者可以从政府手中获取土地，也可以在土地市场上向其他土地所有者以转让的形式购买，例如通过中介公司、政府出让土地信息部门或者直接从私有土地主手中购得；私人投资者之间可以自由转让土地，然后缴纳相关的税费，到相关政府部门进行变更手续即可，但是建筑指标必须按规划部门要求；私人投资出让土地一般都有政府规划用途、使用年限，不同地段和不同用途土地价格均不同，但使用期限最长99年，到期后可以办理相关手续继续使用。

土地分为农业、工业、住宅、商业、混合用地、城市保留用地、基础设施用地等不同类型。不同类型用途土地转换非常困难，手续极其烦琐，且多数存在违规操作。

根据尼日利亚《土地法》等相关法律规定，外资企业可以取得最长不超过99年的土地使用权、农业耕地所有权和承包经营权，也可以通过租赁使用土地。

但是提醒中资企业在参与土地交易时，应深入了解相关情况，谨防上当受骗。

点评：

尼日利亚实行酋长（土王）制，不同部族叫法不一样。土王分五级，土地和王权由其家族承袭，土王在当地人心中享有较高的威望，一般臣民谒见土王和酋长，都需顶礼膜拜。在涉及土地使用、征拆协调问题上，土王的决定至关重要。这与我国有事就找政府不同。

关于在尼用地风险情况，详见本书“第六章 尼日利亚投资风险和机会分析”中“经营风险——用地风险”部分内容。

（四）工程项目招投标

1. 基本情况

尼日利亚各级政府项目及国际组织贷款或援助项目，均采用公开招标方式。采用行业FIDIC规范，设有专门的投标管理委员会，严格遵守法律程序。对私营业主项目，可采用邀标或议标方式进行。投标时，一般需提交公司注册证明、招标部门的承包商注册证明、增值税登记证及缴款证明、公司简介、完税证明（前3年）、财务报表和相关项目的施工经验、银行保函，以及专业机构注册 ICAN、COREN、SEC 等。以上信息必须真实可靠。

建筑或项目开发商必须在开工建设时投保全险。典型的施工合同中的保险包括：一切险包括业主、承包商或共同对工程、材料造成的损害所引起的责任；公共责任保险承保承包商因人身伤害或死亡而对第三方造成的责任；专业责任保险，用以保障因专业疏忽而引致的责任，以及因专业人士或顾问在工程设计上的错误而引致的损害；潜在缺陷保险对在工程竣工交付业主后，在建筑工程中使用的设计、工艺或材料中出现的明显缺陷承保，这是在项目交付后，由雇主提供 10 ~ 12 年的保险。

招标及授标流程招标及授标流程（联邦政府投资项目为例）：

首先，尼日利亚政府投资的工程项目的主管机构在计划实施某工程项目后，将安排下属的采购管理部门编制项目投资估算，随后工程项日主管机构将建设方案及投资估算报送议会，申请将该项目纳入年度预算，一旦议会审批通过，该工程项目即可进入招标阶段。

其次，在通过特定招标方式获得投标人的投标文件后，工程项目主管机构将对投标人进行综合排名确定中标候选人，并将中标候选人（一般为 3 家）评定资料报送尼日利亚公共采购局（Bureau of Pub lic Procurement，简称 BPP），BPP 将对项目的预算审批情况和中标候选人报价进行审核，如果 BPP 认定中标候选人不符合招标要求，将要求工程项目主管机构重新评定中标候选人，如果 BPP 审核通过，将向工程项目主管机构出具《无异议证书》，在获得 BPP 的《无异议证书》后，工程项目主管机构将该项目的合同草稿报送联邦司法部审核，待获得批复后，工程项目主管机构将中标人评定结果报送联邦内阁会，获得审批通过后，即可签发授标函，与承包人签订合同。

与上述联邦政府投资项目流程相比，州政府投资项目的流程主要差异有：

（1）与联邦政府机构和议会对应的是州的政府机构和议会。

（2）州政府投资项目无 BPP 审批环节。

（3）工程项目主管机构在确定中标人选后，直接报送州内阁会审批。

需要特别说明的是，与《中华人民共和国招标投标法》中“在确定中标人前，招标人不得与投标人就投标价格、投标方案等实质性内容进行谈判”的规定存在显著差异，在尼日利亚无论是采用何种招标方式，招标人在确定中标人之前，通常都会就投标价格与中标候选人协商谈判。

点评：

政府自有资金投资项目一般都是全部以奈拉计价和支付；多边机构和外国银行贷款项目，则有可能以全部或部分国际货币进行计价及支付。预付款比例一般在 10% ~15% 之间。一般在承包商按要求提交预付款保函后获得支付。

2. 尼日利亚的 BOT/PPP 承包方式

建设-运营-移交（BOT）方式在尼日利亚被视为公私合营（PPP）模式的一种类型。PPP 模式相关法律包括：《基础设施特许经营监督管理委员会法》、《公共采购法》、《公共企业（私有化和商业化）法》、《公用事业收费委员会法》、《公路法》、《联邦道路维护机构法》和《拉各斯州道路、桥梁和公路基建法》等。

根据《基础设施特许经营监督管理委员会法》，设立了基础设施特许经营监督管理委员会（ICRC），负责规范和监督 PPP 合同的签订和执行；《拉各斯州道路、桥梁和公路基建法》建立了拉各斯州公路特许经营的法律框架，是尼日利亚公路特许经营领域为数不多的法律之一。根据公私部门投入、风险分担以及合同期限长短不同，PPP可以分为服务合同、管理合同、租赁合同、特许经营合同、BOT方式等多种类型。特许经营年限一般为25～30年。

目前，在尼日利亚开展BOT的外资企业主要来自德国、印度等国，一些中国公司也在积极探讨开展BOT模式。

[**案例**5-4]

拉各斯穆罕默德机场二期项目，占地2万多平方米，主要包括穆罕默德机场国内航站楼及配套设施建设，是尼日利亚本土公司在基础设施领域成功承接的第一个BOT项目，被认为是尼日利亚首个成功实施的PPP模式项目。2003年，Bi-Courtney公司与尼日利亚联邦政府签署BOT项目协议。2007年，该项目建成并投入使用，目前由Bi-Courtney公司下属Bi-Courtney航空服务公司负责运营。

点评1：

尼日利亚是联邦管辖和地方自治相结合的政体，州长负责州里各项事务，权力比总统还要大。尼日利亚众多项目名义上采取的是公开竞标招标的方式，实际上却是暗中定标。项目洽谈一般都由州长和工程部长把持，采取走形式的公开投标和暗地定标的方式。首先州长或工程部长与事先选好的企业商谈价格，然后在谈定的造价上加上10%～30%的政府费用，根据项目的大小或者要求不等。如果采取公开投标，将发布招标公告，表面按照招标程序进行，但实际上会根据其他建筑公司的报价标底制定拟定中标公司的投标价格。

第二种常采用的方式是与选定公司谈好中标价和附加百分比，

然后让选定公司编制 3 ~5 本符合招标文件的其他公司标书，以合法的手段掩盖非法的目的。所以在尼日利亚绝大多数的公开投标都是徒劳，只有依靠权贵关系才有议标和中标的资格。

点评 2：

尼日利亚的招投标腐败对于长期在尼日利亚从事建筑行业，了解市场行情的公司算是中度风险，而对于刚进入尼日利亚建筑市场的中资企业来说是高风险。

对于公开招标项目，要求支付较高费用，先在本州注册，购买招标文件，再购买工程量清单，最后还要购买其他竞标公司标底的，一步一步索要费用的一般都是假借投标欺诈、骗钱。大多公开招标的中标人已提前内定好，政府官员也经常以合法的手段吸引几十家投标人，提高招标文件购买费用从中牟利。

尼日利亚项目以议标为主，很多名义上的公开竞标不外乎也是暗箱操作。所以要与议员、工程部长、州长甚至总统身边的人员经常沟通往来，才能拿到项目。

3. 在尼日利亚承包工程过程中应注意要点

（1）工程信息渠道必须畅通，要在政府部门建立一定的人际关系网，保持与主要政府官员的定期联系，同他们往来时还要有足够的耐心。例如，某公司在承包工程的两年多的时间里派专人多次到尼跟踪项目，累计在尼时间超过 12 个月。由于当地官员时间观念非常差，单方面失约的情况经常发生，要同他们见面往往要约上好几次，约定时间见面让你等上几个小时是常有的事。因此最好通过努力建立起与当地政府主要官员较为密切的关系，取得了他们对中国公司的信任。

（2）在标书制作过程中，一定要到工程施工现场实地考察其交通状况、材料供应条件及价格（因为尼日利亚工业基础较差，很多工程材料都要从国外进口)、当地施工人员和施工机具的情况和价格、工程施工期所处的季节(尼日利亚一年只有旱季和雨季两季)等，使标书做到有的放矢，同时利用“FIDIC 条款”的内容，隐藏一些可以在将来进行索赔的条款，为在工程实施过程中向业主进行索赔打下伏笔。报价书可采用不平衡报价，对各个分项的单价进行合理的组合，把比较容易变更工程量和需要从国外采购材料的单项价格适当提高，对难以变更工程量的单项价格则适当降低，为今后工程结算取得更高的经济效益创造良好的条件。

(3) 由于当地法律的不规范及官员的腐败，在非洲国家的工程建设中普遍存在着支付佣金的现象，所以在工程报价中也必须考虑这个因素。

(4) 如果项目是属于成套工程的建设，其中部分是从他国采购的成套设备，由于当地银行的信用度较差，常常发生无法兑付的现象，不能只看到当地银行出具的信用证明就发货。在国内设备采购完成后从港口发运前，必须要求对方提供的欧洲银行或信用度较高银行的信用担保，否则将存在很大的收款风险。

(5) 由于工程进度款、结算款的支付都是按照当地的货币奈拉结算，而奈拉与美元的汇率兑换是经常变动的，这其中存在较高的汇率风险，要实时掌握该国金融市场的变化情况，利用时间差来控制、降低这一风险。

(6) 因为尼日利亚有不少地方仍然存在着酋长制，酋长是所在地人民的精神领袖，在工程开工前要做好拜访工作，取得当地酋长的支持，尊重他们的风俗习惯，以免给今后的施工带来不必要的麻烦。

(五) 建设设备及材料的运输和筹备

工程建设所需要的设备及材料均可在考虑经济性的情况下从中国

乃至别的国家发运到尼日利亚，但必须遵守尼日利亚的对外贸易法规和海关管理制度。

尼日利亚与贸易相关的主要法律法规有《尼日利亚进口许可证程序协定》、《强制性合格评定程序》、《尼日利亚进口指导原则》、《商标法》、《尼日利亚海关货物管理法》和《海关和税收管理法案》等。

《关税和消费税管理法案》是尼日利亚海关管理的主要法律制度，于2004年施行。

进口流程（贸易商）：供应商向进口商提供发票。进口商携带发票和其他文件（许可、保险凭证等）在授权银行处填写e-Form M表格。授权银行向尼日利亚海关验证e-Form M表格和其他文件。尼日利亚海关在接到授权银行验证申请后，在一个工作日内批准或拒绝验证申请。

进口流程（交易商部分）：供货商把商品发票发给进口商。进口商凭发票和其他相关材料（执照、保险单等）去授权银行填写e-Form M表格。授权银行向尼海关验证e-Form M表格和相关文件。尼海关在收到银行验证申请后在一个工作日内回复“批准”或“拒绝”。

银行将最终文件上传尼海关PAAR申报系统。尼海关查验收到的最终文件，给出“同意”或“拒绝”意见。尼海关将把“拒绝”的文件发还授权银行，并发送短信或电子邮件告知。尼海关将为“同意”的文件生成PAAR（前置评估报告）。

PAAR报告包含下列内容：

（1）海关关税分类；

（2）海关估价；

（3）干预等级建议；

（4）应付税款。

PAAR 报告数据也会被发送给尼海关 NCS NICIS II/ASYCUDA 系统。

进口商从银行获取 PAAR 报告，并通过 DTI 系统完成申报。

相关进口文件。进口需要准备以下材料：

（1）填写正确的 e-Form M 表格；

（2）商业发票；

（3）保险凭证；

（4）货值和原产地证书（CCVO）；

（5）装箱单；

（6）海运提单/空运提单；

（7）生产商出具的产品合格证书，包含适用标准、植物检疫证书或化学分析报告；

（8）进口商凭有效的 COC（合格证）书向尼日利亚标准局申请的 SONCAP 证书。

参考信息。

尼日利亚贸易中心网址：http：//www. nigeriatradehub. gov. ng。

尼日利亚海关官网：http：//www. customs. gov. ng。

发货前，尼日利亚的收货人通过电子方式填写并申请 Form M，然后连同形式发票、保险证书、SON 产品证书传送到银行，银行批准表格 M 并生成一个银行代码，即 BA 号，然后将表格 M 发送给代理，代理批准表单 M。收货人将 Form M & BA 号转发给发货人。这些号码要显示在提单上。

发货后，托运人向收货人提供运单/提单，以便处理抵港前评估报告。提单包括：（a）载运货物的船舶名称；（b）货物的描述及其标志和号码；（c）离装运港日期；（d）货物重量；（e）运输合同条款。这份报告显示货物的税率/分类。收货人的报关代理人办理报关手续并向海关索取验关通知书。

收货人或其海关代理人向银行支付关税。收货人或代理人支付当地费用，如航空公司文件费，航运和码头公司当地费用。获得海关放行单和出口单。对于海运，也可获得终端交货单（TDO）。然后代理商的厢式货车/卡车就位以接收货物。装车后，货车驶往海关出口处进行安全检查，并最终出港。

与工程建设项目相关的禁止购汇的产品包含但不限于：（1）水泥；（2）冷轧钢板；（3）镀锌钢板；（4）顶棚遮板；（5）独轮手推车；（6）金属容器和储藏器具；（7）钢制鼓；（8）钢管；（9）盘条（常规或变形）；（10）铁棒和加强杆；（11）丝网；（12）钢钉；（13）安全刀片刺网；（14）实木板和面板；（15）木纤维板和面板；（16）木质夹板和面板；（17）木门；（18）家具；（19）玻璃和玻璃器具；（20）玻璃和陶制瓷砖；（21）塑料和橡胶产品、丙纶制品、包装用玻璃纸。

截至2018年底，对41类产品实施禁止进口购汇政策仍然有效。有关尼日利亚外汇市场的更多信息请查阅尼日利亚中央银行行网站：www. cbn. gov. ng。

此外，尼日利亚对包括石油产品和发电机组在内的部分产品的进口实施特别许可证管理制度。进口许可证申请须在货物到港前3个月提交。许可数量由尼日利亚政府根据进口来源国、进口商品、进口商做个案处理。

（六）工程建设材料采购

尼日利亚联邦政府采购的程序主要由2007年《公共采购法案》规定，该法案成立了国家公共采购委员会和公共采购局作为政府采购的监管部门。同时，还有2007年《货物和工程公共采购条例》《咨询服务公共采购条例》等专门配套规定。此外，每个州一般还有自己的公共采购规定，规范州内的公共采购。

总的来说，尼日利亚政府采购程序一般包括：邀标、缴纳投标保证金、投标、开标、评标、授标、履约担保等环节，同时，也可能根据实际情况采取有限招标、两阶段招标、直接采购、紧急采购等特殊程序。

对于工程建设中材料采购，首先要满足施工技术要求，其次按照自己公司采购程序进行。

点评：

尼日利亚工业基础薄弱，生产能力有限，可能满足不了项目对材料设备的大量需求，因此需防控本地供货不足风险。项目的大部分材料设备需从国外采购，海外货物运输大都是海运，路途遥远，且近些年几内亚湾海盗猖狂，安全形势恶化。尼日利亚海关货物检查严格，清关时间过长，国内的交通运输设施也较落后。因此对物流运输风险须高度重视。

（七）尼日利亚工程成本

1. 水、电、气价格

尼日利亚的水电供应都比较紧张，发电机是生产和生活必备品，机井是市政供水的有益补充。当地水电油气等成本如下（2016 年 2 月提高电价 40% 以上，各地电价有所差别）：工业用电为 56 ~ 125 奈拉/度，生活用电为 4 ~ 45 奈拉/度；工业用水 150 奈拉/吨，生活用水 870 奈拉/吨；工业用管道供应天然气 1100 奈拉/标准立方英尺，民用液化天然气基本为罐装，价格为 5000 奈拉/12.5 千克（小罐），20000 奈拉/50 千克（大罐）；汽油 145 奈拉/升，柴油 205 奈拉/升（以上均为

2018年3月底阿布贾的价格)。

尼日利亚供电能力较差，供电极不稳定，断电现象严重，企业多装备有发电机，自发电成本高出工业电价50%～100%。

2. 劳动力供求及工薪

劳动力供求：尼日利亚人口2.01亿，普通劳动力资源充足，但素质相对较低，必须经过长时间培训才能满足工作需要。高素质劳动力匮乏，管理人才和高级技术工人都极度缺少。

劳动力价格：2017年阿布贾普通劳动力工资为3万～5万奈拉/月，技术工种和一般管理人员工资6万～7.5万奈拉/月，临时工工资可面议。目前，劳动力价格无大幅度变化，但个别行业有每年增长工资的规定。根据2019年4月《最低工资法案2019》，尼日利亚法定最低工资为3万奈拉/月。

外籍劳务需求：尼日利亚本土失业率很高，失业人群中青年较多。尽管各类技术工人、工程师和高级管理人员稀缺，但由于实行外籍劳务人员配额管理，所以外籍劳务市场规模较小。目前在尼日利亚的外籍劳务约有8万人，主要是各外资企业为自身工作需要或完成项目自带的劳务。

3. 土地及房屋价格

尼日利亚土地和房屋销售和出租价格地域差异较大。

土地价格：在阿布贾和拉各斯，根据地理位置不同，从市中心到城市边缘，土地价格为100～1000美元/平方米不等；在其他州府约为140～150美元/平方米。目前，阿布贾地区的土地官价在5000奈拉/平方米（约合13.8美元/平方米）以上，但私人实际售价与官价差别很大，且由于地段不同价格相差不小，（如阿布贾DAPE、KAFE等3环沿线）1公顷土地售价在3亿奈拉左右（约合82.9万美元）。

房屋租金：在阿布贾和拉各斯等大城市，工业厂房租金约50美元/平方米·月，写字楼租金从30美元（普通小独栋）至90美元（超高档写字楼）/平方米·月不等，居住用房从15美元/平方米·月（高档小区小独栋）至30美元/平方米·月（高档公寓）不等。部分企业在尼日利亚首都阿布贾和港口城市拉各斯豪华地段租用办公楼，每年租金可高达百平方米600万奈拉每年（约合165美元/平方米·月），其他地区土地租金相对较低。部分外企同尼方合作项目中，尼方以土地形式入股，企业无须支付租金。

房屋售价：在阿布贾和拉各斯等大城市，工业厂房售价约650美元/平方米，写字楼售价1000～12000美元/平方米。居住用房800～8000美元/平方米，如莱基地区为830美元/平方米。

4. **建筑成本**

因奈拉汇率极不稳定，且尼日利亚的钢材和水泥大量依赖进口，建材售价波动较大，以下价格可供参考：

水泥：零售价8.5美元/袋（每袋50千克）；

螺纹钢筋：当地螺纹钢筋：605美元/吨，进口螺纹钢筋860美元/吨；

砂：11.8美元/方左右；

碎石：16.2美元/方（碎石各地区间差异较大，阿布贾地区因市场供应量较大所以较便宜）；

水泥砖（230毫米）：0.8美元/块；

沥青：860美元/吨（南部便宜，北部较贵）。

三、第三阶段：建设实施

（一）依法用工

企业在尼日利亚开展经营活动，用工方面最主要的法律是《劳工法》和2015年《移民法》，相对应的主管部门是负责外国人工作许可管理的内政部及下属移民局。根据相关法律规定，雇佣尼日利亚当地员工需遵守尼日利亚《劳工法》，外国人到尼日利亚工作必须事先取得工作许可并遵守相关法律。

《劳工法》是控制尼日利亚劳工活动的主要法律，其立法特别注重就业合同、工资、福利、解雇和遣返。雇员须在受聘后3个月内签订书面雇佣合同。合约雇员可接受注册医生的体格检查。所有获授权人士代表雇主订立的合约，均可对雇主强制执行。在雇佣合同中，必须取得工人的同意，才能将合同转让给另一个雇主。

2015年《移民法》规定，在尼日利亚就业的外国人必须向适当的尼日利亚驻外外交使团申请签证，并经由移民总审计长签发的居留许可证或工作许可证才可以合法就业。同时，尼日利亚对外籍劳务实行配额制管理，即只对政府或企事业单位工作的具有一定专业技能的外籍劳务人员发放工作许可证。因此，拟雇用外派人员（即外籍人员）的公司必须遵守《移民法》，根据拟雇用的外派人员的相关数量申请外派配额职位。尼日利亚外籍劳务配额制度的适用范围：在尼日利亚从事商业投资活动的企业，包括本国企业、合资企业和外商独资企业。尼日利亚教育机构、大学、政府公司及联邦或州政府参股的企业不受此配额制度的限制。

另外，尼日利亚工厂的活动受《工厂法》等相关法律的管制，包含但不限于：《物权法》、《雇员补偿法》、《个人所得税法案（修订后）》、《国家健康保险计划法》、《工业训练基金法案（经修订）》、《移民法案》、《工会法（修正后）》、《国家工业法庭法案》和2019年《最低工资法》等。

具体内容见本书“第四章 尼日利亚有关法律规定”中的“尼日利亚关于劳动就业的法律规定”章节。

点评：

尼对外籍劳工一直实行配额管理，即对一定时间在政府或企事业单位工作的、具有一定专业技能的劳务人员发放工作许可证，目前尼内政部负责管理外籍劳务事宜。所有劳务配额均需申请，并由内政部长批准。尼日利亚签证一直是困扰中资企业的大难题，尼日利亚签证办理手续十分烦琐，而且经常停止办理，一般情况下从申请到办理下来最少需要一个月。

（二）境外工程技术标准

工程建设企业工程建设标准应以贯彻落实所在国的工程建设技术标准为主要任务，并将从事工程项目范围内的所在国相关技术标准都列入企业工程建设标准体系表进行系统管理，这样既可以学习国际标准、培养专业人才，还能促进工程建设企业结构升级，增强企业竞争力，打破欧美企业在高端市场、高技术含量、高经济附加值的大型国际工程项目的市场竞争中的垄断。因此，工程建设企业应有计划、有组织地贯彻落实所在国的工程技术标准。并应符合表5-1中的要求。

表 5-1　工程技术标准核对单

序号	内　　容
1	工程建设企业应对新发布的工程建设标准开展宣传贯彻学习，了解和掌握新标准的内容，并对标准中技术要点进行深入研究。
2	工程建设企业在工程项目施工前应制定每一项技术标准的落实措施或实施细则，并应将相关技术标准的要求落实到工程项目的施工组织设计、施工技术方案及各项工序质量控制中。
3	工程建设企业工程项目技术负责人应结合工程项目的要求，在工程项目施工前对贯彻落实标准的控制重点向有关技术管理人员进行技术交底。
4	工程建设企业工程项目技术管理人员在每个工序施工前，应对该工序使用的技术标准向操作人员进行操作技术交底，说明控制重点和保证工程质量及安全的措施。
5	工程建设企业应经常组织开展对技术标准执行情况及技术交底有效性的研究，以便不断改进执行技术标准的效果。
6	工程建设企业工程建设技术管理部门应将有关的技术标准逐项落实到相关部门、工程项目经理部，明确任务、内容和完成时间，并督促各相关部门制定落实措施。
7	工程建设企业应组织对新颁布的技术标准的落实措施和实施细则进行检查，并对首次首道工序执行的情况进行检查；当工程质量达到标准要求后，在其后的工序应按首道工序执行的措施和细则进行。
8	工程建设企业境外工程建设标准的贯彻落实应以工程项目为载体，充分发挥工程项目管理的作用。
9	尼日利亚工程普遍用的是英国标准，但是实践中，中国公司所承建的铁路项目引入了中国标准，中国公司承建的水泥厂普遍使用的是中国标准。

中国标准的设计理念与国际主流工程技术标准有很大的不同，这对于习惯了使用中国工程技术标准的工程人员造成了很大的困惑，工程人员需要更多的时间学习和了解国际工程技术标准体系，否则会导致项目工期变长，有时候还会导致设计失误。因此，中国标准“走出去”的过程是突破技术性贸易壁垒，提升中国在国际市场竞争力的重要手段。将我国技术标准国际化，使更多国际工程项目接受并采用中国技术标准，有助于我国对外承包企业掌握项目运作中的技术主动权，充分发挥我国工程建设行业现有技术优势，提升创新能力，创造更大的企业经济效益。中国工程技术标准“走出去”也有利于带动相关产业产品出口，为工程建设整个产业链带来效益。中国对亚洲、非洲和拉丁美洲等国在国际工程方面的直接投资和政策性投资逐步加大，为中国工程技术标准“走出去”提供了保障。

[**案例 5-5**]

尼日利亚路基碾压当地习惯用羊角碾，某中方企业用钢轮碾压。路基路面检测习惯用英标，实际英标大部分标准低于中方标准。路面沥青原材要求当地第三方检测，对厂家及中方试验室检测结果不信任。对中方设计院出的设计图纸不信任，忽视设计计算书而注重当地通常做法，结果就是浪费材料。

点评：

（1）尼国深受西方国家影响，就工程施工技术而言，尼国执行英国规范、标准，深信西方施工技术，对我方设计文件及施工质量经常提出质疑。对中国技术缺乏信任。

（2）建议在中国企业与国外业主、标准化协会、设计咨询单位建立多方面沟通和联系，提高行业凝聚力，强化标准和知识产权意识，将标准与产业紧密结合，打造工程建筑行业的集团军品牌，形成国际影响力。

（三）尼日利亚工业标准

在尼日利亚建厂生产，需要遵守尼日利亚工业标准。尼日利亚工业标准（NIS）由尼日利亚标准委员会合意批准通过的具有精确性和权威性的文件，确定了原材料、产品或生产程序应该达到或符合的必要标准。NIS包括以下六个类别，即术语定义汇编、多维标准、执行标准、标准检验方法、行为准则和计量标准等。

尼日利亚工业具体标准是由技术委员会在科学技术数据基础上制定的。该委员会由来自公共和私有部门，代表生产者、消费者、技术人员、研究院和检验组织的专家组成。尼日利亚国家标准局（SON）负责NIS的具体实施。

质量标志的重要性在于，它向消费者传递着这样的信息：带有此标志的产品业已经过SON的检验和认证，质量符合相关的NIS，可以在市场上销售。

SON官员定期到有关企业检查生产线，从工厂和市场带回样品以供检验，确保其一贯遵守NIS。生产者也可自行送检其产品，检验合格者可获准使用认证标识。只要产品质量自始至终符合相关标准，而且生产者同意继续使用有关认证标识，每满一年其产品质量认证证书准予延期。

而出口产品到尼日利亚，需要尼日利亚的COC认证。为确保管制产品符合已获准施行的该国技术标准或其他国际标准，保护尼日利亚消费者免受不安全产品或不符合标准的产品的损害，SON

制定对出口到该国的管制产品实施装船前强制性合格评定程序（SONCAP）。

尼日利亚 SONCAP 实施多年后，按最新通知将在 2013 年 4 月 1 日起实施新的 SONCAP 政策，新政策规定出口商每次出货不再申请 SONCAP，改为申请 COC，出口商拿到 COC 后提供给进口商申请 SC，SC 由进口商在当地 SONCAP 机构直接申请。此外，根据产品的风险类别要求现场抽样测试、验货和监装。

（四）尼日利亚环保法律法规及标准

为了保护环境，尼日利亚联邦政府制定了一系列的法律和法规，参见表 5-2。

表 5-2 尼日利亚主要环保法律法规及标准

序号	修订时间	法律名称
1	1999 年	《尼日利亚联邦共和国宪法》
2	1988 年	《联邦环境保护署法案》（简称《FEPA 法案》）
3	1992 年	《环境影响评估法案》（简称《EIA 法案》）
4	1998 年	《有害废物法案)》
5	2002 年	《尼日利亚石油工业环境指南和标准》

此外，尼日利亚各州也有权制定本州的环保法规，比如巴耶尔萨州的《环境保护法》和三角洲州的《环境保护规范与标准》等。尼日利亚政府尚未在其网站上公布上述法律的查询网址。

中国企业在尼日利亚开展投资合作，要依法保护当地生态环境。生态环境保护作为一个全球性的问题为世界各国所重视，坚持“人与自然和谐相处”，当我们在境外从事工程建设活动时应当遵照当地有关生态保护相关法律法规，在从事工程建设活动的同时注重生态环境保护，树立起良好的企业形象。

目前驻尼中资企业在环保方面好的做法和经验参见表5-3。

表5-3　驻尼中资企业环保方面做法和经验核对单

序号	内　容
1	要了解尼日利亚的环境保护法律和法规，及时跟踪其环保标准变化情况。
2	企业对生产经营过程中可能产生的环境问题，要事先进行科学评估，在规划设计过程中选择好解决方案，否则不能通过尼日利亚政府的环境评估。
3	在尼中资企业重视当地各项环保法律法规，易发环保事故领域保持良好记录。
4	积极了解并遵守尼日利亚环保方面的法律法规。
5	中资企业十分重视环保工作，积极收集、整理并了解尼日利亚环保方面的法律法规，并予以严格遵守，争做环保先锋。
6	建立一套较完备的环境管理体系。
7	部分中资企业建立了一套较完备的环境管理体系，包括开工之前的环境评估报告、施工过程中的环境管理计划以及完工之后的环境恢复报告。该体系可以提高企业的自律机制，确保企业各项活动符合环境管理规范的要求，最大限度地减少对环境的冲击，降低了企业经营风险。
8	设定环保目标并进行环保绩效考核。

续 表

序号	内　　容
9	针对生态环保，企业不仅设定了明确的环保目标而且建立了一套较完备的环保绩效考核体系。以“追求零污染，努力实现环境管理的国际先进水平”的环保目标以及企业的作业和服务特性，逐层设定环境绩效指标，作为考核所属单位绩效、奖惩和聘用人员的重要依据。
10	积极参与国际环保认证。
11	积极参与国际环保认证，通过一系列的科技研发、流程改造、设施建设和管理改进，通过国际权威机构德国 TUV 莱茵认证，获得 ISO 14001 环境体系认证证书，确保其产品不给当地带来污染，赢得了尼当地和国际运营商的一致好评。
12	重视员工环保培训，提高员工环保意识。
13	重视对员工进行环保培训，提高员工的环保意识，将保护当地环境成为每个员工的自觉行为。所有员工都必须经过相应的环保培训，审计合格后方可上岗。企业通过培训、会议和宣传等手段将企业的环保政策从上到下传达到每一位员工，要求员工把尼日利亚当作第二故乡进行保护。

点评：

尼日利亚工程建设实施中应注意：

（1）由于尼日利亚工业非常落后，工程施工所需要的材料和施工机具大部分要从国外进口，不但价格很高，采购的周期也很长。这需要施工企业做好施工计划管理，认真编制施工组织设计和施工方案，特别是材料使用和机具使用计划要提前编制。

（2）尼日利亚劳动力成本低，中企人员在跟他们一起工作时要尊重他们的民族习惯和宗教信仰，把他们当成朋友，他们都能很好地配合工作。另外，非洲人一般都有很强的表现欲望，喜欢展现自己的能力，往往是给他们一句鼓励的话、一点点的物质奖励，他们就能非常卖力地工作，工作效率也随之得到提高。

（3）在尼日利亚承包工程时，邀请当地具有专业优势的公司共同参与，发挥公司间的优势互补作用，以联合体或分包的方式进行。降低工程施工的成本，适当地进行风险转移。在施工时要经常联系在尼日利亚承接工程的其他中国企业，相互通报有关信息，尽力帮助解决对方遇到的问题，在资源上互通有无、相互支持，这也是一种有效降低成本的做法。

（4）工程施工时要合理安排好施工计划，因为尼日利亚和非洲的大多数国家一样，一年的季节主要有旱季和雨季，当地有许多道路是沙土路，雨季到来时，施工车辆的通行和沙、石供应都十分困难，这就要求工程施工特别是室外工程要赶在旱季做完。因为这期间工程施工工效较低，所以有不少中国公司都把员工回国休假安排在雨季，以降低工程成本。

四、第四阶段：竣工验收

（一）竣工验收条件

业主方在收到施工单位提交的工程竣工报告，并具备以下条件后，方可组织勘察、设计、施工、监理等单位有关人员进行竣工验收：

（1）完成了工程设计和合同约定的各项内容。

（2）施工单位对竣工工程质量进行了检查，确认工程质量符合境外有关法律、法规和工程建设强制性标准，符合设计文件及合同要求，并提出工程竣工报告。该报告应经总监理工程师（针对委托监理的项目）、项目经理和施工单位有关负责人审核签字。

（3）有完整的技术档案和施工管理资料。

（4）有工程使用的主要建筑材料、建筑构配件和设备的进场试验报告。

（5）建设行政主管部门及委托的工程质量监督机构等有关部门责令整改的问题全部整改完毕。

（6）对于委托监理的工程项目，具有完整的监理资料，监理单位提出工程质量评估报告，该报告应经总监理工程师和监理单位有关负责人审核签字。未委托监理的工程项目，工程质量评估报告由建设单位完成。

（7）勘察、设计单位对勘察、设计文件及施工过程中由设计单位签署的设计变更通知书进行检查，并提出质量检查报告。该报告应经该项目勘察、设计负责人和各自单位有关负责人审核签字。

（8）有规划、消防、环保等部门出具的验收认可文件。

（9）有建设单位与施工单位签署的工程质量保修书。

（10）单位工程观感质量符合要求。

（11）各专项验收及有关专业系统验收全部通过。

（二）竣工验收手续

（1）申请报告。当工程具备验收条件时，承包人即可向监理人报送竣工验收申请报告。

（2）验收。监理人收到承包人按要求提交的竣工验收申请报告后，应审查申请报告的各项内容，并按不同情况进行处理。

（3）单位工程验收。发包人根据合同进度计划安排，在全部工程竣工前需要使用已经竣工的单位工程时，或承包人提出经发包人同意时，可进行单位工程验收。验收合格后，由监理人向承包人出具经发包人签认的单位工程验收证书。

（4）施工期运行。是指合同工程尚未全部竣工，其中某项或几项单位工程或工程设备安装已竣工，根据专用合同条款约定。需要投入施工期运行的，经发包人约定验收合格，证明能确保安全后，才能在施工期投入运行。

（5）试运行。

（6）竣工清场。除合同另有约定外，工程接收证书颁发后，承包人应按要求对施工现场进行整理。直至监理人检验合格为止，竣工清场费用由承包人承担。

（7）竣工验收备案表及各分项工程验收记录表。详见表 5-4 至表 5-7。

点评：

尼日利亚多数项目采用按月验工计价，少数项目可能采用按节点验工。

表 5-4　单位工程验收报告

Request for Finai Inspection

<table>
<tr><td>建设单位
(Client)</td><td></td><td>施工单位
(Contractor)</td><td></td></tr>
<tr><td>项目名称
(Project)</td><td colspan="3"></td></tr>
<tr><td>单位工程
(Unit Project)</td><td colspan="3"></td></tr>
<tr><td colspan="4">验收情况 (Description or Inspection):</td></tr>
<tr><td colspan="4">上述工作验收完成
(The above mentioned work activity has been inspected)</td></tr>
<tr><td colspan="4">验收结果 (Acceptance and Inspection Result)</td></tr>
<tr><td>合格
(Accepted)</td><td></td><td>不合格
(Rejected)</td><td></td></tr>
<tr><td colspan="4">评价
(Comments)</td></tr>
<tr><td colspan="2">施工单位
(Contractor)</td><td colspan="2">业主 (Owner)</td></tr>
<tr><td colspan="2">签名 (Signature):

日期 (Date):</td><td colspan="2">签名 (Signature):

日期 (Date):</td></tr>
</table>

表 5-5 单位工程验收记录

编号	车间编号	车间描述	验收日期	备注
1				
2				
3				
4				
5				
6				
7				
8				
9				
10				
11				
12				
13				

表 5-6　全程钢结构质量验收记录

Steel Structure Sub-Project Inspection Lot Quality Acceptance Records

<table>
<tr><td>工程名称
(Project Name)</td><td colspan="3"></td></tr>
<tr><td>单位工程
(Unit Project)</td><td></td><td>工程编号
(Project NO.)</td><td></td></tr>
<tr><td>分项名称
(Sub-item Name)</td><td></td><td>日期
(Date)</td><td></td></tr>
<tr><td colspan="2">检查标准
(Check standards)</td><td colspan="2"></td></tr>
<tr><td colspan="4">检查内容 (Check the content):</td></tr>
<tr><td colspan="4">结论 (Conclusion):
合格 (Qualified)　　　　不合格 (Unqualified)</td></tr>
<tr><td colspan="2">施工单位 (Contractor)</td><td colspan="2">业主 (Owner)</td></tr>
<tr><td colspan="2">签名 (Signature):

日期 (Date):</td><td colspan="2">签名 (Signature):

日期 (Date):</td></tr>
</table>

表 5-7 工程竣工验收备案申请表

<table>
<tr><td>工程名称</td><td></td><td>工程地址</td><td colspan="3"></td></tr>
<tr><td>建设单位</td><td></td><td>联系人</td><td></td><td>联系电话</td><td></td></tr>
<tr><td>申请验收日期</td><td></td><td>确定验收日期</td><td colspan="3"></td></tr>
<tr><td>工程完成情况</td><td colspan="5">由公司承建的工程（占地面积平方米、结构类型）</td></tr>
<tr><td>备案用表须知</td><td colspan="5"></td></tr>
<tr><td colspan="3">建设单位（盖章）

负责人：
年 月 日</td><td colspan="3">施工单位（盖章）

负责人：
年 月 日</td></tr>
</table>

(8) 工程竣工验收报告文件目录。

①开工令；

②规划许可证及其他规划批复文件；

③施工图设计审查意见书；

④工程竣工报告；

⑤性能测试报告；

⑥性能接收证书；

⑦工程勘察质量检查报告；

⑧工程设计质量检查报告；

⑨单位工程竣工验收单。

各检查报告和验收证明见表5-8至表5-19。

表 5-8 勘察单位工程勘察质量检查报告

<table>
<tr><td>工程名称</td><td></td><td>建筑规模</td><td></td></tr>
<tr><td>勘察单位</td><td></td><td>结构类型</td><td></td></tr>
<tr><td>合同履约情况</td><td colspan="3"></td></tr>
<tr><td>执行法规和强制性标准情况</td><td colspan="3"></td></tr>
<tr><td>勘察成果是否符合合同要求</td><td colspan="3"></td></tr>
<tr><td>勘察文件及变更通知书确认情况</td><td colspan="3"></td></tr>
<tr><td>地基验槽情况与勘察报告是否相符</td><td colspan="3"></td></tr>
<tr><td>对地基验收的结论</td><td colspan="3"></td></tr>
<tr><td colspan="4">法 人 代 表：(签字)
项目负责人：(签字)
总监理工程师：(签字)

勘察单位：(盖章)
年 月 日</td></tr>
</table>

表 5-9　性能接收证书

_____项目由___年___月___日颁发性能接受证书，以此证明___________项目已达业主_______和施工单位_______合同中关于性能接受证书的条件要求。

业主（Owner）			施工单位（Contractor）	
总经理（Managing Director）	技术总监（Technical Director）	调试总监（Commissing Director）	项目经理（Project Manager）	调试经理（Commissing Manager）
日期（Date）:	日期（Date）:	日期（Date）:	日期（Date）:	日期（Date）:

Performance Acceptance Certificate

______Project issues this Performance Acceptance Certificate on ____________ to certify that the new project (_________________________) achieved the status of Performance Acceptance Certificate accordance with the contract signed by Owner and Contractor.

表5-10 开 工 令

亲爱的________（区域经理）：

此封信是关于按照合同协议在____年____月____日向你正式签发的建设开工通知，声明正式的开工日期应该是____年____月____日。

我们声明__________（建设单位）不能单边拒绝此通知，据此将按此记录正式的建设开工日期确实是_____年_____月_____日。

根据之前提到的程序，__________（建设单位）已经开始________区域的工作，据此我们等着你正式的确认接受前面签发的通知。

此致

项目经理：__________

Notice of Commencement for Construction

Dear ________:

We write to you in regards to Notice of Construction that was formally issued to you on ____________in accordance with the ContractAgreement, asserting that the official date of commencement shall be__________.

We assertthat__________have no unilateral ability to reject such Notice and as such it is to be recorded that the official date of commencement of the Construction Works was indeed the ____________.

In line with the aforementionedprogramme __________have commenced their Works in__________and as such we await your official confirmation of acceptance of the previously issued notice.

Yours sincerely

__________ (owner project manager)

表 5-11 工作接收证书

_______（业主）和_______（施工单位）签订的合同协议（___________________），___________项目于_____年_____月_____日颁发工作接收证书，以此证明业主于_____年_____月_____日接收_______项目（________________________）已达到工作接收的条件要求。

______________	______________	______________
业主项目经理	业主集团主席	承包商项目经理

Taking-Over Certificate of the Works

_______Project issues this Taking-Over Certificate Of the Works on________in accordance with the contract agreement（______________________）signed byOwner_________ and Contructor___________________. This Taking-Over Certificate certifies that the_______________________________ Project achieved the status of taking-over of the works and sections by the Employer on _______________.

______________	______________	______________
Owner manager	Owner Group	Projectmanagar

表 5-12　性能测试

__________项目（Project）

_______________（设备）性能测试结果（1）［System Performance Test Result（1）］

型号（Machine code）	
开始时间（Start time）	

保证值（Guarantee）：

类别 （Item）	保证值 （Guarantee Value）	实际值 （Actual value）	备注 （Remark）
输出值 （Output by contract）			
精度 （Accuracy）			
电力消耗 （Electrical energy consumption）			

签名（Signatures）

业主（Owner）
调试经理（Commissing Director）
Mr______________
日期（Date）：______________

施工单位（Constructor）
调试经理（Commissing Director）
Mr______________
日期（Date）：______________

________项目（Project）

______________（设备）性能测试结果（2）［System Performance Test Result（2）］

开始时间（Start time）：

结束时间（Stop time）：

持续时间（Duration test time）：

类别（Item）	单位（Unite）	保证值（Guarantee Value）	实际值（Actual Value）	备注（Remarke）
测试条件（Operating Conditions）：				
型号（feeding size）				
湿度（Moisture）				
保守值（Guarantee）				
1. 输出（Output）				
2. 最大生产量（Product size Maximum）				
3. 耗电（Power consumption）				

签名（Signatures）：

业主（Owner）

调试经理（Commissing Director）

Mr____________

日期（Date）：__________

施工单位（Constructor）

调试经理（Commissing Director）

Mr____________

（日期）Date：__________

________项目（Project）

______________（设备）性能测试结果（3）［System Performance Test Result（3）］

开始时间（Start time）：

结束时间（Stop time）：

持续时间（Duration test time）：

类别 (Item)	初始量 (Start volume)	截止量 (Stopvalume)	总量 (Total volume)	备注 (Remarked)
热能源消耗（Thermal energy consumption）				
类别 (Guarantees items)	保守值 (Guarantees value)		实际值 (Actualvalu)	备注 (Remarked)
输出 (Output)				
热能源消耗 (Thermal energy consumption)				
游离氧化钙 (Free lime)				
运行速度 (Main drive)				
风机运行速度 (Fan drive)				
二氧化硫 (SO_2)				
温度（Temperature）				
氮氧化物排放 (NO_X emission)				

签名（Signatures）

业主（Owner）　　　　施工单位（Constructor）

Mr__________　　　　Mr__________

日期（Date）：__________　　　　日期（Date）：__________

表 5-13 完工接收清单

类别 (Items)	验收日期 (Inspection Date)	完工证书 (Completion-Certificat)
1		______Completion -Certificat
2		______Completion -Certificat
3		______Completion -Certificat
4		______Completion -Certificat
5		______Completion -Certificat
6		______Completion -Certificat
7		______Completion -Certificat
8		______Completion -Certificat
9		______Completion -Certificat
10		______Completion -Certificat

项目 (Project):______

Transmit Note No:______ (S: Submit D: Completion certificat) 说明 (Subject):

我们将土建、电气、机械的完工证书递交给你。

(We are pleased to submit to you our certificate of completion for civil, electrical and mechanical engineering.)

时间 (Date):______

发件人 (Sent by):______ 收件人 (Received by):______

签名 (Signature):______ 签名 (Signature)______

表 5-14 土建完工证书

本项目已完成下列各项土木工程，特此证明：

1. 钢筋混凝土工程完成；
2. 建筑砌筑完成；
3. 道路水沟完成；
4. 场平护坡完成。

请查收确认。

施工单位签名： 日期：

业主方签名： 日期：

Civil works Completion Certificat

It is hereby certified that the following mentioned civil works are already and completed for all the department of________________project.

1. Reinforced concrete of____________project is completely finished.
2. Architecture of________project is completely finished.
3. Rooads and drains of________project is completely finished.
4. Site leveling and slope of________project is completely finished.

Please check and confirm.

By the contractor：

__________________ Date：__________________

By the Owner：

__________________ Date：__________________

表 5-15 土建分部工程质量验收记录

Civil Sub-Poject Quality Acceptance Records

工程名称 (Project Name)			
单位工程 (Unit Project)		工程编号 (Project NO.)	
分项名称 (Sub-item Name)		日期 (Date)	
检查说明(Descripton of Inspection):			
验收检查结果(Acceptance and Inspection Result):			
合格 (Accepted)		不合格 (Rejected)	
评论(Comments):			
施工单位 (Contractor)		建设单位 (Owner)	
签名(Signature): 日期(Date):		签名(Signature): 日期(Date):	

表 5-16　电气完工证书

本项目已完成下列各项电气安装工作，特此证明：

1. 电气设备安装完成
2. 变压器安装完全完成。
3. 面板和橱柜安装是完全完成。
4. 接地装置安装完毕。
5. 电缆敷设安装完成。
6. 照明系统安装。

请查收确认。

施工单位签名：　　　　　　　　　日期：

业主方签名：　　　　　　　　　　日期：

Electric works Completion Certificat

It is hereby certified that the following mentioned civil works are already and completed for all the department of____________project.

1. Electrical equipment install is completely finished.
2. Transformersinstall is completely finished.
3. Panels andCabinetsinstall is completely finished.
4. Grounding Device installation is completely finished.
5. Cable Layinginstallation is completely finished.
6. Lighting system installation

Please check andconfirm　is completely finished.

By the contractor:

__________________　　　　　　　Date:__________________

By the Owner:

__________________　　　　　　　Date:__________________

表 5-17　电气分部工程质量验收记录

Electrical Sub-Project Quality Acceptance Records

<table>
<tr><td>工程名称
(Project Name)</td><td colspan="3"></td></tr>
<tr><td>单位工程
(Unit Project)</td><td></td><td>工程编号
(Project NO.)</td><td></td></tr>
<tr><td>分项名称
(Sub-item Name)</td><td></td><td>日期
(Date)</td><td></td></tr>
<tr><td colspan="4">检查说明 (Descripton of Inspection):</td></tr>
<tr><td colspan="4">验收检查结果 (Acceptance and Inspection Result):</td></tr>
<tr><td>合格
(Accepted)</td><td></td><td>不合格
(Rejected)</td><td></td></tr>
<tr><td colspan="4">评论 (Comments):</td></tr>
<tr><td colspan="2">施工单位 (Contractor)</td><td colspan="2">业主 (Owner)</td></tr>
<tr><td colspan="2">签名 (Signature):

日期 (Date):</td><td colspan="2">签名 (Signature):

日期 (Date):</td></tr>
</table>

表 5-18　机械安装完工证书

本项目已完成下列各项机械安装工作，特此证明：

1. 机械设备安装完成。

2. 电气设备安装完成。

3. 压缩空气管路安装完成。

4. 包层安装完成。

请查收确认。

施工单位签名：　　　　　　　　　　　　日期：

业主方签名：　　　　　　　　　　　　　日期：

Mechanical works Completion Certificat

It is hereby certified that the following mentioned civil works are already and completed for all the department of____________project.

1. Mechanical equipment install is completely finished.

2. Electrical equipment install is completely finished.

3. Compress air pipe line installation is completely finished.

4. Cladding installation is completely finished.

Please check andconfirm is completely finished.

By the contractor:

________________　　　　　　　Date: ________________

By the Owner:

________________　　　　　　　Date: ________________

表 5-19　机械分部工程质量验收记录

Mechanicalr Sub-Poject Quality Acceptance Records

<table>
<tr><td>工程名称
(Project Name)</td><td colspan="3"></td></tr>
<tr><td>单位工程
(Unit Project)</td><td></td><td>工程编号
(Project NO.)</td><td></td></tr>
<tr><td>分项名称
(Sub-item Name)</td><td></td><td>日期
(Date)</td><td></td></tr>
<tr><td colspan="4">检查说明（Descripton of Inspection）：</td></tr>
<tr><td colspan="4">验收检查结果（Acceptance and Inspection Result）：</td></tr>
<tr><td>合格
(Accepted)</td><td></td><td>不合格
(Rejected)</td><td></td></tr>
<tr><td colspan="4">评论（Comments）：</td></tr>
<tr><td colspan="2">施工单位（Contractor）</td><td colspan="2">业主（Owner）</td></tr>
<tr><td colspan="2">签名（Signature）：

日期（Date）：</td><td colspan="2">签名（Signature）：

日期（Date）：</td></tr>
</table>

（三）资金跨境结算

尼日利亚中央银行是外汇管理法规的主要执行者。根据1995年外汇（监管和综合条款）法案和随时出台的货币政策通告，尼日利亚中央银行负责监管外汇交易。尼日利亚联邦财政部负责制定外汇管理的基本政策，并负责审批资本转移、利润和股息汇出。授权交易商负责为外国公民在尼日利亚的投资签发《资本入境证明》并向尼日利亚央行报告。

按照17号法令，尼日利亚国内进口商如需外汇，须向中央银行申请M表，待批准后委托授权交易商从中央银行每星期2次的外汇拍卖市场竞买取得，购买到的外汇无须进一步的审批即可汇出尼日利亚境外。经批准的对外支付可以通过在尼日利亚本地商业银行开立的对外账户以任何可自由兑换货币结算。出口收入可采用任何一种可与奈拉自由兑换的外币或某种规定的货币结算，并存入出口收入账户。

在尼日利亚投资的外国人须从授权交易商那里获取《资本输入证书》《资本入境证明》，然后可获得将外汇汇出境外的资格，汇出境外的外汇可包括：因投资获得的红利或者利润（税后）；已获得的国外贷款的服务费；投资所得（扣除所有税费）和企业出售或者清算后的应付款项，或者与投资相关的其他任何收益。

2015年以来，因外汇管制措施，尼日利亚外汇自由汇出有很多限制，为外资企业营销带来诸多不便。目前，尼日利亚对大米、纺织品、家具等44种进口商品实行外汇管制。具体商品清单可查询尼日利亚中央银行“贸易与外汇公告”。尼日利亚总统布哈里2020年9月10日决定禁止央行向粮食和化肥进口提供外汇，此举可能加剧通货膨胀。

2018年6月6日，尼日利亚央行颁布《尼日利亚与授权经销商人民币交易要求》，该条例在相关条款和条件的操作指导方面关于货币互换协议进行了规定。根据规定：所有授权经销商（仅限存款银行和商业银行）必须在相应的银行（境内或境外）开立人民币账户，并向尼日利亚中央银行 CBN（Central Bank of Nigeria）提供详细信息；授权经销商不得为客户开立人民币户口；拟从中国进口货物的供应商，应当取得以人民币计价的形式发票，作为登记所需文件的一部分；该窗口内购进的外汇，不得用于支付在中国境内无住所的收益人；授权经销商应在 72 小时内使用资金，或将资金返还给 CBN，以便按照银行买入价回购；投标应通过多重价格的账面投标过程进行现货结算；CBN 处理所有人民币投标请求时，应从经销商的经常性账户借记等值奈拉货币。

CBN 人民币招标应遵循的规定：信用证交易应确保所有议付单据、装运单据、供应商通过其银行转至开证行，银行不得对不符合规定路线的单据背书或付款；托收汇票交易应允许所有必要的单据直接从供应商银行或通过开证行的海外代理行送达开证行；对对外无效的交易应以下面方式进行：供应商将所有的证明文件直接送达申请人的银行，而该银行负责核实有关的“电子表格”。

从企业角度来讲，资金跨境结算实质上就体现在换汇业务上。就尼日利亚的中资企业而言，主要涉及资本项下的换汇业务和贸易项目下的换汇业务。

资本项下结算业务遵循原始投资资金的输入和输出等额的原则。原始投资包含权益投资资金和债权投资资金，可以是机具设备类实物，也可以是外币资金。原始投资资金输入时，需要办理资本输入证明（CCI），若为外币资金输入，需要在资金进入尼日利亚境内后 24 小时之内结汇为尼日利亚当地货币。原始资金撤回输出国时，可凭资本输入证明，免税按照商业银行即期汇率换汇汇回输出国。向尼境外股东单位汇出利润时，需提交企业所得税完税证明、年度审计报告、代扣代缴股东单位预提税证明、资本输入证明。

贸易项下的跨境业务结算方式主要为托收和信用证，主要结算币种为美元或欧元，银行对汇款项下的真实业务背景会做严格审查。真贸易条件下的跨境汇款，需提交合同、提单、形式发票、Form M 等。尼日利亚部分银行也开通了针对农业、机械设备、原材料（41 类禁止进口产品除外）人民币跨境结算业务。部分银行如尼日利亚第一银行和标准银行，在北京和上海有分支机构，使得中尼跨境结算业务更加方便和快捷。

五、第五阶段：投产运营

项目投产运营后，为保证业主的投资尽快产生效益，承包商应在竣工验收完成后及时撤场，恢复占用业主的场地，同时应认真进行工程的回访和保修，继续积极配合业主方工作，确保工程竣工后的使用正常运转。按照与业主的合同约定，除留下必要的维修人员、机具和材料外，其余一律退场。

在尼日利亚境内的施工，人员、机具等撤场后再次入场程序烦琐，原则上在保修期内需留置必需的维修人员、机具和材料等，保证保修工作及时有效地组织和开展，同时为了更好地服务于业主，充分体现承包商对业主负责的精神，应制定合理有效的回访及保修制度，做实、做细项目的后续服务工作。

（一）保修、回访、后续服务

1. 保修

在保修期间，工程建设方应根据合同约定，凡总包施工范围内的所有工程，因总包责任造成其使用功能不能正常发挥或产生质量问题，均应认真负责地履行保修义务，以优质的服务维护业主的利益。

成立工程保修小组，由工作认真、经验丰富、技术好、能力强的原项目经理部的管理人员和作业人员组成。

建立工程保修管理制度，对保修人员起到严格的约束和管理作用，保障保修工作的正常开展。

指定熟悉本工程的技术、施工管理人员作为保修负责人，专门负责本工程的保修工作，并与建设单位建立可靠联系。

在接到建设单位保修通知后，保修负责人立即前往现场检查，应对缺陷问题及时确认，会同建设单位共同做出鉴定，提出维修措施，并尽快组织人员、机具进行整改维修。

在保修过程中，根据建设单位的生产安排组织维修工作，保修人员应听从业主相关人员的指挥和调度，做到服务周到，保证工程维修的质量及效果。对业主的合理要求应尽量满足，及时为业主排忧解难。

各维修作业应建立档案，保留维修记录，总结问题，为后续工程项目的开展积累经验。

工程保修记录，应包括工程名称、施工单位、保修单位、保修负责人、返修起止时间、返修措施、返修结果、监察人等。保修人员据实填写保修情况，以及在保修中花费的时间、购买的材料、保修的效果等内容。

点评：

尼日利亚质保金比例一般为合同额的5%，质保期多数为6个月或1年。

2. **回访**

工程回访是为了能够及时排除用户在使用中的各种质量问题，更好地为用户服务；同时还可以及时收集各种质量情报，分析原因，以制订措施、总结教训，避免出现类似情况再度发生。施工单位通过回访检测顾客对工程质量的满意程度，评定质量管理的业绩和管理体系的有效性，识别可改进的机会，对提高服务质置、提升企业管理有着积极的帮助和指导意义。

工程项目移交业主后，承包商应定期回访业主，编制回访计划，制定回访工程的回访时间、负责人。

在回访中，对业主提出的任何设计问题、设备缺陷、质量隐患和意见，回访人员应虚心听取、认真对待，同时做好回访记录，认真分析原因，制定纠正对策，为业主提出合理的解决方案。吸取经验教训，避免类似问题在后续工程项目中再次发生。回访记录格式见表 5-20。

表 5-20　回访记录

工程名称			
建设单位			
施工单位			
工程地址		工程规模	
开工时间		竣工时间	
回访方式		回访时间	
回访情况及问题： 回访人：　　　　年　月　日			
业主意见： 负责人或盖章：　　　　年　月　日			

由于地处尼日利亚，工程项目完成交付后，多数承包商需要撤回国内，回访方式多采用电话、邮件途径开展。在尼境内有后续工程项目或设立有分公司的工程建设企业，建议委派回访人员亲临工程项目实地回访，如实填写回访记录。相关事项参见表 5-21。

表 5-21　回访方式及做法

序号	回访方式	回访做法
1	季节性回访	在雨季、大风季节回访屋面、墙面、地下建筑物的防水情况，发现问题采取有效措施，及时加以解决。
2	技术性回访	了解在工程施工过程中采用的新材料、新技术、新工艺、新设备等的技术性能和使用后的效果，发现问题及时加以补救和解决；既便于总结经验，也可收集科学依据，不断改进和完善，为进一步推广创造条件。
3	节日回访	指定节日回访计划，保修负责人按照计划要求对负责的项目进行回访，向业主进行节日慰问，并进行用户意见调查。
4	特殊回访	特殊情况的回访至建设单位的来人、来函、电子邮件或电话反映的急需解决处理的问题，须在规定时间进行回访，并在规定时间内处理完成。
5	保修期满前回访	在保修即将届满前进行回访，既可以解决出现的问题，又标志着保修期即将结束，使建设单位注意对工程项目的维护和使用。

除了填制回访记录和回访方式的表格，还需要注意记录回访措施（见表 5-22）。

表 5-22　回访措施

序号	措　施
1	针对工程应用情况和有关的反馈信息，向建设单位、监理单位征询意见，对“新技术、新工艺、新材料、新设备”应用的工期效果、质量效益有哪些影响。
2	根据气候特点进行季节性回访，主要解决以下问题：特殊气候如风、雨对工程质量的影响及各单位的意见和建议，业主方的要求。
3	针对工程建设特点，对于易发难治的质量通病，在施工过程中跟进回访，收集信息，及时制定有针对性的措施应用于过程实践中。
4	组织设计、技术、质量、生产等有关方面的人员进行回访，回访时由建设单位组织座谈或意见听取会，并察看建筑物和设备运转情况等，回访必须认真，必须解决问题，及时做出回访记录，必要时应写回访纪要。

3. **后续服务**

在尼日利亚境内，工程项目投产运营后，很多项目运营生产性持续降低，达不到业主方的预期效果，究其主要原因是业主运营维修能力水平较国内水平较低、人才储备不足、维护保养不到位、备品备件存储不足所致，总包方的后续服务显得尤为重要。

项目移交业主后，在调试期及保修期内应加强业主管理和操作人员的培训管理，让其迅速领会并掌握先进的技术、技能，熟练运用操作先进的设备，规范地进行生产运营，过程中加强设备的维护保养，加强备品备件的储备。

良好的后期服务既可以完成工程项目的完美移交，又可以进一步赢得业主的满意，同时还可以开拓业主生产运营、备品备件的市场需要，甚至延伸开拓新的工程项目，实现多赢。

随着尼日利亚建筑行业的发展和国民生活水平的提高，工程项目建设质量会越来越受到人们的重视，建筑行业的竞争也会越来越激烈，为了争得客户或在客户中树立良好的信誉，提高客户满意度赢得客户，做好工程项目的保修、回访、后续服务是必不可少的内容之一。

（二）项目后评价

项目后评价是指对已完成的项目执行过程、效益、作用和影响进行系统的、客观的分析和总结。

1. 项目后评价的主要收集整理任务

（1）项目全过程的回顾和总结。

从项目的前期准备到竣工验收，全面系统地总结各个阶段的实施过程、查找问题，分析原因。

（2）项目效果和效益的分析评价。

对项目的工程技术效果、财务效益、经济效益、环境影响、社会影响等进行分析评价，对照项目可研评估的结论和主要指标，找出变化和差别。

（3）项目目标和持续性的评价。

对项目目标的实现程度及其适应性、项目的持续发展能力及问题、项目的成功度进行分析评价，得出项目后评价结论。

（4）总结经验教训，提出对策建议。

相关内容参见图 5-1。

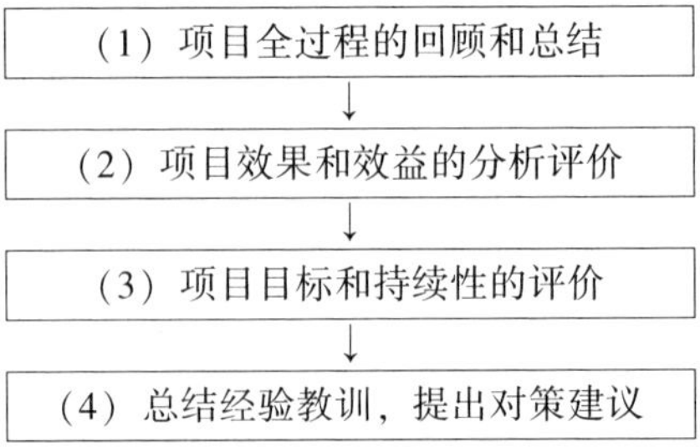

图 5–1　项目后评价步骤

2. 项目后评价的范围和内容

全过程各阶段的回顾和总结，即从项目的决策、准备、实施到运营，全面系统地对各个阶段总结进行的过程，发现合规问题，分析原因。参见图 5–2。

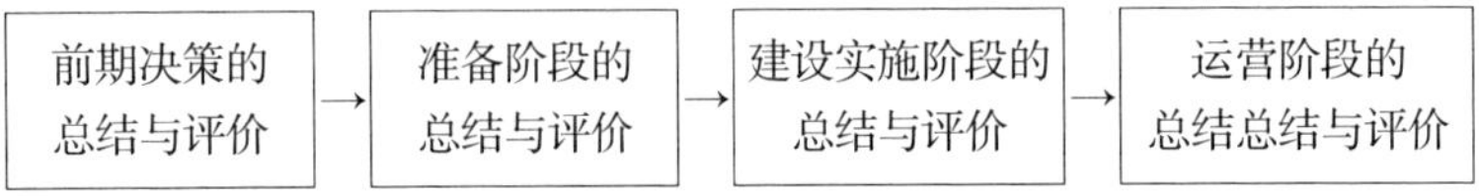

图 5–2　项目后评价的范围与内容

前期决策的总结与评价。包括：可行性研究的总结评价、项目评估的总结评价、项目决策的评价。

准备阶段的总结与评价。包括：勘察单位、投融资方案、采购工作、开工准备等评价。

建设实施阶段总结与评价。包括：合同执行的分析评价、工程实施与管理评价、项目资金使用的分析与评价、项目竣工评价。

运营阶段的总结与评价。包括：项目运营状况的小结、项目效益监测。

3. 项目后评价的基本指标

（1）项目技术效果评价；

（2）财务和经济效益评价；

（3）环境影响评价；

（4）项目社会影响评价；

（5）项目的管理效果评价（项目工期、质量及安全管理、合同履约情况、过程中存在的重大问题、业主满意度）。

4. 项目成功度评价

（1）完成成功；

（2）基本成功；

（3）部分成功；

（4）不成功。

5. 评价方法

主要有：前后对比法、有无对比法、成功度评价法等。

6. 项目后评价的作用

项目后评价对提高建设项目决策科学水平，改进项目管理和提高投资效益等方面发挥着极其重要的作用，为后期项目积累宝贵经验，主要表现在以下几个方面：

（1）总结项目管理的经验教训，提高项目管理水平；

（2）提高项目决策科学化水平；

（3）对企业经营管理进行诊断，促使项目运营状态的正常化，提高项目的经济效益和社会效益。

六、在尼日利亚开展工程的其他注意事项

(一) 尊重当地风俗习惯

(1) 要尊重当地居民的宗教信仰，决不能拿宗教开玩笑。如宴请穆斯林客人，不能吃猪肉等禁忌食品，不能饮酒。

(2) 要尊重当地的风俗习惯。与尼日利亚人喝酒时不要强行劝酒，以各人随意为佳；不要打听尼日利亚人的隐私，如个人感情、工资收入、几个妻子等；适应会谈、社交、工作和休闲不同场合，恰当着装，不可赤膊出现在公共场所；注意吸烟场合，如有女士在场需征求其意见。

(3) 在尼日利亚中资企业应避免介入当地宗教和部落冲突，避免同当地人发生冲突。

(二) 妥善处理与工会的关系

中国企业要全面了解尼日利亚的《劳工法》和《工会法》等法律法规，熟悉当地工会组织的发展状况、制度规章和运行模式。应根据当地规章和本企业实际情况，研究确定是否成立工会组织。

在尼日利亚中资企业应通过加深属地化经营，保障员工福利待遇，保持与全国性、行业性工会组织的沟通联系，预防化解矛盾。在发生同当地雇员的纠纷时，应积极应对，避免事态扩大，造成不良影响。另外，应注重媒体宣传，为企业树立良好形象。

(三) 承担必要的社会责任

要积极参与当地的公益事业，承担企业应尽的社会责任。企业应

投入一定的人力和资金，参与当地社区的公益事业，帮助解决当地社区的热点问题，如为当地居民打井、修路、修建小学校等，密切与当地社区和居民的关系。

[**案例** 5-6]

在尼日利亚中资企业主动免费为当地培训专业人才，获得政府和民众的普遍认可，如华为公司为尼日利亚提供了2000多个信息和通信技术（ICT）培训机会，尼日利亚副总统奥辛巴乔对此深表感谢，未来华为还将选择优秀的尼日利亚女性到中国参加培训，奥辛巴乔亦对此表示赞扬。

[**案例** 5-7]

中地海外集团（简称中地海外）尼日利亚公司钻探公司向尼日利亚首都区卫星城夸里地区捐建供水系统运行。该系统是中地海外捐建的项目，两年前已交付使用，但中地海外始终心系项目运行情况，这是夸里镇及周边地区生产生活的重要工程，彻底改变了周边无水可喝、无水可用的局面。

3年前，首都地区部部长贝罗（Muhammad Bello）到中地海外水务公司视察。考虑到当地干旱用水困难，中地海外尼日利亚公司国管部总经理叶水金把免费为当地提供一套供水系统的想法告诉了贝罗。贝罗拍手称赞，并迅速与当地土王一起筹划供水系统方案。

整个夸里地区60万人口，一直没有固定的饮用水来源，旱季缺水情况尤为严重。水成了这里最急需解决的问题。为了尽快让当地居民用上干净水，中地海外与有关方面最终商定，对原来两个废弃水厂进行重新改造。经过实地察看与论证，中地海外决定将供水系统升级为太阳能全自动系统，并铺设新的管道进村，开设更多取水点。

铺设4400米水管，钻井5口，修建5个太阳能供电自动蓄水池，在居民密度较高的市场等重要场所以及主干道安装29个取水点……从2017年10月初正式开工到顺利竣工，项目仅用了45天时间。

新的供水系统每日可供水约160立方米，基本能保障1万人的日常用水。即使在一般光照条件下，供水系统也不需人工操作，不消耗任何材料，真正实现了节能环保。

当地人说是中国企业帮助了我们，水中流淌着中国人民对我们的情谊。

“1983年就进入尼日利亚市场的中地海外，能有今天的发展，离不开尼日利亚人民的帮助。如今，中地海外也应为当地人民提供帮助。”叶水金说，捐建水厂就是中国企业回馈当地社会的表现。

（四）与媒体沟通的注意事项

尼日利亚媒体具有巨大的社会影响力，能够影响公共决策和公众态度，因此中国企业在尼日利亚经营，应重视并懂得如何与媒体打交道。

企业应建立正常的信息披露制度，可设新闻发言人，定期向媒体发布相关信息。

企业在遭遇不公正的舆论压力时，应注重宣传引导，向媒体提供正确的新闻稿，通过主流媒体发布主导性消息，引导当地媒体进行对本企业有利的宣传。

加强与媒体和记者的联系和互动，通过当地媒体宣传，提高中国企业在当地的公众形象。

在尼日利亚中资企业主动联系媒体报道其公益活动，提高了中资企业声誉。

目前，在尼日利亚多家大型中资企业注重媒体宣传，定期将企业的动态、慈善公益活动、最新产品等信息在主流媒体宣传，为企业打造良好的形象。

（五）如何面对执法人员

在与尼日利亚执法人员打交道时，注意以下两点：

（1）尼日利亚是法制体系较为完善的国家，在尼日利亚工作生活一定要熟悉当地的法律、经济体制、经济政策和风俗礼仪等，这样才能在关键时刻有理有据地捍卫自己的权益。如遇尼日利亚警察无理盘查，可注意察看和记下他们的警号或警车车号，并礼貌地要求对方出示带有照片的警察证件，尽量避免与办案警察发生激烈的言辞和肢体冲突。

（2）注意随身携带尼日利亚当地紧急救助电话号码（电话号码见此章文末），如遇到异常情况和不公正的对待应立即打电话求助。与此同时，利用随身携带的手机、相机等电子器材摄影、摄像或录音，记录现场情景，保存证据。

（六）遇到困难寻求帮助的途径

1. 寻求法律保护

在尼日利亚，企业不仅要依法注册、依法经营，必要时还要通过法律手段解决纠纷，捍卫自己的合法权益。

由于法律体系和语言的差异，中国企业应该聘请当地律师处理企业的法律事务，一旦涉及经济纠纷，可以借助律师的力量寻求法律途径解决，保护自身利益。

2. 取得当地政府帮助

尼日利亚州政府和地方政府重视外国投资。中国企业在尼日利亚投资合作中，要与所在地政府相关部门建立密切联系，及时通报企业发展情况，反映遇到的问题，寻求所在地政府大力支持。遇到突发事件，除向中国驻尼日利亚大使馆经商处、驻拉各斯总领馆经商室、公司总部报告外，必要时也可与所在地政府取得联系，寻求帮助。

尼日利亚主管外商投资合作的政府部门主要是尼日利亚投资促进委员会（NIPC），该委员会同时担负投资促进职能。

3. 取得中国驻当地使（领）馆保护

中国驻尼日利亚大使馆和驻拉各斯总领馆领事部可以提供的帮助，请查询外交部网站：www. fmprc. gov. cn/chn/lsfw/lsbh/default. htm。

中资企业在尼日利亚投资合作中，可经常浏览中国驻尼日利亚大使馆经商处（nigeria. mofcom. gov. cn）和中国驻拉各斯总领馆经商室（ng. mofcom. gov. cn）的网页，了解尼日利亚最新的政治经济形势和注意事项。

中资企业应该在进入尼日利亚市场前，征求中国驻尼日利亚大使馆经商处或驻拉各斯总领馆经商室的意见；投资注册之后，按规定到使馆经商处或总领馆经商室报到备案；保持与经商处或经商室的日常联络。

遇到重大问题和事件发生，应及时向大使馆或总领馆报告；在处理相关事宜时，要服从使馆领馆的领导和协调。

4. 建立并启动应急预案

（1）建立应急预案。

尼日利亚营商环境较差，中资企业在尼日利亚开展投资合作，要客观评估潜在风险，有针对性地建立内部紧急情况预警机制，制定应对风险预案。对员工进行安全教育，强化安全意识；设专人负责安全生产和日常的安全保卫工作；投入必要的经费购置安全设备，给员工上保险等。

（2）启动应急预案。

遇到突发自然灾害或人为事件发生，应及时启动应急预案，争取将损失控制在最小范围内。遇到火灾和人员伤亡，应及时拨打当地火警和救护电话，并立即上报中国驻尼日利亚大使馆或驻拉各斯总领馆和企业在国内的总部。

5. 其他应对措施

中资企业及公民在尼日利亚如遇突发状况，或遇有语言不通等特殊情况，应尽快通过各种联系方式与中国使馆领事部门取得联系，也可与尼日利亚中国总商会等组织取得联系，告知所遇困难及地理信息，以便尽快解决。

在中资企业间、华人内部发生的纠纷，应尽量内部协商解决，避免矛盾扩大，如需通过法律途径解决纠纷，可通过国内有关单位进行。

如遇恐怖袭击、绑架、抢劫等恶性治安事件，请及时报警，并与中国驻尼日利亚大使馆和工作单位取得联系。

中国大使馆值班电话：08065842688

驻拉各斯总领馆值班电话：08056666116

阿布贾火警电话：999、092906118

紧急求助电话：199

匪警：999

急救：123

警察紧急救助电话：

阿布贾：08061581938、07057337653、08032003913

拉各斯：08081776262、08023400797

Chapter 6
第六章

尼日利亚投资风险和机会分析

一、尼日利亚整体营商环境

尼日利亚不仅是我国在非洲最重要的出口市场之一，也是我国开拓非洲基础设施市场的重点国家。中尼之间长期保持着友好的政治关系，两国不仅确立了战略伙伴关系，还签署了“一带一路”合作协议。“一带一路”建设将深化中尼在基础设施建设、油气开采和制造业等领域的合作，为尼日利亚经济发展注入新的活力。

据世界银行《2019 年营商环境报告》显示，尼日利亚在参评的 190 个国家和地区中，排名 146 位。布哈里总统于 2016 年 7 月专门成立了以副总统奥辛巴乔为主席的“商业环境理事会”（PEBEC），负责统筹各部门推进改革措施，积极改善尼日利亚营商环境。虽然目前尼日利亚经济下行风险很大，然而中尼的经贸却是逐年增长。在尼日利亚政局及社会治安相对稳定的前提下，尼日利亚整体营商环境积极向上。

1. **中尼双边贸易大幅增长**

中国是尼日利亚第二大贸易伙伴，并于 2012 年超越美国成为尼日利亚第一大进口来源国。据中国海关统计，2018 年中尼双边贸易额 152.7 亿美元，同比增长 10.8%。其中，中国对尼日利亚出口额 134.1 亿美元，增长 10.3%；自尼日利亚进口额 18.6 亿美元，增长 14.6%；贸易顺差 115.5 亿美元，同比增长 9.6%。中尼双边贸易额占中国与非洲贸易总额的比重为 7.5%，占中国与西非国家经济共同体（简称西共体）贸易总额的 39%。尼日利亚继续保持中国在非洲第三大贸易伙伴、第二大出口市场和第一大进口国的地位。

中国对尼日利亚出口商品主要类别包括：（1）电机、电气、音像设备及其零部件；（2）锅炉、机械器具及零件；（3）服装及衣着附件；(4) 车辆及其零附件；(5) 钢铁制品；(6) 化学纤维长丝；(7) 塑料及其制品；(8) 钢铁；(9) 铝及其制品；(10) 橡胶及其制品。

中国从尼日利亚进口商品主要类别包括：(1) 矿物燃料、矿物油及其产品；(2) 木及木制品；(3) 矿砂、矿渣及矿灰；(4) 塑料及其制品；(5) 铜及其制品；(6) 生皮（毛皮除外）及皮革；(7) 盐；硫黄；土及石料；石灰及水泥等；(8) 铅及其制品；(9) 可可及可可制品。

2. 中尼双向投资发展迅速

近年来，中国和尼日利亚双向投资发展迅速。据中国商务部统计，2018 年当年中国对尼日利亚直接投资流量 1.95 亿美元。截至 2018 年末，中国对尼日利亚直接投资存量 24.53 亿美元。在中国驻尼日利亚大使馆经商处备案的近 120 家较大型中资企业中，工程承包企业近 70 家、投资合作企业 40 余家、贸易企业 30 余家。其中，工程承包业务已涉及公路、铁路、电力、通信、航空、石油等领域；投资领域主要包括石油开采、经贸合作区建设、通信广播、固体矿产资源开发、家电及车辆装配、食品饮料及桶装水生产、纺织品生产及加工、农业生产等。

3. 中企在尼新签承包工程势态良好

尼日利亚是我国在非洲最大的工程承包市场。据商务部统计，2018 年中国企业在尼日利亚新签承包工程合同 175 份，新签合同额 170.13 亿美元，完成营业额 40.48 亿美元；累计派出各类劳务人员 4502 人，年末在尼日利亚劳务人员 11088 人。新签大型工程承包项目包括中国土木工程集团有限公司承建尼铁现代化项目（拉各斯至卡诺）第 4 号补充实施协议伊巴丹至卡杜纳段含奥逊伯至阿杜–埃基蒂支线项目；中国葛洲坝集团股份有限公司承建尼日利亚蒙贝拉水电站项目；中国水利水电第七工程局有限公司承建蒙贝拉水电站项目等。

4. **在尼已建成两个经贸区**

中国在尼日利亚建有莱基和奥贡两个合作区，经中尼双方共同努力，两自贸区已初具规模，现有从业人员近5000人，间接创造就业数万人。主要行业包括建材、陶瓷、家具、五金、医药、电子、食品及饮料加工、农副产品加工、包装印刷材料、汽配机电产品、轻工产品等行业。截至2019年第一季度，两自贸区累计投资额已达6.67亿美元。

5. **市场需求大，尼政府大力支持**

尼日利亚政府已意识到基础设施是尼社会经济发展的命脉，尼将发展基础设施作为政府工作的重要任务。作为西非第一大国，尼日利亚落后的基础设施已成为尼日利亚经济和社会发展的瓶颈。近年来，尼日利亚各级政府在基础设施建设领域投入许多资金，虽然状况有所改善，但效果并不明显。

为加快基础设施建设步伐，尼日利亚预算和国家计划部制定了2014—2043年《国家综合基础设施总体规划》（NIIMP）。规划将能源、交通、住房、供水和通信等基础设施列为发展重点领域，同时也将推动农业、采矿、社会服务、人口登记和安全等设施的完善。规划细分为3个十年战略规划和6个五年操作规划。第一个五年（2014—2018年），尼日利亚基础设施投资计划从目前的每年90亿~100亿美元（占当年GDP的4%），提升至每年250亿美元（占当年GDP的7%）。到2043年，基础设施领域累计投资预计需2.9万亿美元，其中48%依靠私人投资。政府为此也将出台吸引私人资本的相关政策。

尼日利亚政府欢迎外国投资者参与当地基础设施投资。目前，外资在尼日利亚主要采用EPC模式参与当地基础设施合作，涉及路桥、机场、电力等。根据尼日利亚三级政府架构，各级政府对应负责管理各自职权范围内的基础设施项目建设。其中，负责建设的联邦一级主要政府部门职责分工为：交通领域主要由联邦电力工程和住房部、联邦交通部负责；房建领域主要由联邦电力工程和住房部负责；电力领域主要由联邦电力工程和住房部负责，航空领域主要由联邦航空部负责；石油领域主要由联邦石油资源部负责等。

点评：

虽然尼日利亚社会有治安、疟疾和交通安全“三大害”，尼政府对外籍劳工实行的配额管理也影响着外商的投资，但总体上，尼日利亚政府欢迎并鼓励外国企业到尼投资，并在注册、用地、税收和资本流动等方面制定了一系列优惠政策；尼日利亚是人口大国，市场潜力大，对周边国家有很强的辐射力；尼日利亚市场开放程度高，准入门槛相对较低；尼日利亚人力资源充足，价格便宜，容易招聘，这些都是吸引境外投资的利好因素。中国与尼日利亚近些年的经贸合作持续增长也能体现出尼日利亚整体投资环境的积极向好。

2020 年，受新冠肺炎疫情和国际油价浮动的影响，尼日利亚经济日渐下浮。同年 9 月，尼央行调查显示当地企业对经济缺乏信心。为提振经济，尼联邦政府于 2020 年 9 月明确表示需要更多贷款为公路、铁路和电力等关键基础设施建设提供资金。这对我国工程建设企业“走出去”是一个良好契机。

二、尼日利亚投资风险分析

尼日利亚政局在 2015 年大选后基本保持平稳，但总统布哈里的身体状况使该国政局暗潮涌现。在世界经济艰难复苏、国际大宗商品价格走低的背景下，尼日利亚宏观经济面临严峻挑战，经济改革困难重重，转型之路任重道远。司法体系成本高昂且发展缓慢的现状依旧没有改善。政府官僚主义盛行，腐败问题严重，效率低下。税收综合成本较高，税收流程耗时耗力。基础设施落后严重制约经济发展。

根据中国出口信用保险公司编著的《国家风险分析报告(2018)》，尼日利亚 2018 年的风险评级为 7 级（7/9），风险水平偏高，主要风险见表 6-1。

表 6-1　2018 年尼日利亚主要风险概览

风险类别	风　险　描　述
宏观经济环境	经济步入下滑通道，增速放缓、外汇储备急剧减少、外商投资和进出境均有所下降。
政治环境	2015 年大选后，政局基本稳定，但政府内部矛盾重重。
法律与监管	法律制度较为健全，但诉讼程序费时耗力、成本高昂、司法腐败普遍，司法解释随意性大，司法公正备受质疑。
政府效率	政府部门办事效率低下，政府监管和执行能力弱，还存在腐败问题。
金融及国际贸易与支付	过度依赖石油出口，存在金融风险，融资渠道不畅。
安全	面临较严重的恐怖袭击和教派冲突的威胁，安全形势严峻。
税收政策	税收体系比较完整，但税收流程耗时，综合成本较高，石油相关税制需特别加以注意。
基础设施	基础设施落后，不能满足生产生活需要。
劳动力市场	劳动力充足，但普遍受教育程度低，失业问题突出，劳动生产率低。
社会文化	民族众多，宗教信仰主要有伊斯兰教、基督教和原始拜物教；人民性格直爽好客，注重礼仪，但存在部族与部落间的冲突。

以下从政治风险、宏观经济风险、法律与监管风险、经营性风险、安全风险、自然风险等方面对尼日利亚投资风险进行分析。此外，因尼日利亚的商业诈骗很多，本书对在尼经营遇到的诈骗案例特设专篇进行陈述和分析。

（一）政治风险

政治风险主要指项目所在国政局动荡、战争、汇兑限制和政府违约。对于该类风险一般的防范措施为：特许权协议必须得到东道国政府的正式批准，并对项目付款义务提供担保。向国家出口信用保险公司投保政治保险。

1. 政策风险

尼日利亚政策波动性较大，容易造成投资项目的进程受阻甚至失败。

尼日利亚一些政策缺乏连贯性，对合同和 FIDIC 条款的履行存在随意性，承包商甚至无法按照国际惯例索赔，这给中资企业在尼日利亚进行合同谈判和项目实施增添了许多困难。中资企业应密切关注尼日利亚政策走向，准确研判经济趋势。

[案例 6-1]

2004 年 1 月，尼日利亚联邦政府单方面对 41 种产品实施进口禁令，之后又于 2005 年、2006 年、2010 年、2015 年等年度进行多次修订，这对企业对尼日利亚出口产生较大影响。例如，中国企业对尼日利亚出口量较大的部分商品如纺织品、鞋类等均在禁令清单之列。

点评：

中资企业可以从以下四方面入手：一是随时关注当地政策变

化情况，对于可能预测到的政策变动，提前进行谋划；二是遇到突发的政策变动，及时调整筹划；三是在合同中约定法律变动风险分担及解决方法；四是加强法律变动可索赔点的管理。

2. 政府行政风险

工程所在国法制是否健全、政府官员是否廉洁、行政效率是否高效、行政能力是否达标等都对工程承包有很大的影响。

尼日利亚行政审批环节多、成本较高，大大增加了企业投资项目的时间成本和相关风险。

（1）尼政府人员调动频繁，特别是主管工程方面的领导换届后会对原来的项目态度发生变化，他们会减少支付、更换承包商甚至停止项目的实施。

［**案例** 6-2］

2006 年中国土木工程建设集团和尼日利亚交通部签署了从拉各斯到卡诺的 1308 千米的尼日利亚铁路现代化协议，本项目总造价 83 亿美元，工期四年。2008 年 5 月，尼日利亚交通部在领导换届后停止了本工程，而且此时工程只收到 2.5 亿美元预付款。由于中土集团已完成前期的勘测设计以及建造了大量的辅助设施，使得中土集团蒙受了巨大的损失。

（2）尼日利亚地方政府对财政资金的利用比较随意，往往在年中的时候就将财政资金使用殆尽，所以对于签署的项目无法继续支付，导致大量工程工期延后。

［**案例** 6-3］

葛洲坝集团在阿布贾的国防大学项目 2009 年 11 月开工，工期 12 个月。业主的第一笔支付款在 2010 年 6 月支付，第二笔在 2011 年 2 月支付款，此后至 2011 年 11 月未见一笔支付款，故公司以支付款滞后为由索赔工期至2012年4月。由于尼政府的支付滞后，极大地增加了承包商的成本。

（3）腐败问题在尼日利亚政府体系中存在时间长、影响范围大。特别是司法腐败致使企业在尼日利亚投资过程中产生的纠纷较难妥善解决。尼日利亚司法机关的公正性和司法效率饱受诟病，许多企业对其做出的判罚结果和判决程序不满。此外，尼日利亚司法领域地方保护强，人治色彩浓厚，司法腐败现象极为严重，企业利益往往难以得到保障。

[案例6-4]

腐败现象充斥着尼日利亚社会经济生活的各个角落，敲诈、贿赂及其他腐败行为俯首皆是。人们一踏上尼日利亚的土地，就能感受到腐败迎面袭来的强烈震撼。当通过机场入境查验护照和提取行李时，移民和海关官员总会寻找种种借口诈称护照有问题，或有移民倾向等，反复纠缠，但一旦塞给美元，问题便迎刃而解。当注册登记公司时，须支付远远高于正常收费标准的额外费用。当在移民局办理居留手续或签证延期时，一笔额外支出不可避免，且可以讨价还价。当开车行使在公路上，沿途有众多的检查点，在每一个点都将留下买路钱。与税务官员就纳税出现不一致时，只要愿花钱，便可相安无事。各级政府官员均涉及腐败行为，他们为投资者提供的正常帮助总是索要酬劳，如果他们未能得到好处，即使已审批完成的项目，也可能突然间被终止，等等。大大小小的腐败现象无奇不有，不胜枚举，外国投资者常常是被敲诈、勒索和索贿的首选目标。

[案例6-5]

很多州为了拿到联邦政府的建设资金不择手段。例如在大选之前一年各个州政府都会采取一些方式获取联邦政府建设资金，其中最为常用的手段就是利用中国公司敛财。首先向州政府报批建设项目，同时确定好负责项目施工的中资企业，安排机械进场。州政府审核，只要机械进场就可以启动预付款和其他付款程序。投标时是50千米的道路，建设时最终却成了三五千米，只补偿中资公司一些机械进出场费用和支付三五千米的道路建设费，其余的钱都进入州政府达官显贵的腰包。购买材料、派遣人员、购买租赁机械等，最终折腾、受伤的是中国建设公司。

点评：

尼日利亚权力寻租情况严重。2015年布哈里政府上台后，将反腐作为执政重点之一，许多官员受到调查。中资企业在尼日利亚应避免卷入其中，以免影响企业经营。同时，处理与尼官方的关系时，需要注意符合当地和中国的合规性要求。雇佣当地代理机构去负责与政府联系并办理相关手续证件也是一种应对途径。对于权力腐败，承包商很难去控制，只有充分依赖各当地股东的背景与协调能力，并在估算项目运行成本时充分考虑可能产生的费用因素。

3. 政治动荡的风险

2015年3月尼日利亚大选后，政局基本保持稳定，社会发展总体平稳。但在当前经济困难的情况下，尼日利亚安全、社会方面问题频发导致其一段时间内政局有可能处于不稳定状态。

首先，布哈里总统健康状况的不确定性增加了政治动荡的风险。在整个总统任期内，布哈里的健康状况一直不佳。2017年曾流传过关于他去世的传言，当时布哈里在伦敦接受了长达7周的治疗。当他返回尼日利亚时，争议有所缓和，但其宣称在几周后仍需要回到英国做进一步的医疗检查。因此，布哈里的健康状况究竟如何不得而知，民众对于他能否完成任期工作也充满怀疑。布哈里是富拉尼族人，出生于信奉伊斯兰教的尼日利亚北区的卡齐纳州穆斯林聚居的达乌拉镇，而副总统奥辛巴乔则来自尼日利亚西南部的经济中心拉各斯州，因此，这引发了支持布哈里的北方选民的强烈不满，他们不愿意把权力移交给有南方背景的人。

其次，尼日利亚国内矛盾根深蒂固。尼日利亚是多民族多宗教国家，其百姓的民族宗教认同高于对国家认同，共同身份认同的缺失加剧了民众在民族、宗教和地区问题上的极端倾向。中央和地方关于不同宗教部族势力轮流执政的潜规则，不仅没有缓和国内矛盾，还加剧了分化对立。以信奉穆斯林为主的北方和信奉基督教为主的南方之间的冲突和利益分歧严重，南北经济与社会发展不平衡使北方穷困穆斯林地区面临被边缘化的风险。政客为了自己的政治利益也有意利用民族宗教冲突，这进一步激化了社会矛盾。而这也正是北方选民强烈反对奥辛巴乔执掌政权的原因。

最后，尼日利亚产油区民族主义情绪高涨，地区分离主义活动猖獗。这种现象的发生也与当前政局有着复杂的联系。例如，2010 年亚拉杜瓦病逝，乔纳森接替总统职务之后，盘踞于尼日利亚北方的“博科圣地”组织便开始活跃起来，在各地展开了暴力行动。直到 2015 年布哈里击败乔纳森当选新一任总统，集中全国的人力和资源打击圣地组织以保护其北方的支持者，暴力行动才开始有所收敛。尽管当前尼日利亚当局一直坚持对叛乱分子的打击，但是预计未来一段时间暴力冲突仍会持续。反叛分子对基础设施和生产设备的破坏影响了尼日利亚经济发展，也迫使一些尼日利亚普通民众加入武装组织。当前，修复被破坏的基础设施也是尼日利亚当局面临的一项挑战。但是，提高军事能力和基础设施建设需要较长时间，目前尼日利亚政府正在试图寻找短期解决方案。

点评：

应对政治风险的一个措施是投保海外投资险。海外投资保险承保的风险为征收、汇兑限制、战争以及政府违约。

4. 选举风险

选举的风险包括选举期间的安全风险和大选前后项目停工、取消的风险。

针对选举期间的安全风险，大使馆会提前发布一些中方人员应该注意的安全措施。而大选对尼日利亚建筑行业影响深远，选举前半年内州政府为了揽钱，联邦政府为了提升执政党声誉，往往采取审批大量项目。但有些项目资金只能筹集到10% ~15%，却要求设备、临建提前进场。一旦反对党上台这些项目大多都要取消，即便是执政党连任，这些项目也处于资金短缺、苟延残喘的状态。大选前半年停止承揽政府项目，把目光投向私人投资项目，对于保护中方企业利益至关重要。

[**案例**6–6]

因2015年选举因素，2014年8、9月份在尼日利亚从事工程项目的中国公司和当地公司项目停工达90%以上，项目资金严重短缺，拖欠工程款严重，造成建筑行业上百万人口失业。2015年2月美国信用评级机构标普将尼日利亚政府的信用评级由B+降级为BB–，同时尼日利亚当地货币奈拉贬值20%。

尼日利亚排行前十的建筑公司裁员三分之二以上，造成几十万人口失业，大量中国公司员工回国。尼日利亚政府部长给出数据，拖欠工程款2300亿奈拉，177个项目被迫中止。

根据对中铁、中建、中地海外等众多中资公司的了解，2014年下半年至2015年上半年所有的大型项目全部停工，回国休假人员达三分之二以上。

2015年新总统布哈里上台，由于内阁重组，议员、部长更换，资金原因和腐败行为，所有政府项目全部停止。新任总统上台后先开始整治腐败、排除异己，从所有的大工程项目入手，宣称数十亿美元的工程项目资金去路不明，或者转移到政府个人名下。当时中资公司最大的项目8470亿奈拉阿布贾到卡杜纳的铁路项目取消，还有众多大中型项目被取消。直到2015年下半年部分项目才慢慢启动。

2011年、2019年总统选举前也都出现了类似的情况，所以选举前后项目取消、暂停风险概率很高。

点评：

中企在尼承包工程的时候，应特别注重此类风险。对于选举前半年到一年内中标项目，做好工程款回收，严禁垫资和超前施工；做好安排大部分中国人员回国休假半年到一年的的心理准备；如若更换党派，需做好项目继续停工或被取消的心理准备。

同时，中企可以从以下三方面入手来应对政治类风险：一是实行本土化战略，雇佣大批本地员工并培养他们的主人翁意识，利用当地人来打开市场，快速获取当地资源。二是将尼日利亚的国家利益纳入公司的目标中，获取当地政府和人民支持，实现盈亏共享、风险共担，这也有助于在发生内乱或战争时借助当地政府、社会集团或员工的力量来维护企业利益。三是善于借助法律来维护自己的权益。当企业遭到勒索或者政府随意改变或取消原来合同协议时，可以向该国法院或有关国际机构申请仲裁。

5. 国家信用风险

国家信用风险主要指政府的工程款支付和拖欠，以及国家或地区政策的非一贯性以及政府工程随意变更设计。

尼日利亚政府投资项目往往不能严格制定和执行项目全周期资金筹措落实计划，很多项目在仅有少量资金到位的情况下就匆忙上马实施。因此，在工程项目实施过程中不可避免地出现因资金到位不及时导致的停工、缓建现象，导致承包商人员和设备闲置、工期延误，工程实施成本上升。

尼日利亚《今日报》2015 年 7 月 27 日报道，因政府拖欠 191 家承包商的工程款，累计 1116.8 亿奈拉（约合 5.7 亿美元），导致大量工程停工，直到 2016 年 3 月才陆续复工。

2016 年尼日利亚货币大幅贬值，物价猛涨，国内恐怖势力猖獗，地方冲突不断，罢工层出不穷，再加上国际油价不断下跌，导致尼日利亚政府囊中羞涩，将国家仅有的建设基金挪为他用，导致全国范围内大量项目取消、停工。

不论是州政府还是联邦政府，对很多项目都要求无预付款情况下施工。在资金紧张的时候要求中国企业垫资施工。垫资及严重的拖欠工程款现象导致很多企业负债累累，经营举步维艰。

而在随意设计变更方面，尼日利亚工程项目的实施虽遵循标准合同范本，但执行不够严谨，实施过程中人为因素较多，业主、咨询变更设计频繁，造成人力物力浪费，给施工带来不利影响。

[案例 6-7]

某中企承建的道路工程，其中尼日利亚凯比州 35 千米道路项目政府要求机械到场后拨付预付款，但迟迟未支付预，无奈 2014 年 10 月只好垫资施工。高原州 17 千米道路项目设计图纸标高

90%以上不准确，并且道路初始设计道路长度只有15.8千米。拿到图纸后项目部核实标高后发现严重问题，上报政府，但政府却要求项目部自行设计并且不支付任何设计费用。项目部抓紧组织人员，进行长达两个月的重新设计和报批工作，道路长度更改为17千米。通过对以往其他项目的观察，尼日利亚勘察设计人员水平低下，无设计或设计变更基本每个项目都会发生，而且经常会发生出乎意料的重大设计变更。

点评：

政府工程款支付不及时、拖欠严重是尼日利亚工程承包市场较普遍的现象。作为一个财政来源单一、主要依赖石油出口的国家，这就导致尼日利亚财政风险严重。这种形式在短短数年内很难扭转。而根据尼日利亚政府投资项目的历史经验，业主一般不会接受承包商对因业主资金到位不及时导致的额外成本的索赔的主张。因此这属于高风险。

在与尼方签订合同时一定要谨慎约定付款和交付条件，在项目实施过程中切忌冒进，应注意保持工程进度与业主付款相一致，从而避免因工程款拖欠造成损失。而对于设计变更，要加强证据留存和索赔管理。

（二）宏观经济风险

经济风险主要指所在国的经济发展形势、利率、汇率、外汇兑换率、外汇可兑换性等。该类风险一般的防范措施为：就目前国际金融状况而言，项目融资全部以美元贷款，通过远期外汇买卖、外汇买卖掉期、货币期权等金融工具进行汇率风险的规避。

1. 经济发展形势风险

2003—2014年，尼日利亚经济总体保持稳定增长，年均增长率约为7%。

然而，从2014年下半年开始，随着国际原油价格一路走低，作为西非第一大产油国的尼日利亚经济步入下滑通道，经济增速放缓、外汇储备急剧减少、外商投资和进出口均有所下降。

尼日利亚外汇储备急剧下降，奈拉大幅贬值。因石油出口量价齐跌，经常账户盈利下降，尼日利亚外汇储备锐减。截至2020年9月30日，尼日利亚国际储备降至358.0亿美元，较上年同期减少63.2亿美元。而这对工程承包及实施在宏观层面上有极大的影响。

[**案例6-8**]

尼日利亚凯比州35千米道路项目，2015年12月到2016年2月，尼日利亚因财政紧张，无法支付工程款。而项目的人员、机械、材料都已安排到位，停工带来损失严重，只能再垫付一部分资金继续施工。

高原州17千米道路项目，2014年4月到8月政府资金出现问题，只能停工4个月。

点评：

近年来国际油价波动较大，尼日利亚财政收入减少，许多政府项目因资金不足难以推进，涉中资企业经济纠纷增多，此类风险应列为高风险。在此情况下，中资企业应避免恶性竞争，发生经济纠纷应尽量内部协商解决。

同时，在尼中企应及时与政府高层沟通交流，掌握准确的信息数据，及时或者提前获取工程款。要与尼日利亚联邦政府的议员、工程部长，州政府州长和地方政府工程部长等人员处理好关系。联邦政府项目的付款一般都掌握在议员和工程部长手中，而州政府的付款一般都掌握在州长和州工程部长手中，与这些当地高官处理好关系是工程款顺利支付的首要条件。款项可以足额优先支付给与政府关系处理非常好的企业，中国企业只有适应这种现状才能规避部分工程款的拖欠问题。加强与政府高官的交流和沟通，及时获取政府准确的资金状况，并据此做相应的计划。

2. 通货膨胀风险

通货膨胀是经济发展过程中很难避免的，大多数国家都有此风险。但是如果通货膨胀的速度超出承包商的可预见范围，而承包商签订的固定总价合同，没有调价可能，此时材料、设备价格上涨及当地货币贬值会给承包商造成严重损失。

当前，尼日利亚经济增速缓慢，通货膨胀突出。2015 年，由于全球经济复苏缓慢，大宗商品价格尤其是石油价格持续下降等因素，尼日利亚 GDP 增长率下降至 3%；通货膨胀率预计由 2014 年的 8.0% 上升至 15.7%。自 2016 年 2 月以来，尼日利亚物价水平上涨较快，居民消费价格指数（CPI）始终保持在两位数以上水平。但到 2017 年 1 月，CPI 达到近年来的最高点 18.72% 后开始缓慢下降。2019 年 3 月，CPI 为 11.25%。总体而言，尼日利亚的通胀尚属于高位水平，很多金融机构预测高位通胀将在未来几年持续影响尼日利亚的经济。这对在尼承包工程的中企非常不利。

[案例 6-9]

2016 年 6 月，因汇率影响，尼日利亚全国物价大幅度攀升。这直接导致项目将兑换成人民币的利润减少了 43%，更严重的影响是三个月以后材料价格飙升，沥青混凝土价格从每 24000 奈拉/吨涨到 30000 奈拉/吨，水泥从 2200 奈拉/袋涨到 2600 奈拉/袋，钢筋从 180000 奈拉/吨涨到 220000 奈拉/吨。某中企在尼日利亚道路项目双层表处计划材料费从 25 亿奈拉飙升到 36.5 亿奈拉，增加费用 11.5 亿奈拉。在多次谈判和磋商后，政府才最终同意对沥青价格调价 15%，增加 5.8 亿奈拉，企业才勉强挽回部分项目损失。

点评：

大量存储一些进口材料，可以减轻由于汇率变化导致材料价格猛涨的风险，或者通过材料采购合同将风险转移给分包商。

3. 外汇管制风险

外汇管制是一国为了减缓国际收支危机，减少本国黄金外汇储备的流失，而对外汇买卖、外汇资金移动以及外汇和外汇等价物等进出国境直接加以限制，以控制外汇的供给或需求，维持本国货币对汇率的稳定所施行的政策措施。

有些国家的国际金融市场不发达，本币不可以自由兑换外币，或者即使兑换成可自由兑换货币也不允许汇出该国。还有的国家高估本币，如果承包商根据银行牌价兑换，要蒙受巨大的损失，只能在黑市兑换。

尼日利亚是外汇管制国家，资金无法自由汇出。中国投资者须从授权交易商处取得资本输入证书，然后才有资格将资本汇出境外。近两年来，受国际原油价格悬崖式下跌、新冠肺炎疫情等事件影响，尼日利亚经济发展形势恶化，外汇紧缺危机加剧。为稳定外汇储备和汇率，尼央行出台了一些外汇管制措施，如 2015 年 2 月停止央行外汇拍卖市场，6 月 23 日起禁止 40 种商品的进口购汇业务，2016 年 1 月 13 日起停止向外汇公司出售外汇，而 2020 年 9 月尼总统又宣布增加 2 种商品的进口购汇业务，这些都导致承包商购汇、进口工业原材料和生活品更加困难。外汇管制虽暂时起到了一定的效果，但市场普遍预期未来一段时间内国际油价仍将维持在低位水平，能否阻挡奈拉贬值仍存在较大的不确定性，不排除未来尼政府采取更加严格的外汇管制措施的可能性，汇兑风险或将进一步增大。

［**案例** 6-10］

2020 年 9 月，在尼日利亚官方外汇资源持续收缩的压力下，尼日利亚中央银行（CBN）已开始调查 55 家公司和个人的外汇交易行为。调查主要是针对未通过官方投资者与出口商（I & E）窗口所进行的违规外汇交易行为。调查名单涉及外贸、机械、建材、航运、物流、能源等多个领域，包括集团企业 Stallion、电子支付公司 Interswitch、航运公司 CMA CGM 等知名企业。

点评：

对于外汇管制风险可采取的措施如下：一是向我国驻尼日利亚经济商务参赞处或者中国信保咨询尼日利亚的外汇政策及动向，提前获取购汇许可。二是加强与业主的联系和收汇跟踪，特别是加大对逾期未收汇的应收账款的催收力度，一旦发生收汇风险及时向中国信保报损，共同采取措施减小损失。同时，做好换汇计划，选择合理的换汇时机，避免在尼日利亚外汇来源紧张时换汇；在换汇时，充分利用项目股东的协调能力；当外汇政策发生剧烈变化时，可采用调整项目产品内外比例、增加出口等方式化解风险。

4. **汇率风险**

尼日利亚的工程合同货币一般为美元或奈拉，但很多材料设备需从第三国采购，使用第三国货币，因此项目至少涉及 3 种货币，汇率波动将严重影响承包商的收益。尼日利亚属于石油经济国家，外汇储备的 95% 来自石油收入，奈拉对外币汇率受石油价格的影响。从 2014 年 6 月开始至今，随着石油价格持续下跌，奈拉贬值幅度达 150% 以上。尼央行自2015年3月起将奈拉与美元汇率固定并采取了严格的外汇管制措施，导致平行市场和黑市对美元的需求大幅增加，官方汇率同平行市场汇率一度出现超过50%的汇率差，加剧了奈拉在这两个市场中的贬值速度。通过妥善选择结算货币、进行合理的币种搭配、在合同中对汇率变化加以约定，可在一定程度上减少汇率损失。

目前，通过美元中间结算的汇率（2020年10月1日数据），1奈拉（NGN）兑换0.01782人民币（CNY），即1元人民币兑换56.12尼日利亚奈拉（NGN）。奈拉贬值是基本可以预见的未来趋势，中企在尼日利亚投资选用合同结算币时，慎用奈拉。

[**案例**6-11]

中国建筑企业在尼日利亚的盈利大多都是要转到中国国内的。中国和尼日利亚在2018年之前没有货币兑换协议，只能把美元当成中间货币。尼日利亚高原州17千米道路项目，2015年5月政府要求将双层表处面层更改为5厘米沥青混凝土面层，合同额增加4.3亿奈拉，沥青用量增加。但是2016年6月汇率发生严重下跌，跌幅达43%，政府却拒绝调整价格。

点评：

尼建筑业产值增速、汇率和价格指数波动率较高，从而行业波动性也较高，行业出险率处于高位水平。针对尼日利亚汇率风险，除采用美元或者人民币支付外，可以采取以下措施：加快回收款项；关注尼日利亚外汇市场；加快储备材料；合同中增加汇率保值条款等。

5. 融资风险

融资能力不足是我国许多工程承包企业发展的主要问题。当前国际工程市场投资国际化的程度越来越高，国际资本在工程承包市场占有的比重越来越大。国际工程承包范围也已经超出了过去单纯的工程施工和安装，逐步成为货物贸易、技术贸易和服务贸易的综合载体，需要有雄厚的资金支持。

尼日利亚当地融资困难。1995年，尼日利亚颁布了《投资促进委员会法令》，放宽了外国投资限制，规定在尼日利亚注册成立的公司可以申请利用金融机构的各类贷款。近年来，尼日利亚各家商业银行的贷款利率一般在20%左右浮动，贷款期限一般不超过360天。对于企业来说，在尼日利亚当地融资成本较高，贷款相对困难。

目前在尼日利亚承包工程的中国企业大都是国有企业，融资模式比较单一，基本上是向中国进出口银行贷款，但我国银行在开具海外工程保证金支付比例和授信额度方面的条件比较苛刻。海外工程融资额一般较大，同时人民币近几年面临着升值的压力，一旦到时银行要求用人民币还本付息，那么承包商融资成本将增加；此外我国企业大多缺乏融资经验和人才，这就进一步加剧了融资风险。

点评：

如果我们没有很强的融资能力和具有国际竞争实力的工程承包企业，就不能在国际承包市场上拿到工程总承包业务，只能做其他国家公司的分包商。若有足够资金的支持，可以采用先行垫付工程款，然后采用易货贸易的形式，从所在国获取我们国内紧缺的资源，如石油等矿产。企业还可以利用工程总承包带动设备和材料的出口，获得工程及贸易的双重利益。这种形式的做法，在尼日利亚已经有部分中国公司进行了尝试，并取得了很好的经济效益。

（三）法律与监管风险

法律风险主要指涉及土地法、税法、劳动法、环保法、合同法、招标投标法等法律法规的更改和变化所引起的项目成本增加或收入减少等风险。可能的防范措施如明确因违约、歧义、争端的仲裁在双方都认可的第三国进行。

1. 法律合规风险

合规风险是指因未能遵循法律法规、监管规定、规则和自律性组织制定的有关准则，以及适用于自身业务活动的行为准则而可能遭受法律制裁或监管处罚、重大财务损失或声誉损失的风险。

在尼日利亚承包工程主要受当地的公司注册与合同、劳动用工、税务、环境保护、反贿赂等法律法规的制约。详见本书“第四章 尼日利亚有关法律规定”。

点评：

中国企业在进入尼日利亚之前，需要对其法律环境进行全面的了解，最好聘请在大型中资或者华人律所工作的律师作为公司法律顾问。另外，应加强项目法律部门人员对尼日利亚法律制度的学习，建立相应的法律知识信息系统，制定法律差异预防措施。

2. 法律监管风险

尼日利亚法律制度较为健全。尼日利亚宪法是以 1979 年宪法为基础修订而成的。尼日利亚联邦设有最高法院、上诉法院和高等法院，各州设高级法院，地方政府设地方法院，有的州还设有习惯法上诉法院。值得注意的是，尼日利亚商业和政策法规环境具有两面性。一方面，尼日利亚市场对外开放程度相对较高，准入门槛较低，政策较为宽松。尼日利亚能源资源丰富，经济持续增长，市场潜力巨大。另一方面，尼日利亚市场发育程度较低，基础设施落后，政策连续性差，随意性大，政府部门办事效率低下，政府监管和执行能力弱，法律人员缺失，官僚主义盛行。2015 年政权更迭后，政府打击腐败、走私力度加大，但完全改变现状仍需较长时间和较大努力。

3. **商业纠纷处理风险**

尽管尼日利亚法律体系较为完备，但从法律实践来看，尼日利亚诉讼程序费时耗力、成本高昂、司法腐败普遍，司法解释随意性大，司法公正备受质疑。在“2016年世界法治指数”排名中，尼日利亚在113个参评国家中排名第96位，排名较为靠后。

合同执行或商业纠纷的最大障碍在于成本高昂，耗时较长。尼日利亚的合同执行成本是经济合作与发展组织（OECD）高收入国平均水平的3倍，比撒哈拉以南非洲地区平均水平高出30%。

点评：

根据世界银行《国际营商环境调查》的数据，在尼日利亚60%以上投资者对判决的公正性不满，90%以上的投资者对案件审理的效率不满。很多中资企业在投资过程中常遇到当地合作伙伴缺乏商业诚信问题，提请中资企业和个人注意。正如本书“第四章 尼日利亚有关法律规定”中“十一、在尼日利亚解决纠纷的主要途径及适用法律”所述，对于商业纠纷处理，主要解决两个问题：一是准据法的选择；二是纠纷解决方式的选择。为了避免出现准据法争议，涉外商事交易中的当事人可以在其合同中明示约定用以解释并支配合同的准据法，在不存在恶意的情况下，这种法律选择条款会得到法院的尊重与支持。而针对解决方式的选择，先协商后调解，DAB方式是尼日利亚比较认可的方式。

4. **税收风险**

尼日利亚税收体系完整，但综合成本较高。尼日利亚有完整的税法和系统的税收征管体系，税收名目繁多。税收管理实行联邦、州、地方政府三级管理。联邦政府征收的税赋有8种，主要有公司所得税、石油利润税、增值税、教育税等。州一级税收管理机关主要负责收取本州范围内的个人所得税、资本收益税、商用场所注册费用、州首府道路注册费等。地方政府主要征收与行政管理有关的税费，如烟酒税、公共广告费等。由于三级政府对企业课税名目繁多，并且企业完税所需时间过长，大大提升了企业在尼日利亚纳税的综合成本。

此外，尼日利亚石油相关税制需要特别加以注意。尼日利亚是石油大国，从事石油作业的企业被认为属于石油和天然气上游行业，应根据《石油利润税法》缴纳石油利润税。《石油利润税法》规定，石油利润税的基本税率为85%，满足特定条件的情形可适用65.75%的低税率，产品分成合同制下的石油作业可适用50%的优惠税率。石油价格大幅下跌致使尼日利亚财政收入降低曾迫使布哈里政府采取激进弥补措施，在当前国际大宗商品价格未见明显回升状态下，不排除尼日利亚政府再次采取类似措施。因此，相关企业应密切关注政府政策调整。

另外，尼日利亚税务稽核频繁，惩罚措施严厉。尼日利亚联邦或者地方税务局定期或不定期来函咨询税务问题，如果企业没在规定时间内回复将会被约谈，如果不参加约谈，公司可能会遭到被强制封闭、营业执照被吊销等惩罚。此外，很多中资企业不了解当地税务制度，没有建立一个健全的对外账务体系和报表，税务部门在检查时便可根据其掌握情况开出大大超出企业实际应纳税额的评估税单。如未及时缴税，警察可能会直接来抓人，严重影响企业经营。

点评：

尼日利亚税收法律虽然比较严格，但在实际的执行过程中存在行贿受贿、黑幕交易、暗箱操作等不法现象。承包商可能会收到当地税务局开出的不合理高额税单，但经过税务中介公司从中斡旋，问题往往就能解决。

5. **环境保护政策风险**

尼日利亚对土壤、森林、大气、水体等方面的保护出台了相应的法律法规，并对破坏环境行为的处理和赔偿标准做了具体的规定。此外针对投资项目发布了相应的环境影响评价法规1991年《环境影响评估法案》。由于工程承包商造成资源环境破坏而遭受巨大损失的例子不在少数，如壳牌公司因在尼日利亚的漏油事件惨遭巨额罚款，并花费大量资金来修复环境。

点评：

目前我国在尼日利亚的承包商普遍重视环境保护，通过建立环境管理体系、参与国际环保认证、加强员工环保教育和环保意识等方式保护当地环境，避免或减少环境污染。到目前为止，还没发生过我国企业给尼日利亚造成严重环境破坏的事件。

6. **法律差异风险**

尼日利亚的法律渊源与中国不同，因此两国的工程承包相关法律必然存在较大的差异，中国承包商就不能再轻易按照国内的法律办事，否则容易招惹麻烦。

[案例6-12]

中国某工程联合体公司中标非洲某国公路项目，由于项目所经过之地全为私有，地主在施工过程中百般阻挠，严重影响工程进度，这就是因承包商不熟悉当地土地法所导致的后果。

点评：

聘请当地法务专家，加强在尼各中企内部的经验交流。

（四）经营性风险

经营性风险包括外部经营风险和内部经营风险。外部经营风险包括所在国的基础设施、工会、劳动力、市场竞争力等情况。内部经营风险如施工企业自身的技术、管理风险等。

1. 基础设施落后风险

尼日利亚的水、电、道路等基础设施十分落后，特别是电力供应严重不足，缺口高达50%以上，许多企业必须依靠自备发电设备来维持生产运行，仅此一项就会增加约10%的成本。其他如通信质量差、铁路运力不足、公路年久失修等问题普遍存在，基础设施问题严重影响了外国对尼日利亚的投资，成为限制其经济发展的重要因素。公路建设是尼日利亚目前发展较好的领域，全国公路网络较为完善，但是每逢雨季（4—10月），尼日利亚东南部和西北部的公路状况就会恶化，交通运输的运营效率降低，企业曾出现过因原材料运输不及时而被迫停工、项目延期的情况。

除水、电、道路外，尼日利亚主要产业以农业为主，工业基础薄弱，本地建筑材料生产能力低，除砂石外基本不能满足铁路建设的需求，有的地方一间水泥工厂都没有，这使工程采购面临极大的挑战。

2. 语言文化差异风险

尼日利亚原属于英殖民地，官方语言为英语，当地人除了会说本族语言，一般还会说一口流利的英语，不过他们的英语带有地方腔调，在发音上与纯正的英式或美式英语还是有明显的区别。

点评：

总体来说，只要会说英语，同当地人交流是不存在障碍的。

3. 风俗习俗差异风险

尼日利亚人非常讲究礼仪，如见面握手寒暄时，需先敬意地弹扣几下对方右手后方能握手问候；当地伊斯兰教徒禁食猪肉或者未经宰杀而死的禽畜；基督教徒把13视为不吉祥数字；尼日利亚对实施种族歧视制度有强烈的憎恶感，比如对南非，凡去过南非的人就不能直接再入境尼日利亚，所有的印刷品不能有设计南非活动的画面，我国赴尼人员需要格外注意该项内容。尼日利亚人也不愿意谈论政治，也很忌讳别人当面宣扬无神论、用食指指人和直接用左手拿东西；尼日利亚很多民族部落仍执行酋长制，酋长掌握着至高的权力，在工程进入某部落区域前要和酋长搞好关系，取得其支持。承包商须了解并掌握和遵守这些风俗礼仪，为工程的顺利展开争取保障。

[**案例**6–13]

当地百姓将逝者葬在公路边，多数墓穴地表上并无标记。另外，尼日利亚人有树木崇拜的风俗，将大树奉为神树，其中有很多“神树”处在项目红线用地以内，这给征地拆迁工作带来很大困扰。

点评：

尼日利亚各地风俗也有差异，每到一地，应邀请当地人员对风俗习俗进行讲解培训。

4. 社会组织（工会）风险

尼日利亚是有工会运动传统的国家。正如本书“第二章 尼日利亚概况”关于对尼日利亚社会组织所述，工会运动会极大影响工程建设的实施，是优先级极高的风险。

[**案例**6–14]

2013年7月1—3日，尼日利亚石油和天然气业工人协会（NUPENG）发起为期三天的警告性罢工，以抗议协会成员受到壳牌、雪佛龙、阿吉普等国际石油巨头的非人道待遇。2014年12月，NUPENG和石油天然气雇员联合会（PENGASSAN）组织全国性罢工；河流州司法系统因工作人员罢工关停长达8个月等。

点评：

在尼日利亚罢工是合法的，工会动辄组织工人罢工，即便是政府有时也不得不向工会和工人妥协，在尼中企应同工会建立良好关系，保持员工与公司交流渠道的畅通，对员工多些关怀，了解员工的工作态度和内心动向。

5. 用工风险

劳动用工风险主要体现在两个方面：

一是尼日利亚技术性劳动力缺乏。尼日利亚人口众多，文盲比例高达46.7%，在OECD的世界各国人力资本排名中，尼日利亚居第76位。

虽然尼日利亚普通劳动力资源充足，人工成本低，但工人工作效率也较低，且严重缺乏高级技术和管理人才。因此承包商在项目实施过程中不仅需加强对本地普通员工的技术培训，还需从国外雇佣大部分高级技术和管理人员，这可能会造成项目进度缓慢和成本的增加。

二是获得外籍员工准入许可困难。在尼日利亚企业要雇用外籍员工必须向尼日利亚内政部移民局申请配额，还要办理工作居住证。要获得这两项批准程序烦琐、十分困难，一个外籍劳工必须培养2名当地学徒并支付高额费用，还必须提供金额很大的纳税证明。企业在办理绿卡过程中，往往遇到拖延不办、材料遗失等问题，尼方办事人员权力寻租情况严重，给外国人出入境带来不便。

此外，尼日利亚近些年加大了对外籍人员的检查力度，严惩和遣返非法留尼人员。我国很多在尼务工人员多持临时工作签证或商务签证，面临着随时被遣返甚至被敲诈勒索的风险，工人不到位，工程项目就无法展开。

其他的用工风险还包括当地工人的工作习惯：

（1）当地工人大多工作较散漫，时间观念不强，与我国工人勤劳、守时，形成鲜明对比。

（2）当地工人追求及时行乐，花明天的钱圆今天的梦，无存钱习惯，且要求及时发放工资，晚发一天都不行。

（3）当地工人教育水平低，技术差，却极其自信。

（4）当地工人大多周末休息，给加班费都不愿意，与我国假日不休、“5+2”连轴转的工作模式不同。

点评：

在劳务方面中国企业在尼日利亚进行劳务合作应：（1）事先做好人员配置规划，推行属地化战略。（2）可将劳务签证外包，聘请当地有实力的劳务签证代理公司进行签证代理，这样可以节省时间和额外费用。（3）纯劳务合作应慎重开展。尼日利亚技术和专业人才短缺，但对普通劳务几乎没有需求。尼日利亚对外籍劳务实行配额管理，只有具有一定专业技能的外籍劳务人员才可能获得工作许可。加之尼日利亚工资水平低、各类安全问题突出，与尼日利亚开展纯劳务合作应慎重。

6. 用地风险

尼日利亚对土地处置、转让限制很大，缺乏市场流动性、透明性和确定性。土地一旦被没收，其补偿对投资者十分不利。另外，获得土地的程序十分繁杂，手续费较高。

［**案例** 6–15］

某中资企业从一位尼日利亚当地人手中购买了一块土地，此人各类手续齐全，但当交易结束后，准备动工开发该土地时，发现这块土地属于政府用地，不能用于私人开发，其中几项手续是该当地人伙同当地政府工作人员伪造的，盗用了政府公章。

点评：

在尼日利亚购买土地要请律师多方了解文件的真实性，搞清楚土地的用途，除了与土地局确认外，还得与当地村民委员会确认。在尼日利亚出现土地纠纷，要花很长时间才有结果，劳心劳力。提醒中资企业和个人谨慎考察当地土地项目。

7. 进口管理风险

尼日利亚是世界进口程序和手续最为繁杂的国家之一。如果承包商事先不做好准备，常常会因为商检、清关时间过长耽误项目工期。而尼工业生产能力薄弱，很多建筑材料和设备都必须依赖进口，严格的进口管理无疑给项目采购带来了严峻的挑战。因此我国海外承包商对此要引起重视，提前做好准备，降低其风险。

点评：

中国企业必须合理安排采购，事先办好各种过关手续和证件，以免影响工程进度。同时要提前了解尼日利亚的产品准入标准（SONCAP 和 COC），也尽量避开清关“红灯期”。红灯期指在这段时间尼日利亚海关会联合其他执法部门对进口清关进行严查，手续更多，时间更长。

直至 2020 年 7 月末，作为非洲最大经济体，尼日利亚一直陷在港口拥堵泥潭中，甚至有外媒形容，尼日利亚正陷在“永无止境”的港口拥堵中。在一份由 NCMDLCA 下的一名清关代理向布哈里总统的请愿书中写到，货物清关费用高、重复的关税以及冗长且烦琐的程序都结合起来使得尼日利亚的港口成为世界上最贵的港口。

8. 市场竞争力风险

尼日利亚欢迎各国的投资者。在建筑工程行业，中企存在众多的竞争对手。目前尼日利亚主要承包商有 HFP Engineering，Julius Berger 以及 Bouygues 等。

（1）HFP Engineering 公司是尼最大的建筑公司之一，其业务范围包括房地产、土木工程以及一般的建设项目。该公司承包了包括办公大楼、住宅区、医院、道路以及小城市基础设施建设等一系列工程项目。

（2）Julius Berger 尼日利亚股份公司是尼本土最大的建筑公司之一，它创建于 1965 年，业务范围十分广泛，包括建筑、基础设施建设、工业项目、海洋项目、管道工程以及其他的一些服务，譬如天然石材产品、家具以及一些基础技术。该公司隶属于德国的建筑业巨头 Bilfinger Berger。

（3）Bouygues 公司（法国）是世界上最顶尖的几家建筑商之一，在尼经营近 30 年，影响力较大。该公司的业务覆盖了建筑业的方方面面，在尼也承包了很多大的工程。全非洲最大的火电厂拉各斯火电厂正是出自该公司之手。

点评：

这些国外的承包商进入尼日利亚市场较早，影响力很大，在尼日利亚大街小巷可以看到“B”“H”的标示。他们的工程项目遍布全国，工程质量得到了尼政府和人民的认可。对于中国的建筑企业来说，打开尼日利亚这个大的市场，是个不小的挑战。

9. 企业信用风险

企业信用主要是诈骗。尼日利亚诈骗事件非常多，本书特别以单独小节进行案例陈述，详见本部分（七）“诈骗风险”的相关内容。

10. 管理风险

管理风险是指在尼中企因自身管理上的疏忽而导致的风险。管理风险各式各样，在境外常见的管理风险有：

（1）对所在国的法律法规不熟悉导致的风险。如在税法方面，在合同中遗漏或不完全考虑当地税法，直接导致利润流失。在海关条例方面，违反海关条例直接导致进出口时间延迟或被处以罚款。在劳工法方面，对当地劳工法不明导致工作安排不能及时落实，影响项目进度，或由于违反劳工法被起诉。在环境保护法方面，中资企业排放污染物的报道偶见报端。其他的诸如所在国环境法、专利法、合同法和建筑法等。

（2）自身管理制度、程序不到位。如沿用在国内的常见做法，程序不合规使工程实施过程中错漏、协调困难等风险。

点评：

境外中企应事前了解工程所在国的情况，充分利用当地的专家（当地税务专家、律师、会计师或清关公司等）参与项目。还应严格遵守当地法律，注重生态环境保护，同当地社区构建良好关系。

11. 技术风险

技术风险指工程项目所在地的自然条件勘察不力和工程实施的技术难度等给承包商带来的风险。技术风险主要包括以下几种情况：

（1）前期工程资料不准确。前期施工资料，如水文地理等是由业主提供的，而尼方业主给的资料可能存在不详尽、不准确情况。中企在境外施工，对尼日利亚的经验不丰富，缺乏相应的了解，前期核实和准备不足导致返工风险。

（2）技术规范不熟悉。如中企对当地技术规范不了解；或进入陌生的领域承包工程，对该领域的技术规范不熟悉；或是需要采用新的施工方法和工艺，没有适用的技术规范。

[案例 6-16]

某中企在纳萨拉瓦国际市场配套项目签署合同前，对获取图纸和清单进行了仔细的研究和分析，并且考察了现场。研究后发现设计图和清单中存在诸多问题，主要有：(1) 设计道路 6.5 千米，而实际测量现场道路长度为 7.2 千米；(2) 设计图纸中为 6 公分的沥青混凝土，而清单中却是 4 公分沥青混凝土价格；(3) 设计图纸中没有涵洞，而实际现场却需要设计一个涵洞，以满足雨季流量。经过与设计和政府沟通，项目的报价从 22.6 亿美元调整为 25.3 亿美元。要是未提前发现问题，施工过程中进行索赔，困难重重。

点评：

特别需要注意国外的施工技术规范和国内的差异情况，如本书前文所述尼日利亚的技术标准、工业标准和环保标准等。前期工作做细做足，搞好和尼方政府人员的沟通。

(五) 安全风险

1. 治安风险

(1) 恐怖袭击风险。

尼日利亚安全形势较为严峻，国内部族冲突、恐怖袭击时有发生，几内亚湾海盗猖獗；法律规定符合条件的个人经批准可持有枪支，也为社会埋下不稳定因素。2015 年 2 月大选前夕，各派力量纷争加剧，安全形势持续恶化。恐怖袭击、教派冲突、恶性绑架等案件发生率呈明显上升趋势，并向首都等重点城市蔓延。仅 2015 年上半年，尼日利亚全国牺牲警察 435 名。根据 2018 年 12 月发布的全球恐怖主义指数 (GTI)，尼日利亚已连续第四年在全球受叛乱影响最严重的国家名单中位列第三，显示出其反恐依然任重道远。

伊斯兰极端组织“博科圣地”成立于2004年，长期盘踞在尼日利亚东北部地区，经常发动恐怖袭击，多次绑架妇女儿童。尼日利亚政府将其定性为恐怖组织并派兵清剿，但至今未全部剿灭。尼日利亚副总统奥新巴霍曾于2019年5月表示：“博科圣地对尼日利亚东北部和整个国家造成的破坏在尼日利亚历史上前所未有。在过去十年里，有2万多人丧生，超过90亿美元的基础设施被毁，其中包括40多万所房屋，数千所学校、医院和其他公共建筑。200多万尼日利亚人被迫离开家园和社区。”

在布哈里总统执政期间，尼日利亚政府在打击博科圣地方面采取了大量措施，想尽办法消除恐怖主义的影响。2016年，尼日利亚政府设立了“布哈里计划”，成立了东北倡议总统委员会，以“协调国内外各方为全面解决该地区经济、社会和人道主义危机而作出的一切努力”。持续的军事打击大大限制了博科圣地的活动能力，2015年和2016年，尼日利亚全国伤亡人数分别下降了63%和34%。然而，当前尼日利亚的安全形势仍然称不上乐观。化整为零后的“博科圣地”仍有能力频繁发动针对平民和军事目标的袭击，袭击事件不时发生，造成大量人员伤亡。

此外，尼日利亚北部什叶派组织“尼日利亚伊斯兰运动”（IMN）亦与政府军爆发过冲突。尼日利亚东北部地区富拉尼游牧武装分子与当地基督教农民冲突频繁，动辄屠村灭族。2016年4月，尼塔拉巴州50余名牧民被杀害。据调查，尼高原、纳萨拉瓦、贝努埃和杜卡纳四州每年农牧民冲突造成2.3万亿奈拉的损失，并导致数千人丧生，上万人流离失所。

[案例 6-17]

某中企在尼日利亚道路项目施工期间，游牧民族与当地村民发生过十几起冲突事件。其中最为严重的是 2015 年 10—12 月冲突，弗拉尼游牧民族袭击当地三个村庄，杀害上百人，地点距离中国承建项目只有十几千米。项目派驻 16 名持枪警察，专门负责中国人员的保护工作，冲突严重期间中国员工待在营地，由尼日利亚当地管理人员在警察保护下带领施工。

（2）绑架劫持风险。

近年来，尼日利亚境内针对中资企业或公民的恐怖袭击和绑架事件偶有发生。2015 年全年共发生 18 起（25 人）涉华绑架案，未造成人员死亡。2017—2018 年十几名外国人被绑架（见表 6-2），主要目的是索要赎金。

表 6-2　尼日利亚 2017—2018 年主要绑架、劫持外国人事件列表

时间	国家	人数	发生地	绑架劫持	职业
2017 年 10 月	意大利人	1	贝宁州	赎金	教师
2017 年 12 月	中国人	4	拉各斯	被军队营救	建筑工人
2018 年 01 月	美国人	2	卡杜纳州	赎金	不详
2018 年 01 月	加拿大人	2	卡杜纳州	赎金	不详
2018 年 12 月	中国人	3	奥贡州	杀害	建筑公司领导

[案例 6-18]

2017 年 1 月 5 日，5 名中国工人在尼日尔三角洲 Emohua 区从事电信工程中被武装分子绑架，索要赎金。2017 年 12 月 15 日，4 名中国工人被绑架，之后被尼日利亚警方解救。2018 年 12 月，3

名中国建筑公司高官在考察尼日利亚项目时在奥贡州被劫持杀害。尼日尔三角洲针对外国人的绑架事件近几年频发，属于高危风险区。

据相关统计资料显示，尼日利亚主要十个州的安全风险从高到低排名如表 6-3 所示。

表 6-3 尼日利亚十州安全风险排名

州名称	风险排名	风险类型	备　　注
博尔诺州	1	恐怖组织	博科圣地大本营
尼日尔州	2	武装组织	石油丰富、绑架事件频发
阿达马瓦州	3	绑架、恐袭	喀麦隆边境
高原州	4	种族冲突	弗拉尼游牧民族屠杀
贝努埃州	5	种族冲突	弗拉尼游牧民族屠杀
约贝州	6	恐怖组织	博科圣地势力范围
纳萨拉瓦州	7	种族冲突	弗拉尼游牧民族屠杀
三角洲	8	绑架、抢劫	石油丰富，冲突严重
卡杜纳洲	9	劫持、绑架	劫持绑架事件频发
阿布贾	10	炸弹袭击	首都、恐怖分子目标地

（3）偷盗抢劫风险。

尼日利亚东南部产油区盗油活动猖獗。2015 年以来，尼日利亚炼油厂多次因盗油问题被迫关闭，造成超过百亿美元的损失。几内亚湾地区也由于海盗肆虐成为年内安全热点之一。

根据 CNN 报道，尼日利亚拥有 8700 万贫困人口，每天的生活费用不足 1.9 美元。他们处在一个政治不稳定、贫富悬殊、种族冲突、教育水平低下、温饱问题解决不了的社会。这样的社会造就出一大批流离失所、无依无靠、饱受饥饿的人群。他们组成团伙以偷盗、抢劫、乞讨为生，几乎每个地方都有这么一帮人，而且尼日利亚武装分子和土匪也是层出不穷。项目被盗事件频发，比如保险箱、钢筋、水泥、钉子、柴油等。中国人住所被抢、中国商店被抢、中国公司被抢、中国人被抢事件不少。中国人在尼日利亚有自己的朋友圈，圈子里的人、身边的朋友都有过被抢的经历。针对中国公司的偷盗抢劫事件频发，属于高频高风险。

点评：

在尼中企采取以下措施可以有效防范安全风险：

1. 与中国驻尼日利亚大使馆密切联系

（1）保持与中国驻尼日利亚大使馆的沟通、交流畅通，确保现场每一位中方人员都有大使馆的电话号码和备用号码。对于需要大使馆解决的突发事件，及时汇报；

（2）经常关注中国驻尼使馆网站公布更新的安全事件和预防措施，按照使馆的通知和要求进行安全部署和安全教育；

（3）定期向大使馆备案项目信息和中方所有人员信息，有机会邀请使馆安全负责人员前往项目进行指导。

2. 与当地州政府、市政府、警察局和移民局密切联系

项目在开展之前必须和当地州政府、市政府、警察局和移民局取得联系，保持与当地政府之间沟通顺畅。尼政府对于外国人员保护非常重视，会提前通知当地宗族、教派、酋长等关于中方人员的安全与协助工作。

通过政府可申请部队军人，通过警察局可申请携枪警察。一般持枪警察的月工资在1000元人民币左右。项目人员及时在地方移民局备案，人员增减及时更新。当地移民局有保护外国人员的

义务，定期也会与中方企业交流，提供相关的安全知识、安全措施，协助中方人员的安全管理。

3. 关注国家安全形势信息

多关注尼日利亚的新闻报纸，获取国家安全形势信息。对于全国或区域性的重大事件和安全形势作经常性了解，有些区域为禁区、有些区域需要加强安保。

当地工人和当地管理人员对自己国家的安全形势、区域性安全和安全风险的了解更透彻，定期不定期通过各种方式获取项目当地员工对安全管理的意见和建议。

通过网站、聊天工具等通信方式，如尼日利亚国家和区域安全网站等及时、快速地掌握突发事件，做好安全应对措施。项目管理人员都加入尼日利亚华人群，华人群会定期、不定期地对全国各地突发安全事件进行及时报道。同时项目配备电视、订阅了报纸，每天要求管理人员观看尼日利亚新闻，对近期国家大事有理性的认识，掌握近期安全工作的重点和难点。

4. 与酋长、土皇等建立好关系

尼日利亚绝大多州还是宗族制、教派制或者酋长制，尼日利亚教派有200 多个。大多建筑工程都涉及占地、拆迁等工作，看似简单的社区，却存在着上百年的宗族传统与教派结合的制度。延续百年的古老的宗族制度虽然在没落，但在人民的心中依然根深蒂固，地方土皇、酋长、伊斯兰教主、穆斯林教主等威望犹存。项目启动前期和过程中不免有社会人员滋扰生事，有时这些地方有威望的人员一个电话就能解决问题。

中企在尼某项目，当时就有人滋扰生事，不允许清理征收范围内的植被。通过当地酋长解决了问题。在进场期间首先拜访了当地的土皇帝、酋长以及青年党领袖，期间出现过偷盗、滋扰生事、撞坏电线杆、殴打当地工人等事件，都是通过这些首领第一时间以和平的方式解决。

5. 注重社会责任

注重社会责任，对当地社区作出一些力所能及的贡献，与当地居民和睦相处。

某交通枢纽建设项目地处偏僻，水资源匮乏，沿线经过两个大镇、几个村落，大多人家都要到两三千米以外的集体井取水。项目启动前项目经理与当地酋长、土皇、部落首领召开会议，项目计划施工用的三口井都靠近大的村落，并建500立方米的水塔，其中一座位于最大的镇中心。在施工期间，项目部每口井的位置设置当地人专用取水点，并在项目施工完毕后将三口井和水塔归当地居民共有，项目得到了当地社会的极大拥护。在施工过程中遇到的各种困难、骚扰等事件，每次都是乡民第一时间汇报酋长，第一时间合理解决，为施工带来了很大便利。

6. 增加当地就业

雇佣当地村民、乡民、市民，增加当地就业。在施工过程中非技术工种用量最大，一般能占到项目用工的70%左右。尼日利亚失业率非常高，70%以上人口处于失业状态，乡镇的失业率在90%以上，当地政府把提供就业当成最主要的政绩之一。通过某中企在尼日利亚几个州的项目经验，一般雇佣尼日利亚员工数量在95%左右，雇佣地方员工达到70%以上。大大增加了当地就业，有利于减少偷盗、抢劫等事件。

7. 尊重当地宗教信仰

尼日利亚穆斯林和基督教的教徒各占一半，宗教信仰在他们眼里比一切都重要。初来尼日利亚贝努埃州的项目经理，为宗教信仰的事伤透了脑子。穆斯林教徒一天需要朝圣跪拜5次，早晨6时，上午10时，下午2时、4时和晚上8时左右，周五下午需要去清真寺做祷告；基督教周日一整天在教堂祈祷、举行各种活动。

由于项目工期、旱季雨季、付款等因素制约，有时候需要加班，有时候需要一周工作七天。浇筑混凝土过程中，穆斯林信徒扔下手头所有工作都去朝拜，每次朝拜需要20分钟左右，周五一下午都去了清真寺；而需要加班的时候，基督教徒却周天一天在教堂。一开始项目部采取了禁止制度，随即遭到了穆斯林和基督教所有当地员工的反对、罢工、滋扰；之后又采取了奖励制度，不祈祷、不做礼拜的员工当天发双倍工资，但还是无济于事。无奈之下，最终妥协，遵守了当地的宗教信仰。

而某中企项目部这方面工作做的是最好的，项目部建立时设立了专用祈祷、朝拜场所，一间简易大砖房供穆斯林朝拜，另一间供基督教祈祷。另外项目部还推举出当地管理人员每周对穆斯林和基督教徒各进行一次宣教布告，宣扬不偷盗、不抢劫、不滋扰生事等教义，把安全管理与教义有机结合。

8. 不参与集会、游行、罢工等活动

尼日利亚盛大的宗教活动较多，多党派、政府腐败、经济落后等因素也是造成游行、罢工层出不穷的原因。通过对过去历史数据的考究，这些集会、游行、罢工等活动造成区域性动乱、恐怖袭击、政府镇压等伤亡事件很多。一些中国工人对这些事件好奇心较强，其中一名中国工人在纳萨拉瓦州项目由于此类事件受伤。州长在考察某中企的纳萨拉瓦州道路项目过程中，被当地居民、流氓、土匪、乞丐等形形色色的人包围，有些是拥护的、有些是讨钱的、有些是故意滋扰生事的，还有些是反对州长的。项目考察结束后，州长拿出一部分钱救济穷人，也是脱身之术，将两沓钱在行车过程中抛撒向民众，轰然之间捡钱的、抢钱的、尾随的、争吵的乱成一片。而一名中国工人混在人群中被推搡、跌倒，造成腿部骨折。因此尽量避开人员聚集的场所。

9. 对于偷盗事件的处理

偷盗行为在尼日利亚非常猖獗，而处理偷盗事件要有正确的方式，防止报复等行为。对于严重的偷抢行为，由项目警察交由警察局处理或交由当地宗族处理。尼日利亚当地对于小偷、盗贼深恶痛绝，抓住小偷可以打死不负法律责任。几个项目出现的偷盗行为五花八门，像偷柴油、钢筋、钱财、工具、车辆等事件，项目一般都以以上两种方式处理。纳萨拉瓦州一个新司机偷了项目的皮卡车，项目立即报案并通知了当地酋长，最终警察在酋长的协助下将盗贼捉拿归案，追回皮卡车并将其绳之以法。某项目部打扫卫生的黑女佣偷了保险箱里的钱，当天晚上逃跑。第二天项目部将事件汇报给酋长，酋长发动认识的所有人员将其找到并关押。通知项目经理参加了宗族审判大会，最终追回部分财产，按照宗族制度小偷这辈子不能嫁人，蒙受一辈子的羞耻。

10. 抢劫、绑架事件的处理

尼日利亚针对中国人的抢劫事件都是针对钱财，阿布贾的一家中国商店遭到过抢劫。2016 年 7 月阿布贾一家中国商店遭到三名持枪分子抢劫，当时抢去保险柜里所有钱、手机、电脑、手表等物品。商店雇佣的黑人长工与抢劫分子相互勾结，里应外合抢了商店。

针对抢劫事件采取的措施主要有：（1）管好自己的贵重钱

财；(2) 对于司机、保洁等贴身人员的选择一定要知根知底，确保道德素质和人品不存在问题；(3) 遇到持枪或者持刀劫匪不要反抗；(4) 及时报案。尼日利亚过去五年间发生过几起绑架中国人员事件，绑架的目的一般有政治目的、经济目的、政治和经济双重目的。绑架的形式也是多种多样，有在开车途中遭遇绑架的、袭击项目时被绑架的。出于经济目的的绑架无非是索要赎金、放人；而政治目的的绑架对人身安全危害性大、时间长，达不到目的经常杀害人质。因此要解救绑架的人质，需要采取政治、军事、经济和舆论等多种手段，需要高度的智慧和谋略。

一旦绑架事件发生，首先要核实情况，掌握准确信息后第一时间向中国驻尼日利亚使馆和当地政府汇报。做好被绑架员工的家属工作。要与中国政府取得沟通，听从政府要求安抚好家属。与国际组织、红十字会密切配合，设法解救人质。通过官方或者非官方手段与反政府武装、与绑架人质有接触的组织进行谈判，了解绑架员工的真实情况。

员工遭遇绑架时的应对措施：一是沉着冷静，不采取过激措施。一方手无寸铁，另一方真枪实弹，这种情况下不要轻举妄动。虽然内心恐慌，但是还需要与之周旋，按照他们的要求办。在确定绑匪没有杀害意图后，主动用当地语进行简单交流，使其放松警惕，为后续谈判或逃跑创造条件。二是不要盲目逃跑。被绑架后出于求生的本能，可能人人都会想着逃跑。而往往劫匪会选择地方偏僻、环境恶劣的地点。即便是逃跑，没有通信工具、荒无人烟、干渴饥饿、迷路失踪，生存的概率很低。而一旦逃跑不成被二次抓住，会有更严重的惩罚或者生命危险。因此选择逃跑一定要深思熟虑，对在环境形势了解后，确保逃跑后自己能够存活的情况下，麻痹对方，创造逃跑机会。

11. 中企领导重视安全管理和安全投入，项目部建立安全制度，特别是需要配备安全通讯设施

尼日利亚项目配备的安全通信设施有GPS、信号扩大器、五千米范围的对讲机、华为随身流量卡、区域性电话卡等。项目的所有车辆都建议安装GPS，保证对中方人员的位置实时掌控，一旦发生紧急事件第一时间确定发生事件的位置。针对项目地处偏僻电话信号差的地区，要安装信号扩大器，保证项目通信畅通。每个项目根据人员数量的多少，配备5千米范围的对讲机，在电话信号差时一旦出现异常可及时进行对讲沟通。

2. 交通安全风险

尼日利亚公路（尤其是州际公路）大多狭窄、弯道较多、路况不佳。当地司机野蛮驾驶、疲劳驾驶、随意变道或超车、车辆超速或超载的现象较为普遍。机动车多为自欧美进口的二手车，车龄长、车况差，行人横穿马路司空见惯，诸多不利因素叠加，导致长期以来当地交通事故发生率居高不下。

点评：

当地雨季期间，因降雨导致道路湿滑和行车视野受限，是交通事故的高发期。出行前认真检查车辆状况，行车过程中系好安全带，保持警惕并随时注意周围车辆和道路情况，尤其注意避让卡车等大型车辆。

3. 卫生疾病风险

在尼生活应做好卫生防范，特别是要“把好一张口”，不喝生水，不食用生食和不卫生的食物（街边作坊），中企在尼因食物卫生问题导致生病的情况时有发生。

尼是疟疾疫情高发区，由于整体卫生条件差，在尼日利亚务工人员很难避免感染疟疾。除了疟疾外，比较严重的流行疾病还有艾滋病、黄热、霍乱、拉萨热等。

尼日利亚正规医院少，价格昂贵。中国政府也暂未向尼日利亚派出援外医疗队，所以如果在尼日利亚患有重大疾病或旧病复发，应尽快回国治疗。

点评：

控制尼日利亚常见传染疾病应注意如下方面：

（1）艾滋病预防：最主要的是洁身自好、去正规医院打针。

（2）疟疾预防：按时休息，做好防蚊虫工作。睡觉时一定要挂蚊帐、点蚊香、穿长袖衣、摸驱风油等。这些做法的作用都微乎其微，不如蚊帐有效。发烧不能自行吃退烧药，应前往正规医院及时化验血液确诊是否为疟疾，根据医生要求去治疗，避免病情延误。

（3）霍乱、伤寒预防：在尼中国公民要高度重视食品饮水卫生，采取必要消毒措施，清除住地积水，加强体育锻炼，配备各种常用药物，严防霍乱、伤寒等传染病暴发流行。一旦身体出现不良症状，应立即前往正规医院全面检查、治疗，避免病情延误。同时提醒即将赴尼中国公民携带驱蚊灭蚊药品，抵尼后注意防范上述疾病。

（4）拉萨热预防：注意生活场所的清洁卫生，定期喷洒药物灭蚊，配备蚊帐、蚊香等防蚊驱蚊器具，防止蚊虫叮咬。适度加强体育锻炼，注意膳食营养，防止过分疲劳，提高免疫能力。注意发现早期症状，如全身发冷、发烧、多汗、乏力等症状，应及时服药并尽早前往医疗条件较好的医院就医，切勿耽搁。

（5）其他：外籍劳务出国前接种疫苗，最好随身携带如青蒿素、科泰新等一些常用药。在项目上聘请有经验的专家对全员进行传染疾病预防教育，同时在现场配备一名专职医生和一些必需的药品。定期对项目生产区和生活区进行卫生检查，加强平时的饮水、饮食管理。

（六）自然风险

尼日利亚很少发生例如地震、海啸、台风等自然灾害，但洪涝灾害、旱灾和沙尘暴灾害时有发生。据尼日利亚联邦应急事务管理署数据，2018 年 9 月的洪水至少造成了 12 个州的 108 人死亡，此外还有 441252 人受灾、13031 座房屋倒塌、122653 块农田被摧毁。由于雨季多雷雨，还需预防雷电袭击。

尼日利亚南部地区属于热带雨林气候，年降雨量大，内涝、水毁频发。

尼日利亚中北部地区为热带草原气候，存在较为漫长的旱季。

尼日利亚南部沿海地区，多为冲积平原，植被繁茂，湖泊、沼泽、河曲密布，软土层和淤泥层较厚，工程地质条件较差，桥涵数量多，地基处理工程量大，单千米线路造价指标较高。

尼日利亚中北部地区多为低山丘陵和平原，工程地质条件良好，填料资源丰富，单千米线路造价指标较低。

点评：

尼日利亚疆域辽阔，南北气候差异大，总体来说高温多雨。对于中国工程企业来说，须适应当地高温天气，根据旱雨季合理安排施工。具体可采取以下措施：

（1）高温季节做好防暑工作。（2）中国承包商要合理安排工期，把容易受雨水影响的工程尽量避开雨期完成。(3) 在雨季要做好对机械设备的养护，同时可安排外籍员工利用雨季空闲回国轮休。(4) 可采取搭建雨棚、局部封闭空间等措施来适应雨期施工，减小降雨对项目进度的影响。

(七) 诈骗风险

“尼日利亚骗局”又称“尼日利亚骗徒”“尼日利亚陷阱”，是国际骗徒以尼日利亚为名而设的骗局，一种从20世纪80年代就开始流行的行骗手法，因源于尼日利亚而得名，一直都是各国警方大为头痛的问题。

尼日利亚建筑行业滋生了一条腐败和诈骗产业链，上游是高层，中间是形形色色的人，其中臭名昭著的就是工程诈骗中介。利用这种得天独厚的地缘优势和国家整个腐败产业链，达官显贵都有那么一帮所谓的亲戚朋友游走在建筑业界中上游，真真假假、虚虚实实。而在尼日利亚要承揽到工程，必须认识一些金字塔顶尖的人群，这些游走的中介打着搭桥牵线的名义，其中不乏一些干着招摇撞骗的勾当。另有少数华人利用同胞信任，往来于中尼政商两界，从中牵线搭桥，参与诈骗。

1. 不法尼商传统诈骗手段

(1) 利用付款方式行骗。

[**案例** 6-19]

N公司通过互联网结识一尼商，尼商以电子邮件方式骗取N公司信任，随后以付款交单（D/P）的付款方式谈成一笔交易，待N公司发货后尼商以种种理由拒付货款，并诓骗N公司的提货单，致使N公司遭受损失。

[案例6-20]

N公司通过互联网结识一尼商，双方签订了合同，尼商预付了10%的定金，并承诺发货后凭提单副本付款。货物发出后，N公司迟迟没能收到货款，经多次追问尼商才回复说资金周转有困难，要求N公司提供正本提单提货，否则，N公司将要支付大笔的港口滞期费，如不支付港口滞期费，货物将被海关没收拍卖。N公司提出要求退货，尼商又称必须付清全部关税和费用后才能退货，N公司只得将提单交给尼商，尼商拿到提单后便杳无音信。

(2) 假借政府采购之名，行诈骗之实。

[案例6-21]

N公司通过互联网结识一尼商，其自称是尼联邦政府某部门的代理。尼商称需采购一万个玻璃桌子，N公司报价后，尼商声称N公司已中标，并愿以100%前T/T的方式采购，但需要N公司来尼签署其联邦高等法院认可的合同，或者委托尼当地律师代为签署，条件是N公司需交纳律师费并在政府登记，交付注册费。N公司交付上述费用后，再也无法联系上该尼商。

(3) 小额采购获取信任后，实施大诈骗。

[案例6-22]

N公司先后向某尼商出口数批小额货物并安全收汇，双方合作融洽。后双方又签订一笔金额较大的合同，尼商预付30%定金，并承诺发货后凭提单副本支付余款。发货后，N公司多次催促，尼商寻找各种理由拖延。货物到达港口后，尼商通过海关人员清黑关提取了货物。

以上三种方式为不法尼商行骗的惯用手段。尼商支付少量定金骗取企业发货，货物到港后故意不提货、不付款或与海关官员串通拍卖货物。另外，不少尼商常以政府采购名义骗取注册费和保证金及骗取赴华邀请函等。欺骗熟客也是尼商惯用的一种诈骗方式。尼商往往在第一单信守承诺，及时付款以获得中方公司的信任，之后待双方签署金额更大的合同时，尼商便开始进行诈骗。

（4）工程诈骗中介。

[案例 6–23]

与当地政府官员联合，给诈骗披上华丽外衣。中介会将所谓的项目信息提供给中资公司，然后要求公司在当地注册缴费，再购买招标文件缴费，最终还要购买其他家的标底，交完所有费用后发现没有中标。

[案例 6–24]

层层引荐诈骗。所谓中介会先引荐中资公司见当地的酋长、政府工作人员，再引荐见议员等上层官员，最后会告诉中资企业总统的弟弟是他堂哥等等谎言，要拿到项目首先得表示诚意。一次性给的费用太少，显得没诚意；一次性给费用太多，中介会变本加厉，最终销声匿迹。

2. 不法尼商新型行骗手段

除上述尼商常用的传统行骗手段外，近年来还出现了新型尼商诈骗案件。

（1）抢注品牌商标，以假乱真。

[案例 6–25]

N 公司 A 产品在尼热销，与一尼公司有多次贸易往来。该尼公司后未在 N 公司授权下，自称是 N 公司 A 产品在尼甚至整个西非地区代理，并据此到尼警察局举报所有其他的 A 产品进口商违法，甚至到法院起诉其他的 A 产品代理商，指控通过正规途径进口到尼的正牌A产品。同时尼公司到尼标准局非法注册了A产品的品牌，并开始委托他人非法生产A产品，通过以假乱真牟取高额非法收益。

分析：

部分尼商在尼当地拥有广泛的政府人脉关系，熟谙尼当地法律。他们利用尼当地知识产权保护的缺失，混淆视听，以假乱真，对我企业在尼开拓市场影响很大。

（2）通过黑客手段，实施网络诈骗。

[案例6-26]

N公司与客户联系的邮箱被盗，不法尼商借此邮箱与客户沟通，要求客户变更货款汇款账号，致使客户根据虚假账号信息汇款被骗。

[案例6-27]

尼黑客入侵我外贸企业的电子邮箱，然后利用窃取的邮箱篡改了收款账号，以致我企业将货款汇至黑客账户，导致被骗。

分析：

近期网络黑客诈骗案件呈上升趋势，且多发于我电子商务贸易发达的地区，如义乌、深圳、广州等。黑客入侵我企业的电子邮箱账户，然后用电子邮件通知客户虚假的收款账户。因外贸联系通常是电子邮件，很多公司在汇款后很久才知道被骗，而这时候已经错过了冻结账户、追查嫌疑人的黄金时期，导致货款无法追回。

（3）通过非法汇款敲诈。

[案例6-28]

N公司账号在与尼方联系中外泄，不法尼商从第三国将外币汇入账户，之后会有多家尼公司要求索回款项，甚至通过当地警局将 N 公司人员拘留，并趁机敲诈勒索 N 公司。

分析：

不法尼商借汇款之名，行诈骗或洗钱之实。

3. 应对建议

尼日利亚经济诈骗活动十分猖獗，中方企业在与尼商接触时，应提高警惕，切实加强防范意识，采取有效措施规避贸易风险。

（1）不能任意听信引荐项目的中介人员。

一般信誉良好的中国企业或者尼日利亚政府州长、工程部长或者议员介绍的中介人员可信度高。其余介绍中介，被骗的概率很大。项目谈判之前和谈判过程中，除州长、议员、工程部长外，其他人索要费用的欺骗性比较高。

（2）采取保守稳妥的收款方式。

中方企业在与尼商贸易往来时，需严格支付条款，要求 100% T/T 预付；或 T/T 预付部分货款，其余货款在发货前 T/T 支付；或以不可撤销的即期信用证付款，并一定要求欧美等第三国具有国际信誉的银行保兑。

（3）不要轻信政府采购。

尼政府采购均采用公开招标方式，不会委托某个商人私下以其名义进行采购。中方企业不要轻信带有尼日利亚政府标示的文件，这很可能是不法尼商伪造的。同时在任何情况下，中方企业都不要轻易付款。

（4）加强知名品牌保护力度。

尼知识产权保护不够健全，假冒伪造商品充斥市场。我企业在开拓尼市场时，应选取与信誉资质较好、实力较强的尼商合作，同时应从战略上重视自我品牌保护。

（5）注重保管公司信息安全。

网络给贸易带来了便利化，同时也带给不法分子可趁之机。网络诈骗成本低，并且波及范围广，中方企业一定要注意加强信息安全管理。不要将公司账号等信息泄露给他人，不要接受任何可疑的人向公司账号汇款的要求。不要对诈骗邮件作任何答复，在与客户交流时多贯彻安全防范意识，在网络上传递重要资料，如合同、汇款账号、信用卡号时，要电话与客户先期确认。

（6）其他注意事项。

①不要做 D/P（托收）的条款，因为尼日利亚有的银行可能和客户勾结，在客户没付货款的情况下放提单而使我们的企业蒙受损失。

②客户委托尼日利亚任何银行开出的 L/C，一定要求必须要经过第三国银行保兑（并要求如伦敦银行、花旗银行、渣打银行等对 L/C 保兑），没有经过保兑的 L/C 坚决不收。

③对来中国的尼日利亚客户不要过分热情，在华的一切费用一般要他们自己承担，同时要婉言拒绝他们提出的索要高档物品和借钱的要求。不要担心生意做不成，只要卖给他们的商品让他觉得有利可图，生意是可以做成的。

④有的客户以尼日利亚银行不能 T/T 大额外汇，千方百计地要求和中方企业做 D/P 的条款，千万不要答应，在尼日利亚汇往境外的大额外汇是不受限制的。

⑤当客户只 T/T 了部分货款要求发货后在给你 T/T 全部余款以赎取正本提单时一定要注意，发货后给客户传真付本提单时要将提单号、集装箱号涂黑，因为在尼日利亚，海关和客户勾结只凭提单传真件上的号码就可以将集装箱提走的事情时有发生。

点评：尼日利亚商务诈骗严重，首要的是事前要预防诈骗，做好市场和客户信誉调查。当产生商务纠纷后，首选谈判协商，可以委托当地律师或有威望的人进行从中协调处理。尼日利亚州政府和地方政府重视外国投资，要与所在地政府相关部门建立密切联系，及时通报企业发展情况，反映遇到的问题，寻求所在地政府的大力支持。遇到突发事件，除向中国驻尼日利亚大使馆经商处、驻拉各斯总领馆经商室、公司总部报告外，必要时也可与所在地政府取得联系，寻求帮助。中国驻尼日利亚大使馆领保协助电话：08065842688，或总领馆领保协助电话：08056666116。

（八）尼日利亚经营风险总结

尼日利亚基础设施落后，建筑市场过去几年大多时间都是两位数增长，预测未来十几年会呈现井喷式增长，在尼日利亚中资施工企业会有更多的机遇。同时尼日利亚政治、经济、社会环境复杂，腐败严重，社会矛盾激化，未来很长一段时间很难扭转；而国际石油价格、国际经济危机等因素对尼日利亚整个国家的影响巨大，中资施工企业也将面临前所未有的挑战。

在尼日利亚开展投资、贸易、承包工程和劳务合作的过程中，要特别注意事前调查、分析、评估相关风险，事中做好风险规避和管理工作，切实保障自身利益。特别是要对项目或贸易客户及相关方的资信进行调查和评估，谨慎选择合作伙伴，分析、规避投资或承包工程国家的政治风险和商业风险。相关企业应积极利用保险、担保、银行等保险金融机构和其他专业风险管理机构的相关业务保障自身利益，包括贸易、投资、承包工程和劳务类信用保险、财产保险、人身安全保险以及银行的保理业务和福费廷业务，各类担保业务（政府担保、商业担保、保函）等。

建议中国企业在开展对外投资合作过程中使用中国政策性保险机构——中国出口信用保险公司提供的包括政治风险、商业风险在内的信用风险保障产品；也可使用中国进出口银行等政策性银行提供的商业担保服务。中国出口信用保险公司是由国家出资设立、支持中国对外经济贸易发展与合作、具有独立法人地位的国有政策性保险公司，是中国唯一承办政策性出口信用保险业务的金融机构。公司支持企业对外投资合作的保险产品包括短期出口信用保险、中长期出口信用保险、海外投资保险和融资担保等，对因投资所在国（地区）发生的国有化征收、汇兑限制、战争及政治暴乱、违约等政治风险造成的经济损失提供风险保障。了解相关服务，请登录该公司网站地址：www. sinosure. com. cn。

如果在没有有效风险规避情况下发生了风险损失，也要根据损失情况尽快通过自身或相关手段追偿损失。通过信用保险机构承保的业务，则由信用保险机构定损核赔、补偿风险损失，相关机构协助信用保险机构追偿。

风险理论是在不断地发展变化的，在工程各阶段及早地识别存在的风险，采用合理有效的措施，才能在尼日利亚市场扎稳脚跟。

三、尼日利亚未来发展预测与投资机会分析

（一）政治前景

近年来，尼日利亚政局总体保持稳定，从军政府专政向民选政府执政的转型过程比较平稳。但具有较大不确定性，安全隐患依然存在。

在 2019 年尼日利亚总统选举中，执政的全体进步大会党继 2015 年大选首次击败执政 16 年的人民民主党后，再次获得胜利。作为非洲第一大经济体和人口最多的国家，尼日利亚政党政治的稳定发展对其自身、对西非次区域乃至对整个非洲大陆都具有积极意义。

尼日利亚宗教极端组织十分猖獗，由于尼日利亚政府对恐怖活动采取严厉打击的高压政策，国内安全形势整体上有了明显改观，但仍然存在一些影响政局的不稳定因素。尼日利亚族群之间、宗教之间和党派之间长期存在着种种矛盾与冲突，尤其是尼日利亚极端组织虽然遭受重大打击，但残余势力尚未被完全消灭，部分地区的恐怖袭击仍时有发生。在经济增速明显放缓或者面临重大选举的时候，尼日利亚各种社会力量之间的博弈会不断显现，一旦政府管控不力，就有可能趋于激化，对社会稳定造成冲击。

（二）经济预测

在经济结构方面，当前尼日利亚 70% 左右的财政收入和几乎全部的出口收入都来自石油销售。这反映了尼日利亚本届政府未能进行结构性经济改革。国际大宗商品价格下跌以及产油区安全形势不佳导致石油产量下降等因素都严重影响了尼日利亚的经济发展。

据 EIU（经济学人智库）发布的国家报告，经过 2016 年的衰退，2017 年尼日利亚经济逐步复苏。由于获得 OPEC 组织的豁免，尼日利亚石油生产在 2016 年遭受大规模破坏后，2017 年产油量有所提升，但是尼日利亚政府目前还无法完全消灭叛乱活动，威胁石油生产的安全隐患依旧存在。此外，大部分非石油部门的发展将继续受到尼日利亚中央银货币政策和汇率制度的限制。电力供应预计会有所改善，虽然总体上仍不足，但可以减轻石油和天然气行业的阻碍。2017 年尼日利亚 GDP 增长率达到 0.83%，较 2016 年增长 2.5 个百分点。

鉴于当前尼日利亚面临复杂的政治和经济形势，EIU 报告中期内其国内石油产量不会大幅增加。在其他经济领域，尼日利亚政府颁布的一些支持商业活动的政策措施以及基础设施供给将推动非石油部门的发展。2018 年尼日利亚实际 GDP 增长 1.93%。但由于 2019 年大选带来的不稳定因素以及美元预期走低及中国经济增速放缓导致全球市场低迷、大宗商品价格下跌，经济形势虽然有所回暖，但还是达不到预期水平。2019 年尼日利亚完成的名义 GDP 为 145.64 万亿奈拉，按平均汇率折算约为 4745.17 亿美元，经济增长率为 2.2%。2020 年因新冠肺炎疫情影响，尼日利亚因落后的医疗条件，会进入经济寒冬，后期的经济需要看新冠疫情疫苗的情况来进一步跟踪确定。总而言之，这样的经济发展速度并不能满足尼日利亚逐渐增多的青年人口谋求生计，这个问题有可能导致尼日利亚政治和社会的动荡。

表 6-4　2014—2019 年尼日利亚经济增长情况

年份	GDP（亿美元）	经济增长率（%）	人均 GDP（美元）
2014 年	5685	6.3	2980
2015 年	4811	2.8	2850
2016 年	4047	-1.54	2450
2017 年	3728	0.83	1932
2018 年	4175	1.93	2163
2019 年	4745	2.2	2077

资料来源：尼日利亚中央银行、世界银行、尼日利亚国家统计局。

此外，根据尼日利亚国家统计局公布的 2020 第二季度债务数据，截至 2020 年 6 月 31 日，尼日利亚联邦和各州政府公共债务达到 31.01

万亿奈拉（约合858.96亿美元），同比增长20.65%。其中外部债务为11.36万亿奈拉（约合314.77亿美元），同比增长36.53%；内部债务为19.65万亿奈拉（约合544.19亿美元），同比增长13.04%；联邦政府债务占比81.53%，各州政府占比18.47%。

点评：

2020年，尼日利亚联邦政府关闭了境内四大炼油厂。尼日利亚石油公司常务董事Kyari表示，关闭四大炼油厂有两个原因：一是输油管道遭受严重破坏；二是炼油设备缺乏正确的周转维护。2020年9月尼日利亚财政部长表示政府收入下降了65%。加上新冠肺炎疫情和国际油价的影响，尼日利亚的经济发展不容乐观。

（三）商业环境

当前，尼日利亚面临着一系列长期政策变化的艰巨挑战，其中包括如何减少国家财政收入对石油出口的依赖，这个问题长久以来困扰着尼日利亚，历史上该国总受到国际大宗商品价格变化的巨大影响。改善这种情况需要尼日利亚在创造就业、改善卫生和教育条件以及基础设施建设方面同时发力。为此，尼日利亚政府在2017年3月推出了一项经济复苏和发展计划，希望在2017—2020年4年之内解决这些问题。但是鉴于当前情况的复杂性以及财政资源的匮乏，在经济疲软和官僚腐败的背景下，该计划的推行举步维艰。此外，尼日利亚经济改革还面临其他限制，例如包括奥辛巴乔在内的一些政府成员支持推动自由化的商业政策，但布哈里本人却表现出了更多的干涉主义和集权主义的倾向。即使布哈里卸任，这样的观念仍深植于尼日利亚不少政治精英心中。这将阻碍尼日利亚贸易自由化进程，可能引发对重点行业保护政策、吸引投资以及减轻企业负担等政策重新评估。此外，尼日利亚各层级政府间缺乏协调等因素将影响该国政策的制定和实施。

总体而言，尼经济自身的稳定性及政治体制、外部环境等方面的隐忧都导致商业环境的不稳定。一是经济结构单一，对石油依赖严重，经济发展易受国际油价波动影响。二是企业特别是上市公司整体竞争力弱。三是人才流失严重，过去30年尼成为工程师、医生和经济学家等的输出大国。四是腐败问题是尼经济顽疾。五是基础设施严重滞后，阻碍外来投资和经济发展。六是宗教和部落冲突严重，特别是近年发展壮大的伊斯兰极端组织"博科圣地"，对尼政治秩序和社会安全造成严重威胁。七是新冠肺炎疫情加剧社会的动荡和商业秩序的破坏，虽然政府出台了多项税收优惠政策，但是杯水车薪。未来两年尼日利亚的商业环境需要进一步的观望。

点评：

危中存机。尼日利亚政府需要稳定政局，就必然要大力发展经济。据尼日利亚《抨击报》2020年9月16日报道，尼日利亚总统布哈里在总统府与总统经济咨询委员会成员开会时指出，虽然尼债务水平同比有所增长，但联邦政府需要更多贷款为公路、铁路和电力等关键基础设施建设提供资金。布哈里表示，只有解决好基础设施建设问题，才能更好地吸引投资者。因而对境外投资者而言，这或许是抢占市场的良机。但是需要特别注意政治风险和信用风险。

（四）人口预测

尼日利亚的人口增长速度仅次于印度，居世界第二位。尼日利亚是2018—2050年间预计人口增长最多的八个国家之一。

尼日利亚为非洲人口第一大国，世界人口第7大国，目前全国人口总量约为2.01亿人（2020年5月中国商务部数据）。据美国人口资料局报告显示，预计2050年尼日利亚人口将达到4.11亿。届时尼日利亚的人口数量将超过美国，成为人口第3大国。报告还指出，预计到2050年全球人口将达到99亿，比目前估计的76亿人口增加23亿，增长29%，其中非洲人口占人口总增长的58%。预计到2050年，有26个国家（几乎全部在非洲）的人口将增长一倍，而尼日利亚的人口将增长两倍。

表6-5　2009—2019年尼日利亚人口年度增长率

年　　份	增长率（%）
2019	2.56
2018	2.59
2017	2.61
2016	2.63
2015	2.65
2014	2.67
2013	2.68
2012	2.68
2011	2.68
2010	2.67
2009	2.66

资料来源：尼日利亚国家统计局。

尼日利亚人口分布不均，南部雨林区和北部草原区人口较多，尤其是南部沿海地带和三角洲地区，占尼日利亚国土面积的20%却居住着全国近一半的人口。中部地区人口相对稀少。

人口分布比较集中的城市有拉各斯、卡诺、伊巴丹和首都阿布贾等。

近些年来，尼日利亚城镇人口占比不断提高，2019 年城镇人口数量超过农村人口数值。尼日利亚城镇化进程不断推进的过程中将需要进行大量基础设施建设，各类型建筑材料需求扩大，存在一定投资机会。

（五）投资机会

作为非洲人口第一大国，尼日利亚具有相当可观的消费市场。虽然受到近年来经济下行的影响，尼日利亚国内需求增长率逐步下降，但仍旧保持 15% 以上的增速；人口数量逐步增长，至 2021 年达到 2.1 亿人；人均 GDP 也不断攀升，预计到 2021 年达到 2333 美元。2017 年，尼日利亚商品及服务进出口增长率均将由负转正，国内市场将产生对外国商品及服务的大量需求，为出口贸易和投资提供契机。

根据预测，未来 5 年，尼日利亚各部门消费支出均有所上涨，市场投资机会巨大。其中，教育、住房、通信等领域需求增加较快。此外，交通、文化娱乐、餐饮等领域的需求也呈现较快增长势头，这些领域的消费支出在未来的快速发展为海外企业提供了投资机会。

中国与尼日利亚自建交以来，双边关系长期友好，贸易规模迅速扩大，承包工程呈现跨越式发展，中国对尼日利亚投资大幅增加。2016 年 4 月，布哈里总统成为中非合作论坛约翰内斯堡峰会以来首位访华的非洲总统。布哈里总统希望通过经济多元化和基础设施建设扭转经济形势，发展自给自足农业，开发固态矿产并鼓励私人投资炼厂。未来，中国和尼日利亚在能源、基础设施建设、农业、矿业、金融、航空等领域都将有广泛的合作前景。

Chapter 7
第七章

工程建设企业合规管理体系建立指南

一、合规管理的内部环境

合规管理是一种风险管理活动，是境外施工企业对业务活动是否遵守所在国（地区）法律、法规规定、规则、行业自律等的一种鉴证行为。

合规管理的内部环境是其他所有风险管理要素的基础，为其他要素提供规则和结构。内部环境的要素包括：合规管理的目标和基本原则；企业文化和公司战略；管理层的理念和经营风格；公司组织架构及其岗位职责；员工的诚信、道德价值观和胜任能力。

（一）合规管理的目标

建立健全合规风险管理体系，实现合规风险的有效识别和管理，促使境外施工企业全面风险管理体系的建设，确保企业依法合规经营。

（二）合规管理的基本原则

（1）客观性原则。合规人员应当依照相关法律、法规对违规事实进行客观评价。

（2）独立性原则。合规部门在企业中应当有独立地位，合规管理应当独立于其他各项业务经营活动。

（3）专业性原则。合规人员应当熟悉公司业务制度，了解公司内各业务环节的专业知识和业务流程，并准确理解和把握法律法规的规定和变动趋势。

（4）公正性原则。合规人员在对业务部门进行检查时，应当坚持统一标准对违规行为及相关风险进行评估和报告。

（5）协调性原则。合规人员应当正确处理与公司其他部门及监管部门的关系，努力形成公司的合规合力，避免内部损耗。

（6）全面性原则。企业合规管理应覆盖所有境外业务领域、部门和员工，贯穿决策、执行、监督、反馈等各个环节，体现于决策机制、内部控制、业务流程等各个方面。

二、合规管理机构的设置及职责

（一）合规管理机构的设置

企业可根据业务性质、地域范围、监管要求等设置相应的合规管理机构。合规管理机构一般由合规委员会、合规负责人和合规管理部门组成。尚不具备条件设立专门合规管理机构的企业，可由相关部门（如法律事务部门、风险防控部门等）履行合规管理职责，同时明确合规负责人。

1. 合规委员会

企业可结合实际设立合规委员会，作为企业合规管理体系的最高负责机构。合规委员会一般应履行以下合规职责：

（1）确认合规管理战略，明确合规管理目标。

（2）建立和完善企业合规管理体系，审批合规管理制度、程序和重大合规风险管理方案。

（3）听取合规管理工作汇报，指导、监督、评价合规管理工作。

2. 合规负责人

企业可结合实际任命专职的首席合规官，也可由法律事务负责人或风险防控负责人等担任合规负责人。首席合规官或合规负责人是企业合规管理工作具体实施的负责人和日常监督者，不应分管与合规管理相冲突的部门。首席合规官或合规负责人一般应履行以下合规职责：

（1）贯彻执行企业决策层对合规管理工作的各项要求，全面负责企业的合规管理工作。

（2）协调合规管理与企业各项业务之间的关系，监督合规管理执行情况，及时解决合规管理中出现的重大问题。

（3）领导合规管理部门，加强合规管理队伍建设，做好人员选聘培养，监督合规管理部门认真有效地开展工作。

3. **合规管理部门**

企业可结合实际设置专职的合规管理部门，或者由具有合规管理职能的相关部门承担合规管理职责。合规管理部门一般应履行以下合规职责：

（1）持续关注我国及业务所涉国家（地区）法律法规、监管要求和国际规则的最新发展，及时提供合规建议。

（2）制定企业的合规管理制度和年度合规管理计划，并推动其贯彻落实。

（3）审查评价企业规章制度和业务流程的合规性，组织、协调和监督各业务部门对规章制度和业务流程进行梳理和修订。

（4）组织或协助业务部门、人事部门开展合规培训，并向员工提供合规咨询。

（5）积极主动识别和评估与企业境外经营相关的合规风险，并监管与供应商、代理商、分包商、咨询顾问和承包商等第三方相关的合规风险。为新业务的开发提供必要的合规性审查和测试，识别和评估新业务的拓展、新客户关系的建立以及客户关系发生重大变化等所产生的合规风险，并制定应对措施。

（6）实施充分且具有代表性的合规风险评估和测试，查找规章制度和业务流程存在的缺陷，并进行相应的调查。对已发生的合规风险或合规测试发现的合规缺陷，应提出整改意见并监督有关部门进行整改。

（7）针对合规举报信息制定调查方案并开展调查。

（8）推动将合规责任纳入岗位职责和员工绩效管理流程。建立合规绩效指标，监控和衡量合规绩效，识别改进需求。

（9）建立合规报告和记录的台账，制定合规资料管理流程。

（10）建立并保持与境内外监管机构日常的工作联系，跟踪和评估监管意见和监管要求的落实情况。

（二）合规管理部门的设置方式

合规管理部门是负责施工企业合规工作的具体组织和执行部门，依照所规定的职责、权限、方法和程序独立开展工作，负责公司各部门和全体员工的合规管理工作，合规管理部门对公司高层负责。

合规管理部门人员应具备较高的思想素质和法制观念，坚持原则、忠于职守、廉洁奉公、公正无私，并具备相应的专业知识。合规管理部门必须制定相应的人员岗位责任制，明确任务，落实责任。合规管理部门工作人员同样应遵守公司各种规章制度和规定。合规管理部门依据国家及有关部门的法律法规、公司章程、公司内部管理制度和承包合同，在所赋予的权限内，按照所规定的程序和方法，对行为对象进行客观公正的检查监督并提出处理建议。

合规管理部门的设置有如下几种类型，每种类型都有各自的优缺点。企业应根据公司业务类型、组织结构、组织资源等因素选择合规管理部门的设置。参见表 7-1。

表 7-1　合规管理部门的设置

序号	类型	特　点
1	合规管理部	在企业内部建立一个专业的合规管理部门，任命首席合规官作为合规管理总负责人。 优点：企业合规管理部门的独立性强，合规团队专业能力强，合规工作也做得相对专业。 缺点：要求企业投入大量的资金、人力等资源；对合规管理人员职业技能要求高，既要懂合规专业知识，又要懂具体的业务知识；合规管理部门与其他部门之间的沟通协调能力也要求较高。
2	法务合规部	把法务部或者法律事务部的管理职能与合规部门管理职能统一到法务合规部门职能之中，由法务合规部对企业的法律事务工作和合规管理工作进行统一管理。 优点：部门设立相对容易，投入成本相对较低，公司在设立合规管理部门时可以利用公司现有的法务部门的资源，因为大多数公司在成立合规部之前都有法务部门。另外，合规管理工作与法务部工作配合容易，因为合规管理部门有效开展工作的前提须对外部法律法规、监管等规定有正确的理解，在相同领导的情况下，合规管理部门与法务部门之间的沟通也相对顺畅。 缺点：按照这样的方式设置合规管理部门，开展工作时与其他部门的沟通协调要求较高，需要合规管理部门与业务部门密切配合，合规管理人员职业技能要求高，既要懂合规专业知识，又要懂具体的业务知识。
3	审计合规部	合规部与审计部结合形成审计合规部。 优点：便于企业对合规风险进行管理，企业可以通过较少的投入达到合规管理的目的。 缺点：独立性不强，适用于业务单一且面临合规风险较低的企业。以生产汽车为主的北京奔驰汽车就采用了此类型。

续 表

序号	类型	特　点
4	风控合规部	融合了公司治理、风险控制与合规管理。 优点：大大提升了合规管理部门整合公司资源的能力，有很强的独立性，方便了合规部门与风险管理部门的沟通，合规部门在进行合规风险评估时可以和风控部门结合起来共同开展工作，实现风险管理工作成果共享。 缺点：对合规部的领导力提出了很高的要求，同时也需要企业提供较多的资源支持，还需要与法务部门等其他部门加强沟通，平衡业务与合规风险管理的关系。
5	其他	具体根据公司业务类型、组织结构、组织资源而定。 如英国石油公司（BP）在集团层面设置“道德与合规部”进行合规管理，同时配以法律各领域专家提供日常的法律专业支持，来保证 BP 各部门的合规专业有效运行。 BP 公司除了在道德与合规部门工作的全职合规工作人员之外，在每个业务与职能部门及其每一个下属地区部门，都有一位部门领导兼任本部门的“道德与合规联络人”。其职责是确保各项合规制度在本部门的有效实施，并且就日常工作中的合规问题进行处理和解答。这种安排能够有效提高本部门领导的合规意识，以及高效率解决日常合规问题。

三、企业内部的合规管理体系

（一）董事会的合规责任

董事会作为决策层应以保证企业合规经营为目的，通过原则性顶层设计，解决合规管理工作中的权力配置问题。

董事会负责企业整体风险的预防和控制，审核、监督公司风险控制制度的有效执行，可以下设合规与风险管理委员会，负责对企业国内施工承包及境外施工经营的风险控制及合法合规进行审议、监督和检查，草拟企业风险管理战略，评估企业风险管理状况。

董事会对企业的合规管理承担最终责任，履行以下合规职责：

(1) 审核批准合规政策，监督合规政策的实施，并对实施情况进行年度评估。

(2) 审核批准公司年度合规报告，对年度合规报告中反映出的问题，采取措施解决。

(3) 根据总经理提名决定合规负责人的聘任、解聘及薪酬事项。

(4) 决定公司合规管理部门的设置及其职能。

(5) 保证合规负责人独立与董事会、董事会相关委员会，如审计委员会或者其他专业委员会沟通。

(6) 公司章程规定的其他合规责任。

(二) 监事会的合规责任

为了完成合规监督职能，监事会不仅要进行会计监督，而且要进行业务监督。不仅要有事后监督，而且要有事前和事中监督（即计划、决策时的监督）。监事会对经营管理的合规方面监督包括以下方面：

(1) 对企业董事、总经理和其他高级管理人员执行公司职务时违反法律、行政法规或者公司章程的行为进行监督并有权通知他们停止其非合规行为。

(2) 随时调查企业的合规执行状况，审查合规体系文件、合规记录和合规报告，并把审核意见向董事会报告。

(3) 当监事会认为有必要时，一般是在企业出现重大问题时，可以提议召开股东会。

(三) 管理层的合规责任

(1) 企业的高级管理层应分配充足的资源建立、制定、实施、评价、维护和改进合规管理体系。

(2) 管理层人员应当熟悉工程建设相关法律、行政法规及国际性组织的监管要求，依法合规、勤勉、审慎地行使职权。管理层人员应当维护企业的统一性和完整性，在其职权范围内对企业经营活动进行独立、自主决策，不受他人干预，不得将其经营管理权让渡给股东或者其他机构和人员。

(3) 管理层人员应当根据企业经营环境的合规要求，督促和落实合规责任体系建立和运行。

(4) 管理层人员应当构建企业自身的合规文化，保持企业内部机构和人员合规责任体系、合规报告路径的清晰、完整，不得违反规定的报告路径，防止在内部责任体系、报告路径和内部员工之间出现割裂的情况。

(四) 合规管理部门的合规责任

(1) 协助领导构建企业合规管理体系，制订、修订企业的合规手册和其他合规风险管理规章制度；

(2) 起草年度合规管理计划；

(3) 主动识别、评估、监测和报告合规风险；

(4) 负责各项具体合规工作方案的拟定，使合规工作顺利展开；

(5) 起草合规报告；

(6) 参与新业务的开发，识别、评估合规风险，提供合规支持；

(7) 违规事件的调查处理，起草违规处理决定；

(8) 梳理企业内控流程，提出相关改进建议；

(9) 审查企业内部管理制度、业务规程，提供合规改进建议；

(10) 组织合规培训并向企业员工提供合规咨询；

(11) 跟踪法律法规、监管规定和行业自律规则的变动、发展，并根据其有关要求提出制订或者修改企业内部规章制度的建议；

（12）领导指派的其他工作及其他相关辅助。

（五）合规管理的主要内容

企业应以倡导合规经营价值观为导向，明确合规管理工作内容，健全合规管理架构，制定合规管理制度，完善合规运行机制，加强合规风险识别、评估与处置，开展合规评审与改进，培育合规文化，形成重视合规经营的企业氛围。

1. 合规管理的主要活动

合规管理旨在构造企业监督系统，对企业的决策系统和执行系统进行全程、动态的合规监控，监控的对象覆盖企业经营管理的全部内容，主要包括：

（1）定期学习法律、法规，传达监管要求，营造企业合规文化，提高员工合规意识；

（2）审核业务合同、各部门的制度和工作流程；

（3）依据合规要求，检查和评估日常经营管理活动的合规性；

（4）梳理整合各项法律法规、规章制度，开展合规培训；

（5）为新的承包合同提供合规支持；

（6）开展法律咨询，协同处理企业法律纠纷及其投诉。

2. 合规文化

合规文化建设是合规风险管理的一部分，同时也是企业文化建设的一部分。如果企业上下所有员工都严格遵守高标准的道德行为准则，那么该合规风险的管理就是最为有效的。

在企业内部要形成浓厚的合规文化，做到人人合规。所有员工都要有足够的职业谨慎，具有诚信正直的个人品行以及良好的风险意识和行为规范。企业内部要具有清晰的责任制和问责制，以及相应的激励约束机制，形成所有员工理所当然要为他从事的职业和所在岗位的工作负责任的氛围，进而逐步形成工程建设企业的合规文化。企业加强合规文化建设应从以下四个方面努力：

（1）管理层的重视。

（2）全员合规理念的建立，一定要改变“钻政策空子”“打擦边球”的观念，打消侥幸心理。

（3）合规部门与其他部门的配合、信息交流，实现资源共享，协同作战。

（4）有效落实合规考核机制。

3. 合规政策

合规政策是企业体现合规理念，培育合规文化，制定实现合规目标的纲领性、指示性的文件，对企业开展合规工作提出原则性要求。其内容包括：

（1）合规政策的制定。

企业的高级管理层（合规委员会）负责制定书面的合规政策，并根据合规风险管理状况以及法律、规则、准则及项目所在地的政策、宗教和文化环境的情况适时修订合规政策，报经董事会审议批准后传达给全体员工，定期评价各项合规政策和执行状况；若发现重大的合规问题，管理层必须立即向董事会汇报。

（2）进一步明确合规管理部门的职能。

为确保合规管理部门能在公司合规管理中充分发挥作用，对合规管理部门的责任至少应明确：①合规管理部门的功能和职责；②合规管理部门的权限；③合规负责人的合规管理职责；④保证合规负责人和合规管理部门独立性的各项措施，包括确保合规负责人和合规管理人员的合规管理职责与其承担的任何其他职责之间不产生利益冲突等；

⑤合规管理部门与其他部门之间的协作关系；⑥设立分支机构合规管理部门或项目部合规管理部门的原则。

（3）合规政策的落实。

①高级管理层：负责贯彻执行合规政策，确保发现违规事件时及时采取适当的纠正措施，并追究违规责任人的相应责任。

②企业职能部门及各项目部：遵循企业合规政策，研究制定本部门或本项目决策和运作的各项制度流程并组织实施，定期对本部门或项目的合规风险进行评估，对其合规管理的有效性负责。

③合规管理部门：作为合规风险的日常管理部门，主要负责识别、评估和监控合规风险，并向管理层和董事会提出合规建议和报告。

4. **合规审核**

通过审核，把外部监督可能发现的问题及时在内部发现并进行有效的处理，以减少企业损失和可能受到的处罚。

合规审核的程序一般包括：制定合规审核机制、合规审核调查、合规审核评价，具体内容见表7-2。

表7-2　合规审核的程序及内容

程序	内　　容
制定合规审核机制	制定合规审核计划，需要列出审核的目标、步骤和流程。
合规审核调查	合规人员开展内部合规审核时，可能出现内部人员不配合、刻意隐瞒实情的情况，需要合规部门人员进行审核调查，但审核调查手段不能干扰企业或项目日常的运作。
合规审核评价	合规审核工作需要进行阶段性的评估，可以由内部或外部人员进行，最终目的是改进合规部门的工作。

5. **合规审计**

企业合规管理职能应与内部审计职能分离。企业审计部门应对企业合规管理的执行情况、合规管理体系的适当性和有效性等进行独立审计。审计部门应将合规审计结果告知合规管理部门，合规管理部门也可根据合规风险的识别和评估情况向审计部门提出开展审计工作的建议。

6. **合规检查**

合规检查的主要目标是制度、程序和流程的执行情况，合规检查主要看企业各个层面，特别是施工项目部是否落实了合规要求，检查要点：

（1）企业各个层面是否按照相关法律法规和企业章程的规定履行职责，合规记录是否真实、准确、完整，是否按规定存档。

（2）合规问题的整改情况及违规责任人的处理情况。

（3）风险管理制度是否涵盖了不同风险控制环节。

（4）其他有需要检查的内容。

7. **合规培训**

企业应将合规培训纳入员工培训计划，培训内容需随企业内外部环境变化进行动态调整。境外经营相关部门和境外分支机构的所有员工，均应接受合规培训，了解并掌握企业的合规管理制度和风险防控要求。决策层和高级管理层应带头接受合规培训，高风险领域、关键岗位员工应接受有针对性的专题合规培训。合规培训应做好记录留存。合规培训的内容有（不限于）：

（1）企业内部的员工守则和各项业务的合规制度。

（2）国际商业公约及项目所在国特定合规要求。

（3）境内外合规案例警示教育。

8. 合规汇报、举报与投诉

合规负责人和合规管理部门应享有通畅的合规汇报渠道。合规管理部门应当定期向决策层和高级管理层汇报合规管理情况。汇报内容一般包括但不限于合规风险评估情况，合规培训的组织情况和效果评估，发现的违规行为以及处理情况，违规行为可能给组织带来的合规风险，已识别的合规漏洞或缺陷，建议采取的纠正措施，合规管理工作的整体评价和分析等。

如发生性质严重或可能给企业带来重大合规风险的违规行为，合规负责人或合规管理部门应当及时向决策层和高级管理层汇报，提出风险警示，并采取纠正措施。

企业应根据自身特点和实际情况建立和完善合规信息举报体系。员工、客户和第三方均有权进行举报和投诉，企业应充分保护举报人。

合规管理部门或其他受理举报的监督部门应针对举报信息制定调查方案并开展调查。形成调查结论以后，企业应按照相关管理制度对违规行为进行处理。

各层级人员对违规行为应有制止的义务，企业应有合规投诉处理的渠道和制度，合规投诉处理的流程为接收、审议、改进、反馈。合规投诉处理的措施包括：

（1）建立合规投诉渠道。

（2）建立合规投诉的管理办法或处理流程等制度。其中建议含保密、奖励等内容。

（3）规定相关处理极限范围、处理流程与时限等。

9. 合规考核

合规考核应全面覆盖企业的各项管理工作。合规考核结果应作为企业绩效考核的重要依据，与评优评先、职务任免、职务晋升以及薪酬待遇等挂钩。

境外经营相关部门和境外分支机构可以制定单独的合规绩效考核机制，也可将合规考核标准融入总体的绩效管理体系中。考核内容包括但不限于按时参加合规培训，严格执行合规管理制度，积极支持和配合合规管理机构工作，及时汇报合规风险等。

（1）建立考核目标。

企业应在相关部门和各层级建立合规目标作为考核依据。

企业策划如何实现合规目标时，应确定：

——做什么；

——需要什么资源；

——谁负责；

——何时完成；

——结果如何评价。

（2）建立员工合规操守考核制。

制订包括合规操守、合规业绩考核在内的绩效管理体系。每年初根据境外企业项目建设和生产经营的实际，制定考核指标并与主要负责人签订责任书，采取“月度通报、季度考核、半年小结、年度清算”考核机制，年底根据完成情况进行考核，合规业绩考核结果与企业工资总额、领导班子成员年薪和领导班子成员任职评价“三挂钩”。通过加强合规绩效考核，充分调动企业合规经营的积极性，促进资产的保值增值。将考核结果纳入年度绩效考核，与绩效工资挂钩，帮助员工提高合规意识，确保员工日常行为合规，遵守企业合规要求。

（3）建立违规问责制度。

对于发现的违规事件，要严格认定和追究违规行为人的责任，并采取有效的纠正措施，及时优化经营管理流程和修订相关规章制度，切实消除违规事件产生的影响。

10. **合规评价**

企业应定期对合规管理体系进行系统全面的评价，发现和纠正合规管理贯彻执行中存在的问题，促进合规体系的不断完善。合规管理体系评价可由企业合规管理相关部门组织开展或委托外部专业机构开展。

企业在开展效果评价时，应考虑企业面临的合规要求变化情况，不断调整合规管理目标，更新合规风险管理措施，以满足内外部合规管理要求。

（1）建立法律法规及其他要求适用表。

合规性评价的基础工作是建立适用的法律、法规及其他要求清单。

· 立法机构和监管机构的法律、规则和准则；

· 市场惯例；

· 行业协会的行业规则；

· 内部职员行为准则；

· 诚实守信和道德行为准则。

（2）建立法律法规及其他要求合规性评价表。

（3）进行合规性评价。

①归口管理部门；

②评价频次；

③评价人员；

④评价依据；

⑤评价内容；

⑥评价记录；

⑦不合规处置。

（4）提出改进方法。

①企业合规性评价和改进建议表。

②撰写企业规章制度的修改建议书。

·如果企业的规章制度体系文件与现行的法律法规有冲突，则必须对规章制度体系进行修改。

·应该通过与有关部门的沟通，了解企业规章制度这样规定的原因，并探讨有无可能做出既合乎技术原理又合乎法律法规的方法。

·在建议书中，必须写明既有文件的哪一部分与法律法规存在冲突，并给出修改意见。

四、合规管理中的风险控制方法

合规风险是指企业或其员工因违规行为遭受法律制裁、监管处罚、重大财产损失或声誉损失以及其他负面影响的可能性。

合规管理部门应深入调查、梳理各操作岗位的工作规程，研究各岗位原有的内控风险、管理体系风险及法律风险，针对各环节隐藏的或者有可能发生的合规风险进行系统排查，并梳理成全面的合规管理风险。参照国家的法律法规、有关政策和行业标准规范，结合企业实际运营的情况，整理各业务领域需要遵守的法律法规和其他标准，结合上述排查的合规管理风险，细化业务操作标准，量化要求。其后，强调风险提示，列出哪些岗位会出现风险操作、风险级别、业务流程环节中容易出现风险的操作点以及风险控制措施，便于业务操作人员在工作中能够有意地避开风险操作点，提高风险意识，加强自身责任感。这是企业达成合规要求、实现合规经营的根本策略。

整个风险管理过程是一个闭环系统（见图7-1），随着风险应对策略的实施及风险监控过程中内外部环境或工作内容的变化，风险会出现许多变化，这些变化的信息可及时反馈，新的风险识别就能及时地对新情况进行风险评估和分析，从而调整并实施风险应对策略。这样循环往复，保持风险管理过程的动态性就能达到风险管理的预期目的。

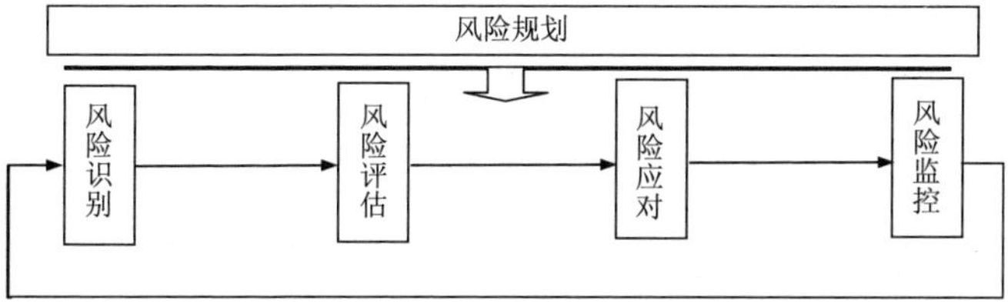

图7-1　企业风险管理的全过程

（一）风险规划

风险规划是定义如何实施合规风险管理活动的过程，合规部门应该根据企业的业务类型、实施环境和人员特点，制定风险管理规划文档，即风险管理计划。该计划要与业务内容（如所承包的项目类型、项目战略优先级等）对企业和其他相关方的重要程度相匹配，其中特别需要注意的是业务（如工程项目承包）实施过程中关键相关方（如工程所在地政府、业主及企业自身领导层）对合规风险的容忍程度。

风险规划的内容应包括：

（1）确定合规风险管理的领导者和团队，明确其职责；

（2）确定合规风险管理活动所需资金及应急储备和管理储备的使用方案；

（3）确定在项目生命周期中实施合规风险管理过程的时间和频率；

（4）确定合规风险的分类方式和风险分解结构；

（5）记录各相关方的风险偏好度和风险临界值；

（6）根据具体的项目对风险的概率和影响进行定义；

（7）风险登记册、风险报告以及项目风险管理过程中的文档要求及内容格式等。

合规风险管理活动应纳入日常工作范畴，是合规管理工作的最重要组成部分。同时，企业应在合规风险规划阶段对各类相关人员做好合规培训工作。培训对象和内容见表 7–3。

表 7–3　企业合规培训对象和培训内容

序号	培训对象	培训内容
1	企业高层、高级合规官	如何建立企业合规管理体系
2	合规管理团队成员	合规管理团队的职责、应知应会等
3	从事境内经营的工程建设企业所有人员	境内合规要求、制度
4	从事境外经营的工程建设企业所有人员	境外合规要求、制度

可采取现场培训、书面培训、网络培训相结合的形式，由合规管理部门制定年度合规培训计划，由各业务部门提出培训需求，以工作的实际需要为出发点，与岗位紧密结合，根据年度培训计划、国家政策法规的变化及企业业务发展需要实施培训，有计划、有目的地组织各种形式的合规培训，强化合规经营理念。

（二）风险识别

企业应当建立必要的制度和流程（风险规划），识别新的和变更的合规要求。企业可围绕关键岗位或者核心业务流程，通过合规咨询、审核、考核和违规查处等内部途径识别合规风险，也可通过外部法律顾问咨询、持续跟踪监管机构有关信息、参加行业组织研讨等方式获悉外部监管要求的变化，识别合规风险。

企业境外分支机构可通过聘请法律顾问、梳理行业合规案例等方式动态了解掌握业务所涉国家（地区）政治经济和法律环境的变化，及时采取应对措施，有效识别各类合规风险。

企业的合规风险识别工作应该在整个经营过程中持续开展，并根据环境和业务特性的变化不断更新风险内容。

具体工程项目上的风险识别应以企业已识别的合规风险为基础，结合项目特性、所在地的环境（包含自然环境、社会环境、管理环境和作业环境）等因素，在合规管理部门的配合下，一同开展合规风险的识别。

可使用头脑风暴、核对单、访谈收集与风险相关的信息；通过根本原因、假设条件和制约因素、各种文件和 SWOT 等分析风险及其来源；召开专门的会议讨论和完善风险的识别。具体识别风险的方法见表 7-4。

表 7-4 常见风险识别方法

名称	方式	说　明
调查法	访谈	约访专家、工程管理人员，或通过实地观察走访等识别潜在的风险。
	专家会议讨论	通过成立风险管理专家小组，召开会议，利用其专业知识和经验识别潜在的风险。

续 表

名称	方式	说　明
头脑风暴法	自由联想讨论	组织一群人自由联想、讨论，发表自己的观点或看法，互不强制干预对方。
核查法	核查表	将之前相似项目发生过的风险归纳总结列成清单，核查拟建项目是否存在该类风险。
分解法	工作分解法（WBS）	将复杂的整体工程进行系统分解（单项工程-单位工程-分部分项工程-工序），分析潜在的风险和损失。
	风险分解法（RBS）	将整个工程的风险从不同的方面或层次分类，再将大类风险分解为具体的子风险。
	WBS-RBS	将复杂的工程工作和风险分别分解成简单、易于理解的基本单元，再将其耦合形成 WBS-RBS 矩阵，找出可能的风险因素。
情景分析法	场景假设	设想同一环境不同情境下可能出现的风险及其带来的损失。
假设条件和制约因素分析	实施条件审查	每个项目及其项目管理计划的构思和开发都基于一系列的假设条件，并受一系列制约因素的限制。探索假设条件和制约因素的有效性，确定其中哪些会引发风险。从假设条件的不准确、不稳定、不一致或不完整，可以识别出威胁，通过清除或改变会影响项目或过程执行的制约因素，可以创造出机会。
流程图法	流程图	将项目划分为连续的作业流程，再将各个作业流程划分为若干个具体板块，分析各板块中潜在的风险。

续　表

名称	方式	说　　明
SWOT分析	多维度进行分析	对项目的优势、劣势、机会和威胁进行逐个检查。
文件分析	历史资料分析	通过对企业或项目以往文件的结构化审查，可以识别出一些风险。可供审查的文件包括计划、假设条件、制约因素、以往项目档案、合同、协议和技术文件。

1. **合规风险识别的领域**

企业识别、分析和评估合规风险可以从重点领域、重点环节、重点人员三方面考虑，参见表7-5。

表7-5　企业风险识别的领域

序号	类别	具体内容
1	重点领域	市场交易、商业伙伴、安全环保、施工质量、劳动用工、财务税收、知识产权、反腐、诚信与反贿赂。
2	重点环节	重要决策事项事前合规审查。境外施工重大决策、重大合同、大额资金管控、境外子企业公司治理等。
3	重点人员	管理人员、高风险岗位、海外人员。

2. **合规风险识别的框架**

全面识别合规风险一个良好的方法是通过风险分解（RBS）建立合规风险识别框架。

（1）合规风险 RBS 建议，参见表 7-6。

表 7-6 合规风险 RBS 建议

类别	需合规的内容或风险点
国际条约、惯例和协议合规风险 相关的规定主要来自联合国（UN）、国际劳工组织（ILO）、世界知识产权组织（WIPO）、国际标准化组织（ISO）、社会责任国际（SAI）、国际商会（ICC）、世界银行（WB）、石油输出国组织（欧佩克）等	· 合同管理：FIDIC 条款、NEC 合同条款、JCT 合同条款、AIA 系列合同条件等； · 劳工权利：《国际组织劳工宪章》、《建筑业安全和卫生建议书》、《1990 年夜间工作公约》、SA 8000等； · 知识产权：《保护工业产权巴黎公约》《专利合作条约》《世界版权公约》等； · 环境保护：《生物多样性公约》《控制危险废物越境公约》《联合国气候变化框架公约》《巴塞尔公约》等； · 财务报告：COSO 全面风险管理框架、内部控制框架等； · 国际贸易：《国际贸易术语解释通则》《商业跟单信用证统一惯例》等； · 诚信与反贿赂：《世行诚信合规指南》《海外反腐败法案》等； · ……
国家（地区）性合规风险	· 美国的《海外反腐败法案》《针对机构实体联邦量刑指南》《萨班斯法奥克斯利法案》； · 美国的“长臂管辖”司法判例； · 所在国出于国家安全和国家利益作出的行政决定，如美国把华为公司列入出口管制“实体名单”； · 所在国及地区出入境相关规定； · 驻所在国使领馆的规定和要求； · ……

续 表

类别	需合规的内容或风险点
宗教、文化和习俗合规风险	· 基督教； · 伊斯兰教； · 佛教； · 当地的其他教派和习俗； · ……
国内施工企业涉及的主要法律、法规合规风险	1. 法律 《中华人民共和国建筑法》《中华人民共和国安全法》《中华人民共和国消防法》《中华人民共和国民法典》《中华人民共和国招标投标法》《中华人民共和国土地管理法》《中华人民共和国城乡规划法》《中华人民共和国环境保护法》《中华人民共和国环境影响评价法》《中华人民共和国保险法》《中华人民共和国劳动法》等。 2. 行政法规 《工程建设质量管理条例》《工程建设安全生产管理条例》《工程建设勘察设计管理条例》《中华人民共和国土地管理法实施条例》等。 3. 部门规章 《工程监理企业资质管理规定》《注册监理工程师管理规定》《工程建设监理范围和规模标准规定》《建筑工程设计招标投标管理办法》《房屋建筑和市政基础设施工程施工招标投标管理办法》《评标委员会和评标方法暂行规定》《建筑工程施工发包与承包计价管理办法》《建筑工程施工许可管理办法》《实施工程建设强制性标准监督规定》《房屋建筑工程质量保修办法》《房屋建筑工程和市政基础设施工程竣工验收备案管理暂行办法》《工程量清单计价规范》《工程建设施工现场管理规定》《建筑安全生产监督管理规定》《工程建设重大事故报告和调查程序规定》《城市建设档案管理规定》《增值税暂行条例实施细则》等。

续 表

类别	需合规的内容或风险点
国内外行业专业技术合规风险	指针对不同的行业、不同质量控制对象制定的专业技术规范文件。包括规范、规程、标准、规定等，如：工程建设项目质量检验评定标准，有关建筑材料、半成品和构配件质量方面的专门技术法规性文件，有关材料验收、包装和标志等方面的技术标准和规定，施工工艺质量等方面的技术法规性文件，有关新工艺、新技术、新材料、新设备的质量规定和鉴定意见等。
企业内部制度和流程合规风险	· 公司章程； · 公司制度和业务流程； · 工艺流程和操作手册； · ……

（2）全面风险识别 RBS 建议，见表 7–7 至表 7–18。

表 7–7　境外工程建设企业全面风险识别框架（RBS 0 级）

序号	层次	风险类型
1	国家层面	经济风险、政治风险、社会风险、自然风险、法律风险
2	项目层面	招投标风险、设计风险、施工风险、采购风险、业主方风险
3	企业层面	融资风险、资金风险、组织结构风险、人力资源管理风险

表 7–8　国家层面：经济风险清单（RBS 1～2 级）

序号	风险因素	风险源
1	经济发展	所在国经济 GDP 总量及发展趋势如何？经济产业结构是怎样的？经济发展规划和政策有哪些？
2	通货膨胀	所在国通货膨胀率是多少？是否得到有效控制？发展趋势如何？国家的货币政策如何？
3	政府财政和债务	政府财政收入、来源及占比是多少？政府财政收支情况如何？政府外债与内债情况如何？政府外汇收入、来源及储备情况如何？
4	市场竞争	政府投资和私人投资情况如何？市场竞争激烈情况如何？市场竞争者来自哪些国家？中国企业的市场份额、分布领域和竞争优势怎样？
5	汇率变化	所在国采用何种货币？是否是国际货币？与美元的兑换比率是否稳定？汇率的发展趋势怎样？
6	外汇管制	所在国是否是外汇管制国家？所在国的外汇储备怎样？外汇管制的对象是哪些？外汇管制的范围有哪些？
7	华人经济团体影响	所在国是否存在华人商会或经济团体？这些商会团体对所在国经济的影响力如何？与当地政府和社会组织团体的关系如何？
8	商业银行合作	所在国的主要商业银行有哪些？银行的资信、业务及收费、效率情况如何？外国人可否开立银行账号和可办理的业务情况有哪些？

表 7-9 国家层面：政治风险清单（RBS 1 ~ 2 级）

序号	风险因素	风险源
1	政治制度	所在国政治体制是哪种（民主共和制/君主立宪制）？所在国民主程度如何？是否存在以及存在多大程度的独裁？政治权力在各组织机构之间如何划分？
2	政党及政策	所在国的政党情况如何？是一党制、两党制还是多党制？主要政党有哪些？主要政党对国家政策和政治权力的影响怎样？执政党及其他政党对华态度怎样？
3	国家信誉	所在国的国际信誉如何？是否有国家信用评级？评级情况如何？
4	政府腐败	所在国政府廉洁情况如何？腐败行为严重程度如何？政府是否就腐败问题采取打击措施？政府打击力度和决心怎样？
5	政策连续性	国家政策是否稳定？近几届政府更迭过程是否稳定？新政府对原政府行为（各项政令及外交政策）继承是否完整及政策是否稳定？
6	政局稳定性	国家政局是否稳定？影响国家政局稳定的主要因素有哪些？
7	战争或内乱	所在国是否存在反政府武装或恐怖组织？其破坏活动近年来是否频繁？国家是否已采取军事行动？未来的安全形势会如何？
8	国家关系	所在国周边国家政局是否稳定？其与周边国家关系如何？国际上有无敌视国？中国在该国是否设有大使馆？其与中国合作情况如何？
9	舆论风险	我方在项目所在国设立的机构是否建立了舆情监控机制？
10	工程协会	所在国是否存在工程协会？工程协会的作用及其对市场的影响如何？

续 表

序号	风险因素	风险源
11	紧急事故应对	我方在所在国设立的机构是否建立了紧急情况的应对机制？包括哪些具体的应急保障措施？
12	项目安保	我方在所在国设立的机构是否建立了安全保障管理制度？当地是否有专业的安保公司？费用如何？当地政府可否提供安保力量？
13	市场歧视	建筑市场对外国承包商的态度如何？中资企业在当地受欢迎程度如何？

表 7-10 国家层面：社会风险清单（RBS 1 ~2 级）

序号	风险因素	风险源
1	民族冲突	所在国有多少民族？各民族之间的关系如何？主要民族占人口比例及其对国家政治、社会的影响如何？
2	宗教冲突	所在国有无宗教信仰？具体信仰哪些宗教？宗教之间的关系如何？宗教对国家政治、社会、文化等的影响程度如何？
3	风俗禁忌	所在国有哪些风俗习惯？禁忌有哪些？
4	法定假日	所在国有哪些法定节假日？法定假日多不多？节假日如何分布？
5	劳工素质	社会教育体系是否完善？教育是否普及？公民受教育程度如何？
6	交流障碍	所在国官方语言是什么？较为通行的外国语言有哪些？
7	医疗卫生	所在国医疗保障体制是否健全？医疗水平和伤病费用成本如何？
8	社会治安	社会治安状况如何？偷盗、抢劫等暴力犯罪率高不高？

表 7-11　国家层面：法律风险清单（RBS 1 ~ 2 级）

序号	风险因素	风险源
1	法制差异	所在国属于英美法系、大陆法系还是其他法系？
2	法制是否健全	所在国的国家立法程序如何？法制是否健全？基本法律有哪些？法律法规调整是否频繁？
3	公民法律意识	当地法律文件是否易于获取？公民法律意识怎样？公民犯罪率如何？
4	执法风险	所在国执法部门法律执行力度如何？执法是否公正？
5	司法风险	司法环境如何？司法是否公正？司法效率如何？诉讼成本如何？
6	国际法约束	是否与中国签订双边或多边条约？是否共同加入某种国际组织？
7	公司法风险	所在国关于公司设立及治理的相关法律法规有哪些？主要规定是怎样的？
8	进口管理	所在国对进口程序和手续有哪些规定？海关检查是否严格？清关效率怎样？
9	外籍劳务限制	所在国关于外籍劳务的法律法规有哪些？是否对外籍劳务有明确的限制？外籍劳务需要办理哪些签证和手续？
10	外商投资法	所在国关于外商投资的法律法规有哪些？主要规定是怎样的？
11	投标法规	所在国关于投标的法律法规有哪些？主要的规定是怎样的？
12	合同法	所在国关于合同的法律法规有哪些？主要的规定是怎样的？
13	劳动法	所在国关于劳动关系、职业安全健康的法律法规有哪些？主要的规定是怎样的？对工人加班的时间和费用有何规定？

续 表

序号	风险因素	风险源
14	税法风险	所在国关于税收制度的法律法规有哪些？主要规定是怎样的？税率如何？对外国承包商有无优惠？税法是否定期修改？
15	环保法	所在国关于环境保护的法律法规有哪些？主要规定是怎样的？对于破坏环境行为的惩罚是怎样的？
16	企业资质管理	所在国关于建筑企业资质管理的法律法规有哪些？主要的规定是怎样的？资质分为几类几级？资质申请的程序和所需的材料有哪些？
17	工程纠纷管理	所在国关于诉讼、仲裁等争议解决方式的相关法律法规有哪些？主要的规定是怎样的？
18	所在国仲裁机构	所在国仲裁机构有哪些？这些机构的国际影响力、公正性、收费情况如何？
19	国际仲裁有效性	所在国是否为纽约公约成员？外国仲裁裁决在该国承认和执行情况如何？
20	法律资源获取	所在国的法律资源如何？有无国际知名律所？本国律师的水平和能力怎样？律师收费如何？该国有无知名的工程咨询专家和税务顾问专家？

表 7-12　国家层面：自然风险清单（RBS 1 ~ 2 级）

序号	风险因素	风险源
1	自然灾害	所在国自然灾害现象（地震、洪灾、旱灾、火山、台风等）是否严重？是否常年缺水？
2	气候恶劣	全年降雨量和气温如何？是否有明显的旱季和雨季？雨季和旱季的分布和持续时间？夏季的最高平均温度和冬季的最低平均温度？

续 表

序号	风险因素	风险源
3	水文地质	所在国的地形地貌如何？水文地质条件是否复杂？
4	传染疾病	所在国是否是传染疾病高发区？主要的传染疾病有哪些？病情是否得到有效控制？公民的疾病防范意识如何？
5	生态保护	所在国是否特注重对生态的保护？项目是否经过生态保护区？

表 7-13　项目层面：招投标风险清单（RBS 1～2 级）

序号	风险因素	风险源
1	投标程序	建筑市场投标的基本程序是怎么样的？公正性如何？外国企业投标需要哪些准备？
2	投标政策	所在国对本国企业和外国企业投标的政策是否不一样？具体政策是怎样的？
3	业主手续	业主的行政审批手续是否齐全？
4	工程量和工程范围	合同中关于工程项目内容描述是否清楚？是否存在可凭借推测和想象而导致工作范围扩大的成分？工程量是否有清单？
5	合同报价	合同计价方式约定是否明确？是固定总价合同还是可调总价合同？合同中有无关于价格调整方式的条款？合同价格包含的风险费是否足够？
6	融资要求	合同中是否要求承包商融资？融资额度是否超过企业规定标准？
7	保函担保	业主是否要求承包商提供保函担保？需要提供哪些保函？保函失效、失效条件及担保金额约定是否明确？
8	预付款约定	合同中是否约定工程预付款？预付款的比例是多少？预付款支付形式是什么？

续 表

序号	风险因素	风险源
9	进度款支付约定	合同中是否约定工程进度款的审批及支付时限？进度款的支付方式是什么？是否约定发包人未按时支付工程进度款的违约责任？
10	工程尾款支付约定	合同中是否约定工程尾款的审批和结算时限？工程尾款的支付方式是什么？是否约定发包人未按时支付工程尾款的违约责任？
11	质保金支付约定	合同中是否约定质量保修期和期满后工程质量保修款的清算和支付时限？
12	竣工结算约定	合同中是否约定工程竣工验收的条件？是否明确规定竣工结算审核单位和审核时限？是否约定中间结算和结算时限？
13	付款形式	合同工程款结算的币种有哪些？业主以何种方式付款？
14	工程变更	是否约定工程变更、洽商、签证价款的审批和支付时限？
15	违约赔偿	合同对双方违约的责任是否做出明确的规定和量化？对赔偿的条件和形式是否约定？
16	条款不平等	业主是否特意将自身承担的风险定义模糊化？风险范围是否缩小？是否将一些不可抗风险全部强加给承包商？
17	条款不严谨	合同对一些重要性条款有没有清晰的定义？规定是否详细？前后是否存在矛盾？
18	合同条款误解	合同条款翻译是否正确？双方就条款的理解是否进行沟通并达成一致？
19	业主免责	合同条款关于业主责任的要求是否明确？有无具体的制约措施？

表 7–14　项目层面：设计风险清单（RBS 1 ~2 级）

序号	风险因素	风险源
1	设计标准	业主要求使用的设计标准规范是哪些？中国标准、欧美标准、所在国自身标准规范有哪些？设计分包商对国外标准规范的熟悉程度如何？
2	设计技术	设计院或分包商的资质如何？是否做过海外工程的设计？设计团队人员组成结构是否合理？设计人员的设计经验如何？
3	设计资料	业主提供的资料信息是否真实、完整和更新？承包商是否亲自到项目现场勘察过？勘察资料的深度和广度是否满足设计要求？
4	设计方案	承包商是否深入研究业主提出的技术指标和要求？设计方案是否合理？业主是否会因喜好任意要求承包商改变设计方案？业主对设计方案的审批效率如何？
5	设计变更	设计分包商是否正确理解业主的概念要求？业主对项目的要求是否一次性交代清楚？
6	衔接风险	设计部门的时间安排是否合理？与采购部门、施工部门工作的衔接是否顺畅？

表 7–15　项目层面：采购风险清单（RBS 1 ~2 级）

序号	风险因素	风险源
1	本地材料设备供应	所在国有无项目所需的材料设备？当地材料的质量能否达到项目要求？当地的材料生产能力和设备生产效率能否满足项目的需求？材料和设备的价格怎么样？
2	材料设备采购计划	各种材料和设备的采购来源是否合理安排（当地、中国还是第三国）？每次材料采购数量是否经济？采购计划是否合理和灵活？

续 表

序号	风险因素	风险源
3	供货商供货	供货商的信誉情况怎么样？供货数量和质量是否有保障？能否及时供货？供货规格是否与项目匹配？售后服务怎么样？
4	物流运输	物资运输形式和成本如何？运输速度和安全性如何？货物运输损耗大不大？清关手续是否复杂？货物是否在所在国进口管制名单内？
5	物价上涨	材料设备价格是否上涨？跨国采购时货币汇率是怎样的？
6	采购报价	业主是否指定供货商？供货商的数量有多少？承包商询价是否方便？供货商报价是否合理？供货商会不会坐地起价？

表 7-16　项目层面：施工风险清单（RBS 1 ~ 2 级）

序号	风险因素	风险源
1	施工技术	技术交底是否清楚？施工工艺是否落后？专项施工方案是否得到论证以及效果如何？有无采用新工艺和技术？
2	安全措施	现场安全措施是否到位？执行力如何？是否安排专职安全巡视员？
3	施工人员管理	施工人员素质如何？施工人员是否服从安排？施工人员是否会盗窃材料设备？施工人员是否会集体要求涨薪或罢工？施工人员是否接受加班安排？
4	分包商管理	分包商之间的施工界面是否清晰？分包商进场安排是否合理？与分包商之间的沟通是否顺畅？有无做好各分包商之间的协调？

续 表

序号	风险因素	风险源
5	材料设备管理	现场材料设备是否有专人看管？设备的保养怎样？材料的进场是否及时？设备之间的调度是否协调？
6	基础设施	施工现场的供水供电是否充足？交通方不方便？
7	施工组织	施工方案是否可行？施工进度计划是否科学？施工现场平面布置是否合理？
8	施工影响控制	施工过程中有无注意保护周围的生态环境？有无干扰到周围居民的生活？有无对周围建筑和地下管线造成影响？
9	劳工流动	当地的劳工是否充足？劳工的流动性大不大？
10	技术文件翻译	公司是否拥有既会说当地语言又懂工程技术的人才？技术文件的翻译与原文贴近程度如何？
11	项目目标管理	项目目标分工是否明确？是否制定严格的项目目标管理体制？项目目标管理计划是否严格执行？

表 7-17　项目层面：业主方风险清单（RBS 1~2 级）

序号	风险因素	风险源
1	业主支付不及时	业主拖欠工程进度款和竣工结算款的情况如何？业主对承包商的请示回复情况如何？
2	业主干预	业主是否强行干预项目的管理，发号一些不合理的指令？
3	需求变更	业主会否因经济问题减少项目工作量或范围？业主是否要求承包商执行合同规定之外的工作？

表 7-18 企业层面：企业风险清单（RBS 1 ~ 2 级）

序号	风险因素	风险源
1	融资风险	企业的融资能力如何？融资渠道有哪些？融资是否得到国家支持？
2	资金短缺	企业的资金运转是否正常？是否有足够的资金维持垫资施工？
3	人力资源管理	企业雇用当地员工和国内员工的规划是否合理？员工的培训计划和费用如何？薪酬制度是否透明公正？
4	企业内部组织管理	企业的管理团队是否团结？内部是否拉帮结派？与当地建筑企业是否存在腐败交易？管理人员结构安排是否合理？各自的责任与权力是否明确？
5	组织结构	企业项目组织机构采用何种形式？机构设置是否合理？

3. 风险识别的结果

风险识别的最终成果是建立风险登记册，记录已经识别的风险、潜在的风险责任人和潜在的风险应对措施。

（三）风险评估

风险评估是指根据工程所处的环境，风险管理人员应用统计、概率分析等方法对已识别风险的发生概率和影响进行综合分析的过程。其主要目的是对风险进行优先级排序，筛选出高优先级的风险重点关注。

企业应通过考虑不合规的原因、来源、后果的严重程度、不合规及其后果发生的可能性进行合规风险评估。后果包括（不限于）：个人和环境伤害、经济损失、声誉损失和行政责任等。

企业可根据企业的规模、目标、市场环境及风险状况确定合规风险评估的标准和合规风险管理的优先级。

企业进行合规风险评估后应形成评估报告，供决策层、高级管理层和业务部门等使用。

风险具有动态性、紧迫性、临近性、潜伏期、可控性、连通性、可监测性、可管理性、不确定性、相对性、突发性等众多特性。传统的风险评价方法大都认为风险度为风险发生概率 P 与风险损失 I 的乘积，即 $R=P\times I$。这种分析方法仅从概率和损失两个维度来评价风险，不能全面反映风险的发生过程和规律，可能会导致错误的结果。有必要将风险分析从两维向三维甚至多维拓展，也就是除了考虑风险发生的概率和风险损失，还需考虑风险的可控性、紧迫性、临近性等风险特性指标，用风险特征向量表示如下：$R=(R_1, R_2, R_3, R_4, R_5\cdots)$ =（概率、损失、可控、紧迫、临近…）。

风险各评价维度的具体含义如下：

（1）发生概率：风险在工程全过程中发生的可能性大小。

（2）损失：风险发生后影响工程进度、质量、成本等目标而造成的损失，以及连带给企业的经济损失、声誉损失和行政责任等。

（3）紧迫性：为有效应对风险而必须采取应对措施的时间段。时间短就说明紧迫性高。

（4）邻近性：风险在多长时间后会影响一项或多项项目目标。时间短就说明邻近性高。

（5）可管理性：风险责任人（或责任组织）管理风险发生或影响的容易程度。如果容易管理，可管理性就高。

（6）可控性：风险责任人（或责任组织）能够控制风险后果的程度。如果后果很容易控制，可控性就高。

（7）可监测性：对风险发生或即将发生进行监测的容易程度。如果风险发生很容易监测，可监测性就高。

（8）连通性：风险与其他风险存在关联的程度大小。如果风险与多个其他风险存在关联，连通性就高。

（9）战略影响力：风险对组织战略目标潜在的正面或负面影响。如果风险对战略目标有重大影响，战略影响力就大。

（10）密切度：风险被一名或多名相关方认为要紧的程度。被认为很要紧的风险，密切度就高。

值得说明的是，并不是每一个风险特性都需要考虑，除概率和损失外，其他的特性根据项目的情况进行选择，并设定相应的权重。各项评分应由经验丰富的专家进行打分，评分的标准应在风险规划中设定，多位专家的多重评分会显著提高风险评估的准确性。表 7-19 是风险评估模型示例。

表 7-19　风险评估模型（示例）

风险 10 分制	维度	概率	损失	可监测性	紧迫性	……	综合 评分	优先级
	权重	30%	30%	5%	5%	……		
风险 A	/	9	8	8	8	……	8.3	1 级
风险 B	/	7	8	5	6	……	6.5	3 级
	……							

（四）风险应对

企业应建立健全合规风险应对机制，对识别评估的各类合规风险采取恰当的控制和处置措施。发生重大合规风险时，企业合规管理机构和其他相关部门应协同配合，依法及时采取补救措施，最大程度降低损失。必要时，应及时报告有关监管机构。

合规风险的应对主要从五个大方面考虑，即风险上报、风险规避、风险减轻、风险接受和风险转移，见图7-2。

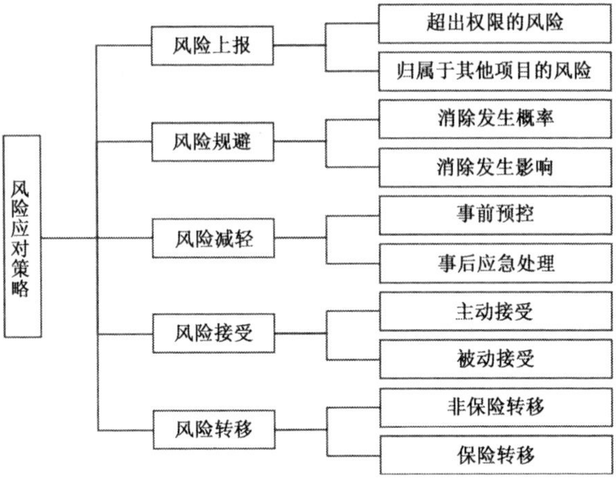

图7-2　风险应对方案框架图

1. 风险上报

如果某风险不在职责范围内，或提议的应对措施超出了责任人能力或权限，就应该采用上报策略。被上报的风险将在相应的相关部门加以管理。而风险责任人应确定就风险通知哪些人员，并向该人员或组织部门传达关于该威胁的详细信息。

上报策略带来的好处是能在更高层次进行统筹管理，能调动更多的资源来响应风险。合规管理人员应该充分意识到上报并不是责任推诿，也更应清楚地意识到如果在超出职权能力范围内自行管控风险或是瞒报而导致风险没有得到及时有效处理，都将导致最终的失控。

2. 风险规避

风险规避是指采取行动来消除威胁，避免受威胁的影响。规避策略应对的核心是“阻断”，即把概率降低到零。或者风险发生了，主体也会受保护而不受影响。

某些合规风险发生概率和损失都很大，但又没有经济有效的措施来减小风险，合规管理人员就应该采取放弃项目或原计划，或者改变目标，避免损失。

采取风险规避常需同时满足以下三点：

（1）对合规风险要有足够的认识和把握。

（2）该风险发生的概率很高，带来的后果很严重。

（3）采用其他应对策略的代价超过风险所带来的经济效益，只有采取风险规避才能将项目损失降到最低。

但运用该策略时也须认识以下三点：

（1）风险是始终存在的，规避这个风险可能会面对另外一个新的风险。

（2）规避风险也就丧失了从该风险中获取利益的机会。

（3）风险规避要把握最佳时机，当断则断。

如上所述，在采取规避策略的时候，往往需要付出相对较大的代价，因此在制定策略的时候需要权衡经济性和可行性，如果无法完全规避，可以考虑强化其他策略。

3. 风险减轻

风险减轻是指采取措施来降低威胁发生的概率和（或）影响，最终使风险处在可控范围内。当风险应对目标是只需可防可控时，或对于需要完全消除风险（高风险），但因风险特性或其他因素无法采用规避措施时，优先采用减轻策略。

采取减轻策略，在具体应对方案的制定时，从风险严重性的因素入手，通过强化过程控制来降低概率和损失。

它一般包括事前控制和事后控制。事前控制是指通过制定防范性措施来降低风险事件发生概率的行为，分为有形的和无形的。有形的措施如高空作业人员必须系安全带，脚手架挂安全网；进场人员须带安全帽；易燃易爆材料远离办公场所等。无形的措施如对现场工作人员进行风险教育；制定严格的风险管理制度；采取多种货币结算方式等。事后控制是指通过制定应急处理计划来尽量减小风险事故所造成的损失或抑制事故的进一步发展的行为。相应的措施如调整施工进度和材料设备采购计划；准备索赔证据，计算索赔金额，递交索赔报告；查看项目资金链运转状况，调整融资计划等。

4. 风险接受

风险接受，又称为风险自留。

风险接受是指承认风险的存在，事前不主动采取措施，因此它不改变风险的概率和损失，依靠自身的力量来承担风险事故损失的行为。此策略可用于低优先级威胁，也可用于无法以任何其他方式加以经济有效地应对的威胁。对于采用接受型风险（暂时不管它），有两种建议，一是为它建立应急储备，包括预留时间、资金或资源以应对出现的威胁；二是定期审查，确保其并未发生重大改变。

5. 风险转移

转移涉及将应对威胁的责任转移给第三方，让第三方管理风险并承担威胁发生的影响。采用转移策略，通常需要向承担威胁的一方支付风险转移费用。购买保险、使用履约保函、使用担保书或保证书是转移的最常见手段。

该行为并不能减小风险发生的概率和损失，而只是将风险损失转移给最有能力承担或控制的其他组织或个人。一般分为保险转移和非保险转移。

保险转移是指项目主体通过购买工程保险来将风险转移给保险公

司。常见的保险转移措施有：建筑工程一切险、安装工程一切险、社会保险、车险、汇率险等。

非保险转移是指项目主体通过签订合同将风险转移给对方。该方法能够转移那些不可投保但被转移者长于该类风险管理的风险。但要注意被转移者的财务能力，一旦无法承受风险带来的损失而破产，那么最终的损失仍由转移者承担。此外，为确保风险转移的顺利落实，在合同中须明确规定双方的权利与责任。常见的非保险转移措施有：工程分包、转包、担保、出售，技术转让，设备租赁，免责合同等。

（五）风险监控

监控风险是在整个项目期间，监督商定的风险应对策略的实施、跟踪已识别风险、识别和分析新风险，以及评估风险管理有效性的过程。

由于在项目实施过程中合规风险是不断变化的，企业应落实监控措施，管理合规义务和对应的合规风险，实现预期的行为。

采取有效的监控措施确保满足合规义务，能够预防或发现不合规事件并纠正。充分而严格地设计各类、各层次的监控措施，以促进企业的活动和运行环境实现合规义务。

比如：控制包括：

——清晰、实用并易于遵循的文件化运行方针、程序、过程和操作指示；

——系统和异常报告；

——审批；

——划分有冲突的角色和职责；

——自动化过程；

——年度合规计划；

——员工绩效计划；

——合规评估和审核；

——管理层的承诺和促进合规行为的其他措施；

——对预期的员工行为（标准、价值观和行为准则）进行主动、公开并经常的沟通。

风险监控方法如下：

（1）风险审计：专人督察风险监控机制的执行情况，并定期对风险执行过程进行审核。

（2）风险审查会：定期召开合规风险的审查会，来检查和记录风险应对策略的有效性。在风险审查中，还可以识别出新的合规风险，并及时制定应对措施。

（3）技术指标分析：比较计划技术指标与实际技术指标之间的差异。

（4）风险预警监督：度量项目在运作过程中某指标偏离预警线的强弱程度、发出预警信号并提前采取防范措施的系统。

结　语

开展境外经营是中国企业实现企业发展战略，参与“一带一路”建设，推进中国与世界各国互利共赢的重要方式。强化合规经营意识是企业海外经营行稳致远的前提。

不论国内还是国外，廉洁、合规都已成为世界范围内对企业的基本要求，国际机构以及国家、行业组织等各个层面的监管力度都将越来越严，企业依法合规经营已经成为当今企业治理的国际趋势。中国的工程建设企业也应当积极顺应国际趋势，认识到建立合规制度、强化合规监管的重要性，努力建设和实施符合国际标准的合规经营制度。

我国工程建设企业在“走出去”过程中，因合规被处罚的案例比比皆是，而在海外失败项目中的经验教训，往往具有很高的相似度。“屁股出去了，脑袋还留在国内”，这十分形象而深刻地概括了造成合规问题的原因。我国的工程建设企业在国内市场中在技术、工期等方面创造了一系列的奇迹，但是我们必须清醒地认识到，这些奇迹的产生是因为有中国这个得天独厚的市场环境占尽了“天时、地利、人和”，一旦脱离了这个熟悉的市场环境，丧失了我们赖以创造奇迹的土壤，中国承包商很难复制“中国速度”。

我国工程建设企业在几十年“走出去”的过程中所形成的经验，往往是以高成本作为代价的。而用高成本所换来的境外工程经验，又常常是低效率的。一方面，获得经验的往往是个人，而个人的经验很难转化为组织合规体系的部分，常常出现“人走了，经验也被带走了”的怪现象。然后，企业又不得不重新开始“交学费”和积累教训，很少能够像大多数成熟的国际承包商那样，及时把经验和教训总结、固定下来，形成失败项目的案例库。另一方面，我国“走出去”的工程企业之间很难建立有效的沟通交流机制，个别企业的经验教训很难成为整个行业的共同财富。如果不能突破这种不断重蹈覆辙的恶性循环，我们所付出的“学费”会更加惊人。

基于这些考虑，我们编制了本书。该书是境外合规经营的经验总结，期望能通过我们的努力，把大家的经验串联起来，能对境外经营人员及企业对境外各国的经营方式及合规要求有总体的了解。同时，希望通过本书的阅读能使企业在对合规意识、合规文化及合规具体要求上有所重视。

附录

附录 1　尼日利亚部分政府部门和相关机构一览表

(1) 财政部，网址：www. finance. gov. ng

(2) 外交部，网址：foreignaffairs. gov. ng

(3) 国防部，网址：www. defence. gov. ng

(4) 卫生部，网址：www. health. gov. ng

(5) 教育部，网址：www. education. gov. ng

(6) 司法部，网址：www. justice. gov. ng

(7) 交通运输部，网址：www. transportation. gov. ng

(8) 工业、贸易和投资部，网址：www. fmti. gov. ng

(9) 内政部，网址：www. interior. gov. ng

(10) 石油资源部，网址：www. petroleumresources. gov. ng

(11) 固体矿产部，网址：www. minesandsteel. gov. ng

(12) 通信部，网址：www. commtech. gov. ng

(13) 科技部，网址：www. scienceandtech. gov. ng

(14) 农业和农村发展部，网址：www. fmard. gov. ng

(15) 环境部，网址：www. enviroment. gov. ng

(16) 劳工和就业部，网址：www. labour. gov. ng

(17) 青年和体育部，网址：www. youthdevelopment. gov. ng

(18) 妇女事务部，网址：www. womenaffairs. gov. ng

(19) 联邦首都区部，网址：www. fct. gov. ng

（20）电力、工程和住房部，网址：www. pwh. gov. ng

（21）航空部，网址：www. aviation. gov. ng

（22）预算和国家计划部，网址：www. nationalplanning. gov. ng

（23）水资源部，网址：www. waterresources. gov. ng

（24）新闻和文化部，网址：www. fmic. gov. ng

附录2　尼日利亚华人商会、社团和主要中资企业一览表

尼日利亚主要中资企业商协会组织

(1) 尼日利亚中国总商会

联系人：崔光臻（秘书长）

电话：00234-8139600302

邮箱：cccn. nigeria@ gmail. com

所在城市：尼日利亚首都阿布贾

地址：中地海外尼日利亚有限公司（CGC Nigeria Limited），No. 1 Ajayi Crowther Street，Asokoro，Abuja

(2) 拉格斯中国工商联合会

地址：Plot 935，Idejo Street off Adeola Odeku Street，Victoria Island，Lagos，Nigeria

电话：00234-13200876

邮箱：cnc@ alpha. linkserve. com

(3) 尼日利亚中国商贸企业协会

地址：4th Floor，138/146，Broad Street，Lagos，Nigeria

电话：00234-18539278

邮箱：qianguolin@ yahoo. com. cn

主要在尼日利亚中资企业

(1) 中国土木工程集团尼日利亚有限公司（CCECC LTD）

地址：Plot 215，Cadastral Zone，Airport Road，Abuja

邮箱：ccecc2000@ sina. com

（2）中地海外尼日利亚有限公司（CGC Nigeria Limited）

地址：No. 1 Ajayi Crowther Street，Asokoro，Abuja

邮箱：leijiang@ cgcoc. com. cn

（3）中石化国际石油勘探开发有限公司尼日利亚分公司（SINOPEC International Petroleum Exploration & Production CO. Nigeria LTD）

地址：Probyn 16，Ikoyi，Lagos，Nigeria

邮箱：sxtian@ sipc. cn

（4）中海油尼日利亚勘探开发公司（CNOOC Exploration & Production Nigeria Ltd）

地址：South Atlantic Petroleum Tower，Plot 98（No. 7）Adeola Odeku Street，Victoria Island，Lagos，Nigeria

邮箱：huachg@ cnooc. com. cn

（5）华为技术尼日利亚有限公司（Huawei Technologies CO.，NIG. LTD）

地址：4th Floor，Oakland Centre，Plot 2940 Aguigi Ironsi Street，Maitama，Abuja，Nigeria

邮箱：Amazingray. Zhang@ huawei. com

（6）中兴通讯尼日利亚有限公司（ZTE Nigeria Ltd）

地址：No. 5，Dep street，Off Danube street，Maitama，Abuja.

邮箱：qiu. yang@ zte. com. cn

附录 3　中尼使馆信息

中国驻尼日利亚大使馆经商处

地址：No. 34 Aguyi Ironsi Street, Maitama, Abuja, Nigeria

电话：00234-7026035698

邮箱：abuja-ng@ mofcom. gov. cn

中国驻尼日利亚拉各斯总领事馆经商室

地址：Plot 27 Block 18 Babatunde Anjous Street, Lekki Scheme One, Lagos, Nigeria

电话：00234-12713533

邮箱：ng@ mofcom. gov. cn

尼日利亚驻中国大使馆

地址：北京市三里屯东五街二号

邮政编码：100600

电话：010-65323631 / 2 / 3

传真：010-65321650

邮箱：beijing@ ngembassy. org

网址：http：//beijing. ngembassy. org/

尼日利亚驻上海总领事馆

地址：上海市江宁路 188 号，亚盛大厦 1102、1103、1104 室

电话：021-32520606

传真：021-32520616

邮箱：shanghai@ ngconsulate. org

尼日利亚驻香港总领事馆

地址：77-79 Gloucester Road, 5/F, Fortis Tower, Suit 502, Wan Chai, Hong Kong

电话：00852-28278813

传真：00852-28278892

邮箱：ngrconhk@ yahoo. com

尼日利亚驻广州总领事馆

地址：广东省广州市天河区天河路 228 号之一广晟大厦 902、903 室

电话：020-85219781

传真：020-85219285

附录 4　中方投资服务机构

中国商务部研究院海外投资咨询中心

地址：北京市东城区安外东后巷 28 号

电话：010-64515042、64226273、64515043

传真：010-64212175

邮箱：kgjyb@126.com

网址：www.caitec.org.cn

UNDP **中国企业海外可持续发展办公室**

地址：北京市朝阳区亮马河南路 2 号联合国开发计划署

电话：010-85320733、85320776

南南合作促进会海外投资项目信息中心

地址：北京市东城区白桥南里甲 2 号

电话：010-65280465、56765617

网址：www.china-ofdi.org

附录5　尼日利亚投资服务机构

尼日利亚投资促进委员会（NIPC）

是尼日利亚的投资促进机构，隶属于工业、贸易和投资部。

地址：Plot 1181，Aguiyi Ironsi Street，Maitama District，PMB381，Garki，Abuja，Nigeria

电话：00234-94134317/73

传真：00234-94134112

邮箱：osicinfodesk@ nipc. gov. ng；infodesk@ nipc. gov. ng

办公时间：周一至周五 8：00-17：00

尼日利亚驻上海贸易办事处

承担部分投资促进职能。

地址：上海市淮海中路 918 号久事复兴大厦 16A

邮编：200020

电话：021-64157289 转 106

传真：021-64157287

邮箱：nigeriatradeoffice_ shanghai@ yahoo. co. uk

根据 NIPC 提供资料，尼日利亚具备良好服务能力的投资服务机构联系人及其联系方式如下：

（1）证券交易机构

The Nigerian Stock Exchange

地址：Stock Exchange House，2-4 Customs Street，Lagos

姓名：Mr Oscar N. Onyema OON

职务：Chief Executive Officer

邮箱：contactcenter@ nse. com. ng

FMDQ OTC Securities Exchange

地址：1 Olosa Street，Victoria Island，Lagos

姓名：Bola Onadele Koko

职务：Managing Director/CEO

邮箱：info@ fmdqotc. com

NASD PLC

地址：9th Floor，UBA House，57 Marina，Lagos

姓名：Bola Ajomale

职务：Managing Director

邮箱：info@ nasdng. com

Security and Exchange Commission（SEC）

地址：SEC Towers，Plot 272，Samuel Adesujo Ademulegun Street，Central Business District，Abuja

姓名：Mr Mounir H. Gwarzo

职务：Director General

邮箱：sec@ sec. gov. ng

（2）投资银行

FBN Quest

地址：FBN Capital Limited, 16–18, Keffi Street, Off Awolowo Road, S. W. Ikoyi, Lagos

姓名：Margaret Baale

职务：Ag Managing Director

邮箱：info@ fbnquest. com

Citi Investment Capital Limited

地址：47A/B, Glover Road, Ikoyi, Lagos Island, Lagos

邮箱：info@ citiinvestmentcap. com

Greenwich Trust Limited

地址：Plot 1698A Oyin Jolayemi Street, Victoria Island, Lagos

姓名：Kayode Falowo

职务：Group Managing Director

邮箱：kayode. falowo@ gtlgroup. com

Rand Merchant Bank

地址：3rd Floor, Wings, East Tower, 17A Ozumba Mbadiwe Street, Victoria Island, Lagos

姓名：Michael Larbie

职务：Managing Director

邮箱：customercare@ rmb. com. ng；report@ firstrandethicsoffice. com

Renaissance Capital

地址：5th Floor, Professional Centre, Plot 1B, Bank PHB Crescent, Off AdeyemoAlakija Street, Victoria Island, Lagos

姓名：Daniel Ugwuoke

职务：Vice-President, Equity Sales

邮箱：info@ rencap. com

Stanbic IBTC Capital

地址：I. B. T. C. Place, Walter Carrington Crescent, Victoria Island, Lagos

姓名：Funso Akere

职务：Chief Executive

邮箱：IBenquiries@ stanbicibtc. com

Standard Chartered Capital & Advisory Nigeria Limited

地址：142 Ahmadu Bello Way, Victoria Island, Lagos

邮箱：callcentre. nigeria@ sc. com

UBA Capital

地址：UBA House (12th Floor), 57 Marina, Lagos

姓名：Oluwatoyin Sanni

职务：Group Chief Executive Officer

邮箱：info@ unitedcapitalplcgroup. com

（3）基金管理机构

The Fund Managers Association of Nigeria

地址：16 Amodu Ojikutu Street, Victoria Island, Lagos

姓名：Ore Sofekun

职务：President

邮箱：info@ fman. com. ng

ARM Pension Managers

地址：5, Mekunwen Road, Off Oyinkan Abayomi Drive, Ikoyi, Lagos

姓名：Mr Wale Odutola

职务：Managing Director

邮箱：info@ armpension. com

Stanbic IBTC Pension Managers Ltd

地址：1678 Olakunle Bakare Close, Off Sanusi Fafunwa, Victoria Island, Lagos

姓名：Mr Eric Fajemisin

职务：Chief Executive

邮箱：pensionsolution@ stanbicibtc. com

Premium Pension Limited

地址：4 Agwu Close, off Faskari Crescent, Area 3, Garki, Abuja

姓名：Mr Wilson Ideva

职务：Chief Executive Officer

邮箱：Email info@ premiumpension. com

Sigma Pensions

地址：NO 11, AWOLOWO WAY, IKOYI, LAGOS

姓名：Mr Emenike D. Uduanu

职务：Managing Director/Chief Executive Officer

邮箱：akinrogundeo@ sigmapensions. com;

ayindea@ sigmapensions. com;

info@ sigmapensions. com

Trustfund Pensions

地址：Plot 820/821, Labour House, Central Area, Abuja

姓名：Helen N. Da-Souza

职务：Managing Director/CEO

邮箱：maurice. ogar@ trustfundpensions. com;

asuba. alhassan@ trustfundpensions. com

Leadway Pensure PFA Limited

地址：121/123 Funsho Williams Avenue, Surulere, Lagos

姓名：Mrs Aderonke Adedeji

职务：Managing Director

邮箱：info@ leadway-pensure. com

Pensions Alliance Limited

地址：9th Floor, 57 Marina, Lagos Island, Lagos

姓名：Ronke Bammeke

职务：Managing Director

邮箱：info@ palpensions. com

(4) 投资咨询机构

McKinsey

地址：1 Murtala Muhammed Drive, 1st floor, Ikoyi, Lagos

姓名：Rogerio Mascarenhas

职务：Managing Partner

电话：00234-14633500

Accenture

地址：2nd Floor, Citi Bank Building, 27 Kofo Abayomi Street, Victoria Island, Lagos

姓名：Niyi Yusuf

职务：Country Managing Director

Bain & Company

地址：38A Glover Rd, Ikoyi, Lagos

姓名：Stephane Timpano

职务：Managing Partner

邮箱：bainafrica. marketing@ bain. com;
nicola. wilson@ bain. com

BCG

地址：The Rising Sun Building, 2 Olumegbon Road, Off Alfred Rewane, (Kingsway) Road, Ikoyi, Lagos

姓名：Luis Gravito

职务：Senior Partner & Managing Director

电话：00234-9087073300

Phillips Consulting

地址：4th Floor, UBA House, Marina, Lagos

姓名：Foluso Phillips

职务：Chairman

邮箱：fop@ phillipsconsulting. net

(5) 会计师事务所

Akintola Williams Deloitte

地址：Civic Towers, Plot GA 1, Ozumba Mbadiwe Avenue, Victoria Island, Lagos

姓名：Fatai Folarin

职务：Chief Executive Officer

邮箱：infonigeria@ deloitte. com

PwC Nigeria

地址：Landmark Towers, 5B, Water Corporation Road, Victoria Island, Lagos

姓名：Abiodun Adegboye

职务：Associate Director

邮箱：enquiry@ ng. pwc. com

Ernst & Young

地址：10th & 13th Floors, UBA House, 57 Marina, Lagos

姓名：Henry Egbiki

职务：Managing Partner

邮箱：services@ ng. ey. com

KPMG Nigeria

地址：KPMG Tower, Bishop Aboyade Cole Street, Victoria Island, Falomo, Lagos

姓名：Kunle Elebute

职务：National Senior Partner/CEO

邮箱：ng-fmmarketinghelpdesk@ng.kpmg.com

S. S. Afemikhe & Co

地址：Plot 46 Ishawu Adewale Street, Off Modupe Johnson Crescent, Surulere, Lagos

姓名：Samuel S. O. Afemikhe

职务：Chief Executive Officer/Managing Consultant

邮箱：info@ssacltd.com

HowarthDafinone

地址：Ceddi Towers, 16 Wharf Road, Apapa, Lagos

姓名：Igho Dafinone

职务：Managing Partner

邮箱：info@dafinone.com

SIAO

地址：18B Olu Holloway Road (Former Temple Road), Ikoyi, Lagos

姓名：Robert Ade-Odiachi

职务：Managing Partner

邮箱：enquiries@siao-ng.com

Ijewere & Co

地址：Itoya House, 126 Lewis Street, Lafiaji, Lagos

姓名：Emmanuel Ijewere FCA, FCTI

职务：Founder & GCEO

邮箱：info@ ijewere. net

(6) 律师事务所

Aelex

地址：7th Floor, Marble House, 1 Kingsway Road, Falomo Ikoyi, Lagos

姓名：Funke Adekoya, SAN

职务：Partner

邮箱：oadekoya@ aelex. com;
lagos@ aelex. com

Adepetun, Caxton-Martins, Agbor & Segun

地址：9th Floor, St. Nicholas House, Catholic Mission Street, Lagos Island, Lagos

姓名：Sola Adepetun

职务：Founding Partner

邮箱：sadepetun@ acas-law. com;
acas@ acas-law. com

Aluko & Oyebode

地址：1, Murtala Muhammed Drive (formerly Bank Road), Ikoyi, Lagos

姓名：Babatunde Fagbohunlu，SAN

职务：Partner

邮箱：ao@ aluko-oyebode. com；

babatunde. fagbohunlu@ aluko-oyebode. com

Banwo & Ighodalo

地址：98，Awolowo Road，South West Ikoyi，Lagos

姓名：Abimbola Akeredolu，SAN

职务：Partner

邮箱：aakeredolu@ banwo-ighodalo. com；

banwigho@ banwo-ighodalo. com

G Elias & Co

地址：6 Broad Street，Lagos

姓名：Fred Onuobia

职务：Managing Partner

邮箱：gelias@ gelias. com

Jackson，Etti & Edu

地址：RCO Court，3-5 Sinari Daranijo Street，Off Ajose Adeogun；

Street，Victoria Island Annex，Lagos

姓名：Lookman Durosinmi-Etti

职务：Founding Partner

邮箱：durosinmi-etti@ jacksonettiandedu. com；

jacksonettiedu@ jacksonettiandedu. com

Olaniwun Ajayi & Co

地址：The Adunola, Plot L2, 401 Close, Banana Island, Ikoyi, Lagos

姓名：Konyin Ajayi, SAN

职务：Managing Partner

邮箱：konyin@ olaniwunajayi. net;

lawyers@ olaniwunajayi. net

Templars

地址：The Octagon (5th Floor), 13A, A. J. Marinho Drive, Victoria IslandAnnexe, Lagos

姓名：Oghogho Akpata

职务：Managing Partner

邮箱：ogh. akpata@ templars-law. com;

info@ templars-law. com

UdoUdoma & Belo-Osagie

地址：St Nicholas House, (10th & 13th Floors), Catholic Mission Street, Lagos Island, Lagos

姓名：Dan Agbor

职务：Managing Partner

邮箱：uubo@ uubo. org